안동지역어의 음운 연구

박종덕 지음

박종덕(朴鍾德)

1964년 경북 안동 출생
안동 서후 초등 학교 입학
안동 영가 초등 학교 졸업
안동 경덕 중학교 졸업
안동 경안 고등 학교 졸업
건국 대학교 국문과 졸업
건국 대학교 대학원 국문과 석사과정 졸업(문학석사)
건국 대학교 대학원 국문과 박사과정 졸업(문학박사)
현재 건국 대학교, 춘천 교육 대학교 강사

안동지역어의 음운 연구

초판 인쇄 2005년 1월 1일
초판 발행 2005년 1월 5일

지은이 박종덕
펴낸이 박찬익

펴낸곳 도서출판 **박이정**
출판등록 1991년 3월 12일 제1-1182호
주소 서울시 동대문구 용두동 129-162
대표전화 922-1192 ∥ 팩스 928-4683
http://www.pjbook.com
ISBN   89-7878-787-8 93700

값 12,000원

❧머리말❧

　이 책에서는 안동지역어의 음소 체계를 밝히고자 하였다. 안동지역은 1980년대에만 하더라도 경상북도의 다른 시군, 예컨대 경주, 포항, 대구, 영주, 김천 등에 비해 도시화가 덜 진행되었는데, 요즘에는 경상북도 북부지방의 거점 도시가 되어 불과 20여 년 전의 모습을 몰라볼 정도로 급속히 도시화 되어 가고 있다. 그 결과 안동의 고유한 전통과 유교 문화가 눈에 띄게 사라져 가고 있는 실정이다.

　향토 문화를 살리려고 여러 뜻 있는 분들과 단체에서 노력하고 있으나 역부족을 실감하고 있다. 이 책은 이러한 상황에서 집필되었다.

　국어학적으로 안동지역어는 매우 중요하다. 아직까지 성조가 남아 있는 지역어이기도 하다. 중부방언과는 아주 다른 문법 체계를 지니고 있기도 하다. 경북방언에 속한 다른 지역어와 음운 체계와 변동에서 상당한 차이를 보이기도 하는 언어이다. 언어 변화에 관한한 보수적인 태도를 보이는 말이기도 하다. 이러한 안동지역어를 연구한다는 것은 국어의 본질을 바르게 정립하는 것이기도 하다.

　우리 국어학계가 중부방언을 대상으로, 그리고 문헌어를 대상으로 연구하는 것을 훌륭한 풍토처럼 생각한 적이 있었다. 가상의 표준어가 국어의 대표인 양 생각한 적도 있었다. 다행히 오늘날에 그렇게 생각하는 사람은 많이 줄어들었지만, 여전히 현장에서 발로 뛰어 연구하는 풍토가 활성화 되어 가는 것 같아 보이지는 않는다. 수많은 국어학자가 연구실 밖으로 나와 자신의 전공 분야에서 자신의 언어에 모태가 된 지역어를 연구해 둔다면 우리의 국어는 시대별로 그리고 지역별로 외연을 크게 넓혀가지 않을까? 이러한 생각에서 필자는 평소 연구해 두었던 바를 바탕으로 책을 내기로 하였다.

이 책은 필자가 2000년도에 석사학위 논문으로 제출하였던 논문을 제1부로 하고, 사회언어학적 관점에서 새롭게 집필한 부분을 제2부로 하여 구성한 것이다. 논문을 쓴 일이 오래 전의 일이었지만 필자는 그 이후로도 거듭거듭 손질하였다. 그러면서 언어 현상에 대한 설명과 이론도 중요하지만 왜곡 없는 언어 자료의 확보와 그것의 기술이 매우 중요함을 절실히 느끼게 되었다. 이론은 언젠가 바뀔 수도 있지만 언어 자료는 영원히 남을 수 있다는 평범한 깨우침을 얻은 셈이다. 그리하여 이 책에서는 논문 제출 당시에 소중하게 여겼던 이론을 과감히 줄이고 새로운 자료를 많이 넣어 두었다.

이 책이 가지고 있는 한계점도 있다. 안동의 면 단위, 동 단위로 연구 대상을 넓혀 가지 못한 점이 그 첫째요, 요즈음의 도시방언 자료가 아닌, 2000년도를 시점으로 한 자료를 제시한 것이 그 둘째다. 그리고 안동지역어가 갖는 통시적인 특성을 살피지 못한 것이 그 셋째다. 두 번째의 한계는 2000년도 당시의 안동지역어의 환경을 그대로 담으려는 어쩔 수 없는 선택이지만, 첫 번째와 세 번째는 아쉬움이 많이 남는 부분이다. 앞으로 필자는 이 아쉬움을 극복하기 위해 노력할 것이다.

이 책이 나오기까지 도움을 주고 격려해 주신 특별한 분이 있어 이 자리를 빌어 고마운 뜻을 남겨 놓고 싶다. 필자가 대학원 석·박사 학위 과정을 다닐 때 최명옥 선생님의 책을 많이 보았다. 비록 직접

배운 바는 없으나 저서를 통해 많은 것을 배웠던 터라 선생님께 학위 논문을 드리는 것이 예의일 것 같아 석사학위 논문을 보내 드렸는데, 그때 선생님께서는 격려의 말씀과 앞으로 지녀야 할 연구 태도 및 방법론에 대하여 편지를 자상하게 보내 주셨다. 선생님의 뜻밖의 격려가 그 이후 필자가 박사학위를 받을 때까지 큰 힘이 되었다. 이 자리에서 나마 선생님께 고마움을 표하여 둔다. 또한 박경래 선생님께도 많은 도움을 받았다. 특히, 선생님께서는 그 당시 건강도 좋지 않으셨는데도 필자에게 소중한 가르침을 주셨다. 이 자리를 빌어 죄송함과 고마움을 전하고 싶다.

끝으로, 이 책이 안동지역어를 이해하는데 조금이라도 도움이 되었으면 좋겠다. 이러한 마음을 여기에 간절히 담으며 머리말을 마치고자 한다.

—————————————————— 필자 씀

❧차례❧

제1부 농촌 지역어의 음운

제 1 부
농촌 지역어의 음운

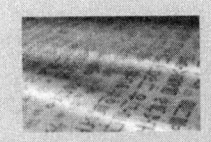

1. 머리말

1.1. 연구 목적과 범위

지역어 연구1)는 음운적 영역, 어휘적 영역, 문법적 영역 등에 걸쳐 이루어진다. 이 글은 이 중 음운적 영역에 국한하여 안동지역어의 음운 현상을 밝히는 것을 목적으로 한다. 이를 위해 먼저 안동지역어(다음부터 '이 지역어'라 함)의 음운 체계를 세우고, 이를 바탕으로 공시적 관점에서 음운 변동 규칙을 제시하여 이 지역어의 음운 변동 현상의 특징을 밝힌다.

음운 변동 규칙의 체계는 허 웅(1985)에서 제시한 변동 규칙의 기술 방법과 태도에 따르되, 이 지역어의 특성을 고려하기로 한다.2)

---

1) 국어의 방언은 방언학적 연구 방법에 의한 연구와 일반언어학적 연구 방법에 의한 연구로 나누어진다. 전자는 지리적 연구, 방언구획론, 공시적 방언 구조와 통시적 방언 분화의 구조를 밝히기 위한 기술적 연구(記述的 硏究), 사회언어학적 연구 등을 대상으로 하고, 후자는 주로 개별 지역어에 대한 공시적 체계나 구조를 밝히는 데 초점을 둔다. 예컨대, 음운면에서 음운 목록의 작성, 음운 체계의 확립, 음운 현상에 대한 기술로부터 음운 현상과 음운 체계의 유기적 관계 등에 대한 연구는 후자에 속한다. 따라서 이 글에서 '지역어 연구'라 한 것은 이 글이 일반언어학적 연구 방법에 의한 연구라는 사실을 밝히고자 함이다. 국어의 방언에 대한 방언학적 연구 방법과 일반언어학적 연구 방법의 차이에 대한 논의는 최명옥(1990) 참조.

1.2. 연구 대상

이 글의 연구 대상 언어는 행정구역상 경상북도 안동시 서후면에 소속된 동리 전부, 즉 성곡, 금계, 저전, 태장, 이송천, 광평, 이개, 교, 명, 대두서, 자품 등 11개 동리를 포함한 지역어이다.3)

서후면은 안동시의 서부에 위치하며, 면소재지는 성곡리이다. 삼한 시대에는 진한에 속하였고, 삼국시대에는 신라에, 고려시대에는 안동 시의 옛 명칭인 길주에 속하였다. 본래 안동부의 서쪽에 있어 부서면 이라 하다가 숙종 때 서선과 서후 두 면으로 갈라졌으며, 그 뒤 1914 년 군면 통폐합 때에 서선면과 북후면의 일부를 병합하였다. 역사적으 로 농업에 주력해 왔으며 요즈음은 면의 대부분에서 사과 단지를 조 성하여 소득을 올리고 있고, 저전리에는 안동의 특산물인 안동포가 많 이 생산된다. 명리, 이송천리 등지에는 양돈, 양계 단지가 조성되어 있

---

2) 이것의 예로는 '된소리 되기 규칙'에 대한 기술 방법과 태도를 들 수 있다. '된소리 되기 규칙'을 허 웅(1985)에서는 '줄임'으로 보아 발음의 편의로 일어 나는 변동으로 기술하고 있다. 그러나 필자는 이 지역어에서 '된소리 되기 규 칙'은 '덧나기'로 실현된다는 사실을 확인하였다. 따라서 필자는 '된소리 되기 규칙'을 표현을 똑똑하게 하려는 데서 일어나는 변동으로 기술하고자 한다.

3) 안동지역에는 양반계층과 서민계층의 구분이 여전히 존재한다(조신애 1985:6). 양반계층은 주로 동족마을을 이루고 있는데, 길안면 묵계리(안동김씨), 도산면 온혜리, 의촌리, 토계리(진보이씨), 일직면 구미리(의성김씨), 풍천면 하회리(풍 산유씨), 서후면 금계리(의성김씨) 등이 그 대표적인 예이다. 이들 반촌에서는 '입천장소리 되기'에 공통적으로 거부감을 보이고 있다. 가령, '콩기름'을 '콩지 름'으로 발음하면 '쌍놈처럼 어떻게 글케(그렇게) 말하노(말하니)?'라고 하면서 언짢아 한다. 실제로 필자는 양반계층의 동족마을인 서후면 금계리의 학봉 김 성일 선생(1538-1593)의 종택(경상북도 기념물 122호)에 거주하는 김시인 옹 (83세)으로부터 이를 확인할 수 있었다. 이러한 양반계층에서 쓰는 언어는, 자 료의 동질성을 확보하기 위해, 이 글의 조사 대상 언어에서 제외하였다. 따라 서 11개 동리 중, 금계리의 양반 거주 지역은 조사 대상 지역에서 제외되었 다. 자료의 동질성 확보를 위한 논의는 이익섭(1996) 참조.

다.4) 이처럼 서후면(다음부터 '이 면'이라 함)은 농업이 주업인 서민계층이 대부분이다.

안동 서후면 지역도

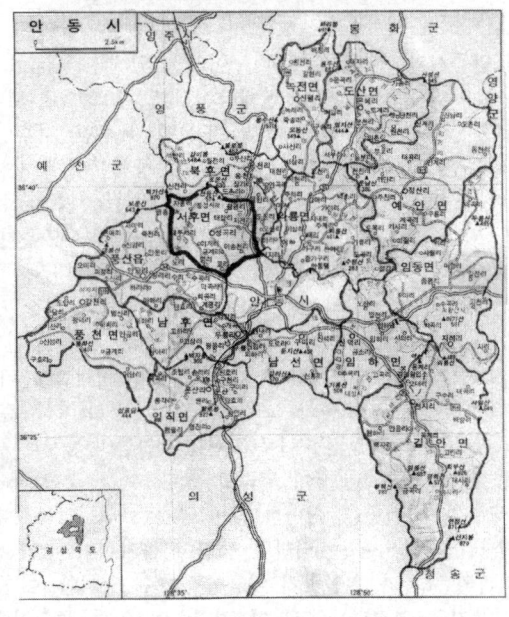

---

4) 한국정신문화연구원, 「한국민족문화대백과사전」 14, 426쪽.

지리적으로는 북과 동으로 북후면과 인접하고, 남과 서로는 풍산읍
과 인접하며, 동남 방면으로 안동 중심 시가지와 인접하고 있다. 그리
고 이 면의 남쪽에 낙동강이 동에서 서로 흐르고 있으며 34번 국도가
또한 낙동강을 끼고 동서로 통과하고 있다. 이 면의 동쪽과 서쪽에는
각각 송천과 풍산천이 북에서 남으로 흘러와 남쪽의 낙동강과 합류하
며, 이 면의 북쪽은 산악지대로 학가산(해발 870m), 조운산(해발
630m), 천등산(해발 574m)이 서에서 동으로 차례차례 병풍처럼 둘러
쳐 있다. 즉, 이 면의 북은 산악으로, 동, 서, 남은 강으로 에워싸여 있
다. 그래서 이 면은 이러한 지형으로 인해 인접한 다른 면과의 교류가
거의 없고, 언어뿐만 아니라 문화 전반에 걸쳐 보수성과 배타성, 독자
성을 잘 지니고 있어 가장 안동적인 지역이다.5) 따라서 이 지역의 언

---

5) 안동은 원래 안동시와 안동군으로 나누어져 있었지만 1995년 시군이 통합되
   어 안동군이 모두 안동시에 편입, 현재 1시, 1읍, 13면으로 되어 있다(안동시,
   풍산읍, 길안면, 남선면, 남후면, 녹전면, 도산면, 북후면, 서후면, 예안면, 와룡
   면, 일직면, 임동면, 임하면, 풍천면). 경상북도 중북부에 위치하고 있으며, 동
   으로 영양군과 청송군, 남으로 의성군, 서로는 예천군, 북으로는 봉화군, 영풍
   군에 접하고 있다. 「임원경제지(林園經濟志)」 및 「경상도읍지(慶尙道邑誌)」
   에 의하면 1830년대에는 2일과 7일에 개시되는 안동부내장, 풍산장, 5·10일
   의 영향장, 산하리장, 1·6일의 예안읍내장, 3·9일의 옹천장, 6·10일의 구미
   장 등이 있었다. 그러나 1960년대 이후 경제개발과 교통·통신의 발달로 인하
   여 상설점포가 증가하고 정기시장의 기능이 점차 쇠퇴함에 따라 1985년에는
   풍산(풍산읍), 구담(풍천면), 운산(일직면), 길안·송사(이상 길안면), 임동(임
   동면), 원천·녹전(이상 녹전면), 서부(도산면), 안동(안동시), 옹천(북후면), 예
   안(예안면) 등 12여 개의 5일장이 열리고 있다. 이들 장이 서는 곳은 그만큼
   외지인과의 교류가 빈번함을 의미한다. 이렇게 보면, 안동시에 소속된 여러
   면 중 서후면, 남선면, 와룡면, 임하면 등만이 독자적인 장이 서지 않는 곳으
   로 다른 지역과의 교류가 원활하지 않음을 알 수 있지만, 이 중 남선면은 안
   동 중심의 시가지로 연결되는 교통이 편리하여 안동 중심지에 유입된 다른
   지역의 문물을 쉽게 받아들일 수 있고, 의성군과도 인접하여 의성장으로 왕래
   하여 다소 보수성이 덜하고, 와룡면은 봉화와 안동을 잇는 35번 국도가 관통

어가 안동지역어를 대표하기에 충분하다.6) 그래서 이 글에서는 이 지역의 언어를 연구 대상으로 한다.

1.3. 연구 방법

1.3.1. 조사 내용

이 글의 자료로서 조사 대상이 된 낱말은 기초 어휘인 생활 용어 전반에 걸쳐 선정했는데, 특히 기준으로 삼은 것은 한국정신문화연구

하고 있고, 중앙선 철도가 면의 남서부를 통과하여 교통이 매우 편리한 관계로 외지인 출입이 쉬워 또한 보수성이 약하며, 임하면 역시 면의 북쪽을 당진과 영덕을 연결하는 국도가 놓여 있고, 중앙부에는 부산과 강릉을 연결하는 국도가 통과하며, 남부에는 의성과 청송을 연결하는 지방도가 나 있어 다른 지역과 교류가 원활하다. 따라서 서후면만이 유일하게 고립된 지역이며, 필자가 서후면에서 초등 학교에 다닐 1970년대에만 하더라도 서후면에서 안동시까지 하루에 버스가 세 번밖에 운행하지 않을 정도로 교통 또한 불편한 곳이다. 따라서 지형적 요건, 도로 여건, 정기적으로 서는 장에서의 외부인과의 접촉 등을 고려할 때 서후면이 안동의 보수성, 배타성, 독자성을 가장 잘 지닌 곳이라 할 수 있다.

6) 안동지역어라 하더라도 면 단위 지역 사이에 그 언어형이 약간의 차이를 보인다는 주장이 있다. 이동화(1984)가 그것이다. 이에서는 임하면, 풍산면, 남후면 지역어를 음운 변동의 측면에서 비교한 후, 풍산면, 남후면 지역어는 ㅂ-변칙이 실현되고 모음순행동화가 일어나지만, 임하면 지역어는 ㅂ-변칙이 실현되지 않고, 모음순행동화도 일어나지 않는다고 주장하였다. 그러나 안동지역어에 대한 앞선 연구자의 논문 중 음운론과 관계된 논문인 정연찬(1968), 이재오(1971), 배대온(1980), 서보월(1984, 1987, 1988, 1997), 조신애(1985), 서재극 외(1991) 등에서는 이러한 지역적 차이를 발견할 수 없다.필자가 확인한 바로는 이것은 지역적 차이가 아니다. 실제로 안동 사람들도 안동에 여러 방언이 있다고 생각하지 않는다. 이동화(1984)에서 관찰한 언어현상은 사회언어학적 변인에 따른 차이이지, 결코 지역적 차이가 아니다. 그렇지만, 안동지역어의 면 단위 언어, 나아가 동 단위 언어를 전부 관찰 대상으로 한다면 더 좋은 연구 결과를 얻을 것이다.

원에서 1980년에 발간한 「한국방언조사 질문지」이다. 이 질문지의 주된 내용은 어휘 영역에서 '농사, 음식, 가옥, 의복, 인체, 육아, 인륜, 경제, 동물, 식물, 자연, 상태, 동작' 등, 음운 영역에서 '단모음, 이중모음, 음장과 성조, 억양, 자음탈락, 불규칙 활용, 자음축약, 경음화, 비음절화, 모음조화, 움라우트, 외래어' 등, 그리고 문법 영역이다. 그리고 이 질문지에 나타나 있는 조사 항목 외에 앞선 연구에서 제시한 조사 항목도 참고하였다.7)

1.3.2. 조사 방법

자료는 필자가 제보자를 대상으로 현지에서 직접 조사하였다. 그리고 의심스러운 자료에 대해서는 반드시 몇 차례에 걸친 보완 조사로 확인하였다. 조사 때에는 녹음기를 사용하여 한국정신문화연구원에서 1980년에 발간한 「한국방언조사 질문지」의 순서대로 대부분의 항목을 일일이 녹음하였다. 그리고 필자가 이 지역어의 토박이 화자이기 때문에 이 지역어에 대한 자기 암시에 빠지는 오류를 막기 위해 서울 출신의 표준어 화자를 대동하여 여러 차례 확인하면서 자료의 정확성을 높였다. 그리고 제4차 조사 때에는 서후면 성곡리에서 쓰는 어형과 북후면 옹천리, 남선면 현내리의 어형을 제시한 후 제보자로 하여금 그들이 쓰는 어형을 택하게 하거나 새로운 어형을 제시하게 하였다.

1.3.3. 제보자

제보자의 선정 기준은 Rona(1976)에 의한 것을 참고하여,8) 다음 조

---

7) 성균관대학교 국어국문학과의 「안동문화권 학술조사보고서」(1967, 1971)를 비롯하여, 배대온(1980), 이동화(1984), 조신애(1985), 서재극 외(1991), 서보월 (1997) 등의 논문에 나오는 어휘 자료도 참고하였다.

건을 갖춘 사람을 대상으로 하였다.

1) 나이 : 60세 이상
2) 학력 : 무학(無學)
3) 직업 : 농업
4) 치아 : 건치(健齒)
5) 출생지 : 안동
6) 생활공간 : 안동(다른 지역에서 생활한 사람은 제외)

주요 제보자는 다음과 같다.

성 명	연령	성별	출생지	거주지	다른 지방 거주 경력	기 타
박현걸	68	남	성곡리	성곡리	없음	선대 3대 이상 거주
권옥향	78	여	성곡리	금계리	없음	시가. 친가 모두 이 지역
손분순	82	여	지품리	성곡리	없음	시가. 친가 모두 이 지역
김규하	67	남	이송천리	이송천리	없음	선대 3대 이상 거주
김순섭	78	남	이송천리	이송천리	없음	선대 3대 이상 거주
김종순	63	남	대두서리	대두서리	없음	선대 3대 이상 거주
김익진	65	남	대두서리	대두서리	없음	선대 3대 이상 거주

한편, 서후 지역어와 안동의 다른 지역어의 차이를 알아보기 위한 자료를 제공해 준 제보자의 명단을 밝히면 다음과 같다.

---

8) Rona(1976)에서 제시한 제보자(informant)의 선정 기준은 다음과 같다. *1. to have good teeth, 2. be born in the locality or parents born in the locality, 3. if married, be must be born in the locality, 4. be illiterate, with no schooling at all, 5. not to have travelled, not have been in the army, 6. be a farmer, son of a farmer, or a shepherd, 7. age between 30 and 50, 8. intelligent.*

성 명	연령	성별	출생지	거주지	다른 지방 거주 경력	기 타
강유순	75	여	북후면 옹천리	북후면 옹천리	없음	시가, 친가 동일 지역
강수남	65	여	북후면 옹천리	북후면 옹천리	없음	시가, 친가 동일 지역
임성하	74	여	북후면 옹천리	북후면 옹천리	없음	시가, 친가 동일 지역
권영칠	69	남	남선면 현내리	남선면 현내리	없음	3대 이상 거주
권필극	68	여	남선면 현내리	남선면 현내리	없음	시가, 친가 동일 지역

1.3.4. 조사 기간, 조사 지점 및 주요 조사 활동

다음과 같이 네 차례에 걸쳐 이 지역어를 조사하였으며, 연구 과정에서 자료의 정확성을 확인하기 위하여 수시로 보완 조사를 행하였다.

1차 : 1999년 6월 7일~6월 11일(5일간)
반촌인 서후면 금계리와 민촌인 서후면 성곡리 일원에서 반상의 언어 차이 확인
2차 : 1999년 7월 5일~7월 9일(5일간)
서후면 성곡리와 풍산읍 오미리를 방문하여 면 단위 지역 간의 언어 차이 조사
3차 : 1999년 7월 26일~7월 29일(4일간)
북후면 옹천리와 남선면 현내리 일원에서 면 단위 지역 간의 언어 차이 확인 조사
4차 : 1999년 8월 2일~8월 13일(12일간)
서후면 성곡리, 이송천리, 대두서리, 저전리, 자품리, 이개리 일원에서 서후면 내에서의 언어 차이 및 언어 실현 양상 조사

1.3.5. 전사

지역어의 특징을 좀더 잘 나타내기 위해서는 음소 단위까지만 구별하여 적는 약식 전사(broad transcription)보다는 그 음소가 분포되는 환경에 따라 일으키는 변이음(allophone)까지를 적을 수 있는 정밀 전사(narrow transcription)가 필수적이다. 정밀 전사에 쓰이는 부호는 여러 가지가 있겠으나, 이 글에서는 '국제음성학회'에서 정한 '국제음성부호(I.P.A.)'를 쓰기로 한다. 그리고 음성부호는 〔 〕안에 넣는다. 이 글에 쓰인 음성부호는 다음과 같다.

〈닿소리〉

p	p˺	t	t˺	tʃ	k	k˺	q	
b		d		ʤ	g		G	
p'		t'		tʃ'	k'		q'	ʔ
pʰ		tʰ		tʃʰ	kʰ		qʰ	
ɸ		s		ɕ				h
β		z		ʑ	ɣ			ɦ
		s'		ɕ'				
m		n		ɲ				
		l		ʎ			ŋ	N
		r						
		ɾ						

〈홑홀소리〉

i	y	ɨ	u
e	ø	ə	o
ɛ		a	ʌ

〈반홀소리〉

j
w
ɥ̈
ɥ

1.4. 선행 연구

공시적인 방언 자료를 기준으로 하여 대방언권을 나눈 小倉進平 (1937), 이숭녕(1967), 김형규(1974) 등에 따르면 안동지역어는 경상 방언에 속한다.[9] 그러므로 이 지역어에 대한 선행 연구는 경상 방언, 안동 방언 순으로 살펴보는 것이 바람직하리라 본다. 단, 여기서는 음운론 영역에 국한하여 선행 연구를 살펴보기로 한다.

경상도 모든 지역을 대상으로 한 음운 연구는 성조에 대해 연구한 허웅(1954)가 처음이다. 성조에 대한 연구는 정연찬(1974), 김차균 (1975, 1976, 1977, 1980), 김성환(1983), 이동화(1986), 정인교(1987), 최명옥(1990), 김주원(1991, 1992) 등이 뒤를 이었다. 한편 최학근 (1961, 1962, 1963)은 닿소리에 대해 논의하였고, 서보월(1982)는 홀소리 체계에 대해 논의하였으며, 장삼식(1992)는 겹홀소리의 간소화에 대해 논의하였다. 이에서 드러나듯이, 경상도 모든 지역을 대상으로 한 연구는 성조에 대한 연구가 다른 연구에 비해 우세하다.

---

9) 대방언권 구획은 통시적 방언 구획, 공시적 방언 구획, 운소를 기준으로 한 방언 구획으로 나눌 수 있다. 통시적 방언 구획은 한국어의 기원 문제와 관련지은 계통론적 관점에서 방언권을 나누는 것으로, 이극로(1948), 최학근(1958), 이기문(1961), 이숭녕(1967) 등에 의해 논의되었고, 공시적 방언 구획은 공시적인 방언 자료를 기준으로 하여 방언권을 나누는 것으로, 小倉進平(1937), 河野六朗(1945), 강윤호(1961), 김형규(1974), 김공칠(197 7), 김영황(1982), 김병제(1988) 등에 의해 논의되었으며, 운소를 기준으로 한 방언 구획은 통시적 방언 구획이나 공시적 방언 구획이 주로 어휘, 음운, 문법을 기준으로 함에 비해 운소를 방언 구획의 기준으로 삼는 것으로 이숭녕(1967), 김영만(1986) 등에 의해 논의되었다. 한편, 경상북도 방언의 하위방언권에 대해서는 천시권(1965), 이기백(1969), 최학근(1974), 박지홍(1975), 최명옥(1980) 등에 의해 논의된 바 있다. 한국어 방언 구획과 하위방언권에 대한 구체적인 논의는 이상규(1996) 참조.

대상을 좀더 좁혀, 경상북도만을 대상으로 한 선행 연구를 살펴보면, 성조에 대해 논의한 김차균(1975), 김성환(1983, 1988, 1990), 이동화(1990, 1993), 정원수(1994), 초분절적 요소를 실험음성학적으로 연구한 김무식(1992), 음운 축약 현상을 규명한 정철(1980), 이동화(1988), 운율 체계에 대해 논의한 조현숙(1985), 운소에 대해 논의한 차현실(1975), 홀소리 어울림에 대해 논의한 최명옥(1993) 등이 주목된다.

경상북도 모든 지역이 아닌, 일부 지역만을 연구 대상으로 한 논문도 여러 편 있는데, 경북·충북 접경 지역어의 음운을 연구한 김덕호(1985), 동해안을 연구 대상으로 한 최명옥(1980), 중부 지역어를 연구 대상으로 한 정철(1991), 북부 지역어를 연구 대상으로 한 서보월(1988), 서북 지역어를 연구 대상으로 한 이상규(1989) 등이 그것이다. 이들은 연구 대상 지역을 한정하고 있기는 하지만 음운론 전반에 걸쳐 논의한 것이다. 이들과는 달리 음운론의 한 영역에 대해 논의한 것도 있는데, 경북·충북 접경 지역어의 어휘 분화에 대해 연구한 이상규(1991), 중부 지역어의 성조 변동을 연구한 정철(1990), 북부 지역어의 음운 축약을 연구한 주상대(1992)가 그것이다.

연구 대상을 아주 좁혀 시·군·면 단위로 연구한 것도 많은데, 문경 지역어를 대상으로 한 민원식(1982), 이시진(1986), 김천 지역어를 대상으로 한 최원기(1970), 울진 지역어를 대상으로 한 주상대(1975, 1989), 금릉 지역어를 대상으로 한 백두현(1982), 상주 지역어를 대상으로 한 백두현(1985), 김한수(1988), 권미경(1991), 김덕호(1992), 의성 지역어를 대상으로 한 신승원(1982), 정철(1989), 영주 지역어를 대상으로 한 정원순(1988), 임석규(1999), 영해 지역어를 대상으로 한 최명옥(1979), 남영종(1989), 예천 지역어를 대상으로 한 안귀남(1987), 월성 지역어를 대상으로 한 최명옥(1982) 선산 지역어를 대상으로 한

유두영(1994) 등이 그것이다. 이들은 대상 지역어의 음운론 전반에 걸쳐 연구한 것이다.

연구 대상을 특정 지역어로 설정한 후, 연구 주제를 한정하여 논의한 것도 여러 편 있다. 대구 지역어의 운소를 연구한 장태진(1960), 문효근(1962), 의성 지역어의 홀소리 체계를 연구한 정철(1975), 청도 지역어의 홀소리 체계 변천을 연구한 권재선(1981), 울진 지역어의 홀소리 음운 현상을 연구한 주상대(1989), 의성 지역어의 전설 고모음화를 연구한 정철(1989), 봉화 지역어, 예천 지역어, 대구 지역어를 대상으로 각각 성조를 연구한 조현숙(1985), 정원수(1994), 최한조(1992, 1993), 대구 지역어의 자음 동화를 연구한 최한조(1986), 경주 지역어와 대구 지역어의 된소리 되기를 각각 연구한 김반섭(1983), 최한조(1990, 1991) 대구 지역어의 외래어 음운 현상을 연구한 여찬영(1973), 선산 지역어를 대상으로 제일부사형어미의 음운 연구, 움라우트 연구, 입천장소리 되기 연구를 차례대로 단행한 윤병택(1983, 1986, 1989), 풍기 지역어와 대구 지역어의 움라우트를 각각 연구한 최태영(1984), 최한조(1994) 등이 바로 그것이다.

한편, 이 글의 연구 대상 지역어인 안동지역어만을 연구 대상으로 한 논문은 10여 편 정도가 있다. 성조를 분석한 정연찬(1968), 운소를 중심으로 음운 체계를 연구한 이재오(1971), 홀소리 현상을 중심으로 음운론적 특징을 연구한 서보월(1984, 1987), 안동지역어의 하위 방언인 송천동의 음운 체계와 음운 현상을 연구한 서보월(1988), 음운 체계와 음운 현상 및 종결 어미와 조사의 특징에 대해 개괄적으로 논의한 서보월(1997), 음운 동화와 삭제에 대해 연구한 이동화(1984), 음운 규칙, 음운 현상, 음운 체계에 대해 논의한 조신애(1985), 안동지역어의 하위 방언인 옹천지역어의 격조사, 활용 어미, 어휘, 음운 등에 대

해 연구한 서재극(1991) 등이 그것이다.[10]

정연찬(1968)은 안동지역어의 성조가 경상도의 다른 지역어의 성조와 어떻게 다른가에 주안점을 두고자 한 연구로서 안동지역어의 성조는 경상 방언의 성조와 이렇다 할 다른 점이 없다고 결론을 내리고 있다. 그러나 이 글은 경상도 다른 지역어의 성조와 안동지역어의 성조를 구체적으로 비교하지 않은 채 안동지역어의 성조가 경상도 방언의 성조와 차이가 없다는 결론을 내리고 있는 문제점이 있다. 이재오(1971)은 음소, mora 구조와 음운 결합, 음성, 액센트, 음소 체계 등을 항목으로 설정하여 안동지역어의 음운 체계를 세우고자 하였지만 안동지역어의 홀소리 음소를 단지 /i/, /e/, /ə/만으로 설정한 점, 액센트의 개념을 뚜렷이 제시하지 않은 채 액센트 체계에 의한 음운 체계를 논의하려 한 점 등의 문제점이 있고, 논의의 대부분을 액센트와 관련하여 전개하여 마치 액센트가 운소의 전부인 것처럼 인식되게 하는 문제점이 있어 운소를 중심으로 하여 안동지역어의 음운 체계를 세우려 한 의도를 만족시키지는 못한 것으로 본다. 서보월(1984)은 홀소리 현상에 국한하여 홀소리 체계, 홀소리 변동과 음운 규칙을 논의하고 있지만 그 논의가 구체적인 점에서 안동지역어에 대한 본격적인 논의의 효시로 인정된다. 그렇지만 이 글의 경우 홀소리 체계에 관한 진술

---

10) 안동지역어에 대한 앞선 연구자의 논문 중, 성균관대학교 국어국문학과의 「안동문화권 학술조사보고서」(1967, 1971)과 배대온(1979, 1980), 강신항 (1978, 1979, 1980), 신창순(1984), 박창배(1989), 정용구(1994) 등은 음운론과 관련한 논문이 아니므로 여기서는 제외하였다. 성균관대학교 국어국문학과의 「안동문화권 학술조사보고서」(1967, 1971)과 배대온(1980)은 어휘 자료 제시에 관심을 둔 것이며, 강신항(1978, 1979, 1980)은 서술법, 의문법, 명령법, 약속법, 경어법 등 서법 체계 전반에 걸쳐 연구한 것이고, 배대온(1979), 신창순(1984)은 존대법에 관한 연구이며, 박창배(1989)는 의문법에 관한 연구이고, 정용구(1994)는 종결 어미를 분석 제시한 것이다.

에 있어 좀더 구체적인 자료의 보완이 필요하다.

서보월(1987)은 겹홀소리 현상을 좀더 깊이 있게 연구한 것이며, 서보월(1988)은 안동지역어의 음운론적 특징을 안동지역의 동 단위인 송천동을 연구 대상으로 한 것이나 서보월(1984)와 뚜렷한 차이점은 없다. 서보월(1997)은 음운론에서 나아가 문법론의 일부에까지 논의의 폭을 넓힌 것이나 개괄적인 수준에 머물고 있다. 이동화(1984)는 음운의 동화나 삭제가 일어나는 음운론적 기제와 음운론적 강도 그리고 음운의 삭제와 관련한 보상성에 대해 논의한 것으로 안동지역어의 음운 동화나 삭제의 특징을 상당히 구체적으로 밝히고 있는 점이 인정된다. 그렇지만 기저 음운 체계의 수립을 위한 논의가 단편적인 수준에 머물고 있다. 조신애(1985)는 음운 체계를 수립하고, 음운 현상을 음운 규칙으로 설정하려 한 것이나, 음운 규칙을 변동 규칙과 혼동하고 있어 음운 규칙과 변동 규칙의 차이에 대한 이해가 요구되는 논문이다. 또한 성조를 pitch로 본 점에 대한 해명이 필요한 논문이다. 서재극 외(1991)은 음운을 한 항목으로만 설정하여 논의하고 있기 때문에, 음운론적 연구라고만 보기 어렵다. 이에서는 옹천지역어의 홀소리 체계를 6홀소리 체계로 보고 있는 문제점이 있다.

이상에서 보듯이, 안동지역어에 대한 음운 연구는 서보월(1984)를 중심으로 이동화(1984), 조신애(1985)에 의해 본격화 되고 있다. 그렇지만 체계적인 음운 연구의 완성 단계는 아니기 때문에 음운 체계의 확립, 안동지역어만의 고유한 음운 변동 현상 발견 등에 대한 논의가 지속적으로 필요하다.

2. 음운 체계

　제 2장에서는 이 지역어의 음운 체계를 세운다. 음운 체계는 음소 체계와 운소 체계로 구성되지만[1] 이 글에서는 음소 체계만을 다루기로 한다.[2]

　음소는 주관적으로 파악하여 같은 소리로 느껴지고, 분포가 상보적 분포에 있으며, 의미 분화에 참여하지 못하는 비변별적 관계에 있는 두 개 이상의 음성의 묶음이다(허웅 1985:58-63). 한 언어의 음소들은 서로 긴밀히 연결되어 하나의 조직을 만들고, 이 조직 안에서 일정한 질서를 이룬다. 이러한 음소들이 서로 관련되어 있는 모습이 '음소 체계'이다. 음소 체계를 세우는 것은 한 언어나 지역어에 나타나는 여러 변이음들이 어떻게 일정하게 서로 동아리를 이루고, 또한 다른 동아리

---

1) 허웅(1985)에 따르면 음운 체계는 다음과 같다.

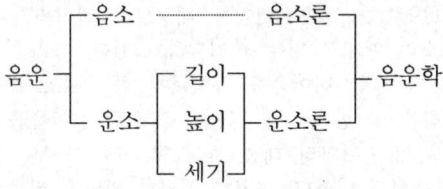

2) 이 지역어의 운소 체계는 성조에 대한 기술이 관건이 된다. 안동지역어의 성조에 대한 논의는 정연찬(1968), 김차균(2002ㄱ, ㄴ)을 꼽을 수 있다. 특히, 김차균(2002ㄱ, ㄴ)은 안동지역어의 성조를 완벽하게 연구한 논문이다. 필자는 김차균(2002ㄱ, ㄴ)에서 안동지역어의 운소 체계를 완벽하게 정립했다고 생각하여, 이 글에서 안동지역어의 운소에 대해서는 더 이상 논의하지 않는다.

와 관계를 맺고 있는가 하는 언어 조직 안의 질서를 찾는 작업이다(김형춘 1994:7).

따라서 이 글에서는 이 지역어에 나타나는 닿소리와 홀소리의 모든 음성 목록을 토대로 다음에 제시할 절차와 방법에 의해 음소 체계를 세우고자 한다.3)

2.1. 닿소리 체계

현지 직접조사를 통해 드러난 이 지역어의 닿소리 음성 목록을 바탕으로 다음과 같은 절차와 방법을 통해 닿소리 체계를 세우고자 한다.

첫째, 두 음성이 같은 환경에서 갈음되면서 전혀 말의 뜻을 분화하지 못하는 '임의 변이음'(수의 변이음)을 가려내어 이들을 하나의 음소로 묶는다. 예를 들어 〔pubu〕와 〔puβu〕에서 〔b〕와 〔β〕는 같은 환경 〔pu_u〕에서 갈음될 수 있으나 다른 뜻을 가진 두 낱말로 볼 수 없으므로 임의 변이음으로 한 음소로 묶인다. 그리고 변이의 방향과 그 표

---

3) 음소 체계는 김형춘(1994)에서 제시한 절차와 방법을 따르되, 이 지역어의 특성을 고려하기로 한다. 김형춘(1994)는 진주지역어를 대상으로 한 연구로서 음소 체계를 닿소리 체계와 홀소리 체계로 나누어 기술하고 있다. 그리고 닿소리 체계의 경우, 임의 변이음과 결합 변이음을 가려내어 한 음소로 묶고, 빈도수가 높은 것과 음성적 환경을 덜 받은 것을 중심으로 으뜸 변이음을 선정하였으며, 홀소리 체계의 경우, 표준어와의 대응 관계 및 이웃하는 홀소리와의 대립 관계를 통해 음소를 분석해 내었다. 이러한 절차와 방법은 비록 진주지역어를 대상으로 한 것일지라도 이 지역어의 음소 체계를 확립하는 데에 합리적으로 적용될 수 있다고 본다. 이 점에서, 이 글은 김형춘(1994)에서 제시한 지역어 음소 체계 수립 방법론에 힘입은 바가 크다. 다만, 지역어의 특성인 [q], [G], [q'], [qʰ], [ɸ], [N], [r] 등과 같은 과장음의 실현과 /e/와 /ɛ/의 합류에 대한 논의는 전적으로 필자의 입장에 의한다.

기는 다음과 같이 한다.

〔b〕, 〔β〕 ⇒ /b/

둘째, 상보적 분포를 이루는 몇 개의 비슷한 음성은 한 음성의 변이음으로, 즉 나타나는 조건이 그 앞뒤의 소리들에 따라서 규정되는 '결합 변이음'으로, 이를 가려내어 한 음소로 묶는다. 예를 들어 〔p〕와 〔b〕(〔β〕를 포함)의 경우에, 〔b〕는 울림소리 사이에서만 나타나고, 〔p〕는 말의 첫머리에 나타난다. 따라서 〔p〕와 〔b〕는 한 음소의 결합 변이음으로 묶인다.

〔p〕, 〔b〕 ⇒ /p/

셋째, 임의 변이음이나 결합 변이음 중에서 '으뜸 변이음'은, 비교적 자유롭게 여러 자리에 많이 나타나는 빈도가 높은 것과, 음성적 환경의 영향을 안 받았거나 비교적 덜 받은 것으로 한다. 예를 들어 〔p〕와 〔b〕의 경우, 〔b〕는 울림소리 사이에서만 나타나고 〔p〕가 환경의 영향을 받아 〔b〕로 된 것으로 보아 이 음소는 /p/로 대표하기로 한다.

〔p〕, 〔b〕 ⇒ /p, b/ ⇒ /p/

이 지역어의 닿소리 체계는 현대 국어 표준어와 다를 바 없는 19 닿소리 체계를 이룬다.4) 경상도 여러 지역에서 /s/와 /s'/가 변별되지 않지만, 이 지역어에서는 이들 음소가 최소대립어를 형성하는 변별적인 기능을 하여 독립적인 음소로 존재하는 것이 특징이다. 따라서 이 글에서는 이 지역어의 체계적인 닿소리 체계를 세우기 위해, 현지 직

---

4) 현대 국어 표준어의 닿소리 음소는 /k, t, p, tʃ, s, h, k', t', p', tʃ', s', kʰ, tʰ, pʰ, tʃʰ, ŋ, n, m, l/의 열 아홉이다.

접조사에서 드러난 이 지역어의 닿소리의 음성 목록을 중심으로 위에서 제시한 방법과 절차에 따라 음소를 구체적으로 분석하여 제시하기로 한다.

먼저 이 지역어의 닿소리의 음성 목록을 제시하면 〈표 1〉과 같다.

〈표 1〉 안동지역어의 닿소리 음성 목록

방법 \ 자리			입술	혀끝	센 입천장		여린 입천장		목청
					앞	뒤	앞	뒤	
터짐	약한	안울림	p, pˠ	t, tˠ			k, kˠ	q	
		울림	b	d			g	ɢ	
	된		p'	t'			k'	q'	
	거센		pʰ	tʰ			kʰ	qʰ	ʔ
붙갈이	약한	안울림			tʃ				
		울림			ʤ				
	된				tʃʼ				
	거센				tʃʰ				
갈이	약한	안울림	ɸ	s	ɕ	ç			h
		울림	β	z	ʑ		ɣ		ɦ
	된			s'	ɕ'				
코			m	n	ɲ		ŋ	N	
혀 옆				l	ʎ				
떨 음				r					
두 들 김				ɾ					

이제 위와 같은 음성 목록을 바탕으로 해서 이 지역어의 닿소리 체계를 세우고자 한다.

(1) [p], [b], [β], [pˠ], [p'], [pʰ]

　[p] : 말의 첫머리에 나타난다.

〔pino〕(비누)   〔piŋ〕(병 : 甁)

〔pʌɾi〕(보리)   〔po:ŋsa〕(소경)

[b] : 울림소리 사이에 나타난다.

〔pʌbʌɾi〕(벙어리)   〔tʌmbul〕(덩굴)

〔pulmibulmi〕(부라부라)   〔kogibap̚〕(미끼)

[β] : 공깃길 3도 이상의 소리5) 사이에서 [b]와 임의로 바뀐다.

〔pʌbʌɾi〕 ~ 〔pʌβʌɾi〕(벙어리)

〔pulmibulmi〕 ~ 〔pulmiβulmi〕(부라부라)

〔kogibap̚〕 ~ 〔kogiβap̚〕(미끼)

〔tibinda〕 ~ 〔tiβinda〕(뒤지다)

[p̚] : 음절의 끝소리에서만 나타난다.

〔tibap̚〕(뒤밥)   〔sʌdap̚〕(빨래)

〔nuŋk'op̚〕(눈곱)   〔talguʨip̚〕(닭장)

위의 자료를 보면, 〔b〕와 〔β〕는 임의 변이음이고(〔b〕~〔β〕), 〔p〕와 〔b〕는 상보적 분포를 이루는 결합 변이음이다.

[p'] : 다른 변이음을 가지지 않으며, 음절의 첫소리에만 나타난다.

---

5) 닿소리와 홀소리는 입안의 넓이가 각각 다른데, 입안 통로의 크기를 '공깃길'이라 한다. 소쉬르(Saussure)는 닿소리의 공깃길을 다음처럼 정하였다. 0도 : 터짐소리, 1도 : 갈이소리, 2도 : 콧소리, 3도 : 흐름소리, 한편, 4도 이상은 홀소리인데, 홀소리도 혀가 입천장에 가까워지는 정도에 따라 네 도수로 나누어진다(소쉬르는 5, 6도를 구분하지 않음). 4도 : [i, u]와 같은 높은 홀소리. 5도 : [e, o]와 같은 반높은 홀소리, 6도 : [ɛ, ɔ]와 같은 반낮은 홀소리, 7도 : [a]와 같은 낮은 홀소리. 이 글에서는 이상의 분류를 따르기로 한다. 따라서 공깃길 3도 이상의 소리란 흐름소리 및 홀소리를 말한다.

〔p'e〕 (뼈)   〔p'ʌnʥi〕 (번지)

〔kop'ul〕(감기)   〔p'o : ltʃi〕 (박쥐)

[pʰ] : 다른 변이음을 가지지 않으며, 음절의 첫소리에만 쓰인다.

〔pʰatʃaŋdari〕 (파씨)   〔mulpʰak¬〕 (무릎)

〔pʰulso : l〕 (귀얄)   〔kaɾipʰe〕 (가르마)

이상에서 〔p〕와 〔b〕(〔β〕 포함)는 어떤 경우에도 의미 분화를 하는 일
이 없고, 〔p¬〕는 끝소리에만 쓰고, 〔p'〕와 〔pʰ〕는 어떤 변이음을 가지지
않으며 /p/와 한 음소로 묶이지 않고 각기 독립된 음소로서 변별적으
로 대립6)하기에 다음과 같이 음소를 설정한다.

$$
\left[
\begin{array}{l}
〔p〕, 〔b〕, 〔β〕, 〔p¬〕 \Rightarrow /p, b, β, p¬/ \Rightarrow /p/ \\
〔p'〕 \Rightarrow /p'/ \\
〔pʰ〕 \Rightarrow /pʰ/
\end{array}
\right.
$$

(2) [t], [d], [t¬], [t'], [tʰ]

[t] : 말의 첫머리에 나타난다.

〔tal〕 (닭)   〔taŋgari〕 (등겨)

〔tu : bul(me : nda)〕 (두벌맨다)   〔toɾuk'e〕 (도리깨)

---

6) 가령, 불[pul], 뿔[p'ul]의 경우, 이 두 낱말은 다른 음성적 조건은 같으나, 다
만 그 첫소리가 후두 켕김을 띠느냐 띠지 않느냐 하는, 오직 한 가지의 소리
바탕의 없음-있음에 따라, 말의 뜻이 달라져 있다. 이러한 소리의 다름을 '최
소차이'(minimal distinction)라 하고, 최소차이로 뜻이 달라진 두 낱말을 '최
소차이 대립어'(minimal pair), 또는 '준동음어'(프, quasi-homonyme)라 한다.
안동지역어의 경우 /pul/(불) : /p'ul/(뿔) : /pʰul/(풀) 등의 준동음어를 통해,
/p/, /p'/, /pʰ/가 각기 독립 음소임을 알 수 있다.

[d] : 울림소리 사이에만 나타난다. [t]와 [d]는 모두 음절 첫소
　　　리로만 나타나며, 결합 변이음이다.

〔sedaɾi〕 (사닥다리)　　　　　　　〔kundi〕 (그네)

〔koduɾemi〕 (고드름)　　　　　　　〔pendal〕 (비탈)

[t˙] : 음절의 끝소리로만 나타나는 닫음소리다.

〔k'ot˙〕 (꽃)　　　　　　　　　　〔pat˙〕 (밭)

〔sot˙〕 (솥)　　　　　　　　　　〔pʰat˙〕 (팥)

[t'] : 다른 변이음을 가지지 않으며, 음절의 첫소리에만 나타난다.

〔t'ʌk˙k'aɾi〕 (가래떡)　　　　　　〔t'abei˜〕 (또아리)

〔t'i〕 (삘기)　　　　　　　　　　〔t'a：l〕 (딸기)

[tʰ] : 다른 변이음을 가지지 않으며, 음절의 첫소리에만 나타난다.

〔tʃabaŋtʰil〕 (재봉틀)　　　　　　〔tʰek˙〕 (턱)

〔toŋtʰe〕 (굴렁쇠)　　　　　　　　〔paltʰoŋ〕 (바퀴)

　이상에서 〔t〕와 〔d〕는 어떤 경우에도 의미 분화를 하는 일이 없으며,
〔t˙〕는 끝소리에만 쓰고, 〔t'〕와 〔tʰ〕는 다른 변이음을 가지지 않으며,
/t/와 한 음소로 묶이지 않고 각기 다른 독립된 음소로서 변별적으로
대립7)하기에 다음과 같이 음소를 설정한다.

$$
\begin{array}{l}
\text{〔t〕, 〔d〕, 〔t˙〕} \Rightarrow \text{/t, d, t˙/} \Rightarrow \text{/t/} \\
\text{〔t'〕} \Rightarrow \text{/t'/} \\
\text{〔tʰ〕} \Rightarrow \text{/tʰ/}
\end{array}
$$

---

7) /tal/(달) : /t'al/(딸) : /tʰa：l/(탈：假面) 등의 준동음어를 통해, /t/, /t'/, /tʰ/
　가 각기 독립된 음소로서 변별적으로 대립함을 알 수 있다.

(3) [t͡ʃ], [d͡ʒ], [t͡ʃ'], [t͡ʃʰ]

[t͡ʃ] : 음절의 첫소리에 나타난다.

〔t͡ʃaːŋmul〕 (간장)　　　　　　〔t͡ʃəŋd͡ʒi〕 (부엌)
〔t͡ʃəŋgud͡ʒi〕 (부추)　　　　　　〔t͡ʃabulda〕 (졸다)

[d͡ʒ] : 울림소리 사이에서만 나타난다.

〔nond͡ʒeŋgi〕 (농기구)　　　　　〔kand͡ʒiɾi〕 (광주리)
〔t͡ʃ'and͡ʒi〕 (김치)　　　　　　　〔od͡ʒim〕 (오줌)

[t͡ʃ'] : 음절의 첫소리에만 나타난다.

〔ɸukˉt͡ʃ'eĩ〕 (쟁기)　　　　　　〔t͡ʃ'aɾu〕 (자루)
〔t͡ʃ'eːbo〕(언청이)　　　　　　　〔t͡ʃ'iŋninda〕 (찧다)

[t͡ʃʰ] : 음절의 첫소리에만 나타난다.

〔t͡ʃʰaːm〕(곁두리)　　　　　　　〔t͡ʃʰeːĩ〕 (키)
〔pet͡ʃʰa〕(배추)　　　　　　　　〔t͡ʃʰembit〕 (참빗)

이상에서 〔t͡ʃ〕와 〔d͡ʒ〕는 어떤 경우에도 의미 분화를 하는 일이 없으며, 〔t͡ʃ'〕와 〔t͡ʃʰ〕는 다른 변이음을 가지지 않으며, /t͡ʃ/와 한 음소로 묶이지 않고 각기 다른 독립된 음소로서 변별적으로 대립8)하기에 다음과 같이 음소를 설정한다.

$$
\begin{array}{l}
\text{〔t͡ʃ〕, 〔d͡ʒ〕} \Rightarrow \text{/t͡ʃ, d͡ʒ/} \Rightarrow \text{/t͡ʃ/} \\
\text{〔t͡ʃ'〕} \Rightarrow \text{/t͡ʃ'/} \\
\text{〔t͡ʃʰ〕} \Rightarrow \text{/t͡ʃʰ/}
\end{array}
$$

---

8) /t͡ʃam/(잠) : /t͡ʃʰam/(간식) : /t͡ʃ'am/(잠 : 餘暇) 등의 준동음어를 통해 /t͡ʃ/, /t͡ʃʰ/, /t͡ʃ'/가 각기 독립된 음소로서 변별적으로 대립함을 알 수 있다.

(4) [k], [g], [γ], [q], [G], [k˺]와 [kʼ], [qʼ], [kʰ], [qʰ]

[k] : 말의 첫머리에 나타난다.

　　〔kaɾi〕(가루)　　　　　　　　〔kuk˺ɕi〕(국수)

　　〔kiaʥipˀ〕(기와집)　　　　　　〔ko : lmi〕(골무)

[q] : [w]나 [u], [o] 앞에서, [k]와 임의로 바뀐다.

　　〔kuk˺ɕi〕 ~ 〔quk˺ɕi〕(국수)

　　〔ko : lmi〕 ~ 〔qo : lmi〕(골무)

　　〔konʥi〕 ~ 〔qonʥi〕(무우말랭이)

　　〔ko : nei˜〕 ~ 〔qo : nei˜〕(고양이)

[g] : 울림소리 사이에 나타난다.

　　〔poŋsegi〕(떡둥구미)　　　　　〔ɕiɾegi〕(시래기)

　　〔ɕilgəŋ〕(시렁)　　　　　　　　〔uŋgul〕(우물)

[γ] : 공깃길 3도 이상의 울림소리 사이에서 [g]와 임의로 바뀐다.

　　〔poŋsegi〕 ~ 〔poŋseʋi〕(떡둥구미)

　　〔ɕiɾegi〕 ~ 〔ɕiɾeʋi〕(시래기)

　　〔ɕilgəŋ〕 ~ 〔ɕilʋəŋ〕(시렁)

[G] : [w]나 [u], [o] 앞에서, [g]와 임의로 바뀐다.

　　〔ko : guma〕 ~ 〔ko : Guma〕(고구마)

　　〔neguɾapˀt'a〕 ~ 〔neGuɾapˀt'a〕(넓다)

　　〔ogumʥei〕 ~ 〔oGumʥei〕(오굼)

　　〔p'a : ŋgu〕 ~ 〔p'a : ŋGu〕(방귀)

[k˺] : 음절 끝소리에만 나타난다.

　　〔naɾak˺〕(벼)　　　　　　　　　〔hobak˺〕(확)

　　〔sə : suk˺〕(조)　　　　　　　　〔tʃadɨɾak˺〕(겨드랑)

[k'] : 음절의 첫소리에 나타난다.

〔suk'u〕 (수수)　　　　　　　　〔muk'u〕 (무)

〔pʰuk'u〕 (호미씻이)　　　　　　〔tek'obaɾi〕 (담배통)

[q'] : [w]나 [u], [o] 앞에서, [k']와 임의로 바뀐다.

〔suk'u〕 ～ 〔suq'u〕 (수수)

〔muk'u〕 ～ 〔muq'u〕 (무)

〔tek'obaɾi〕 ～ 〔teq'obaɾi〕 (담배통)

〔pʰuk'u〕 ～ 〔pʰuq'u〕 (호미씻이)

[kʰ] : 음절 첫소리에만 나타난다.

〔kʰʌɾi〕 (켤레)　　　　　　　　〔kʰo〕 (코)

〔kʰoŋdʑiɾim〕 (콩나물)　　　　　〔kʰunne〕 (구린내)

[qʰ] : [w]나 [u], [o] 앞에서, [kʰ]와 임의로 바뀐다.

〔kʰo〕 ～ 〔qʰo〕 (코)

〔kʰoŋdʑiɾim〕 ～ 〔qʰoŋdʑiɾim〕 (콩나물)

〔kʰunne〕 ～ 〔qʰunne〕 (구린내)

첫소리 자리에서 〔k〕와 〔q〕, 울림소리 사이에서 〔g〕와 〔r〕, 〔g〕와 〔G〕는 임의 변이음이며, 〔k〕와 〔g〕, 〔q〕와 〔G, r〕의 관계는 결합 변이음으로 이들은 모두 한 음소의 변이음이다. 〔k'〕와 〔q'〕, 〔kʰ〕와 〔qʰ〕도 임의 변이음으로 한 음소이다. 그리고 /k/ : /k'/, /kʰ/는 각기 독립된 음소로서 변별적으로 대립9)하기에 다음과 같이 음소를 설정한다.

---

9) /kal/(갈대) : /kʰal/(칼), /kʰita/(크다) : /k'ita/(끄다) 등의 준동음어를 통해, /k/, /k'/, /kʰ/가 각기 독립된 음소로서 변별적으로 대립함을 알 수 있다.

$$\begin{bmatrix} [k], [q], [r], [G], [k^\urcorner] \Rightarrow /k, q, r, G, k^\urcorner/ \Rightarrow /k/ \\ [k'], [q'] \Rightarrow /k', q'/ \Rightarrow /k'/ \\ [k^h], [q^h] \Rightarrow /k^h, q^h/ \Rightarrow /k^h/ \end{bmatrix}$$

(5) [s], [ɕ], [s'], [ɕ']

[s] : 홀소리 /a, ə, o, u, E/ 앞이나 반홀소리 [w] 앞에 나타난다.

    [pʰumsa : ram] (놉)   [santʰemi] (삼태기)

    [sa : magi] (사마귀)   [salgi] (삵괭이)

[ɕ] : 홀소리 /i/나 반홀소리 /j/ 앞에 나타난다.

    [tʰoŋɕi] (변소)   [namuk̚ɕin] (나막신)

    [ɕiŋʌmu] (멍)   [maɕil] (마을)

[s'] : /i, j/ 이외의 다른 홀소리 앞에 나타난다.

    [s'ə : ɾi] (써레)   [s'albegi] (이남박)

    [s'uk̚k'e :] (수캐)   [s'ʌguse] (쏨바귀)

[ɕ'] : /i, j/ 앞에 나타난다.

    [narak̚ɕ'i] (볍씨)   [ɕ'iregi] (시래기)

    [pok̚s'aŋɕ'i] (복사뼈)   [ɕ'ik'i : nda] (씻긴다)

[ɕ]는 [i, j] 앞에서만 나타나는데 비해서 [s]는 그 밖의 다른 홀소리 앞에 나타난다. 이들은 결합 변이음이 되며, [s]의 분포가 넓어 [s]가 으뜸 변이음이 된다. [s']와 [ɕ']도 결합 변이음으로 한 음소가 되며, 분포가 넓은 [s']가 으뜸 변이음이 된다. 그리고 /s/와 /s'/는 각기 독립된 음소로서 변별적으로 대립10)한다. 이를 정리하면 다음과 같다.

$$\begin{array}{l} [s], [ɕ] \Rightarrow /s, ɕ/ \Rightarrow /s/ \\ [s'], [ɕ'] \Rightarrow /s', ɕ/ \Rightarrow /s'/ \end{array}$$

(6) [h], [ɸ], [ç], [ɦ]

[h] : 일반적으로 /ㅎ/는 스침소리의 [h]로 실현된다.

〔homei˜〕 (호미)　　　　　　〔haro〕 (하루)

〔hɨlkʰal〕 (흙손)　　　　　　〔həndi〕 (부스럼)

[ɸ] : /u, w/ 따위의 둥근 홀소리 및 반홀소리 앞에서 [h]와 임의로 바뀐다.

〔huk˜tʃei˜〕 ~ 〔ɸuk˜tʃei˜〕 (쟁기)

〔hubera〕 ~ 〔ɸubera〕 (후벼라)

[ç] : /i, j/ 앞에서 [h]와 임의로 바뀐다.

〔hinʥase〕 ~ 〔çinʥase〕 (흰자위)

〔him〕 ~ 〔çim〕 (힘)

[ɦ] : 울림소리 사이에서 [h]와 임의로 바뀐다.

〔tahaŋ〕 ~ 〔taɦaŋ〕 (성냥)

〔mahon〕 ~ 〔maɦon〕 (마흔)

〔po：ŋsuŋha〕 ~ 〔po：ŋsuŋɦa〕 (봉선화)

　이 닿소리들은 음절의 첫소리에만 나타난다. 〔h〕, 〔ɸ〕, 〔ç〕, 〔ɦ〕는 임의 변이음으로 모두 〔h〕로 갈음될 수 있고, 뜻의 분화도 일으키지 않으므로 하나의 음소이다.

---

10) /sal/(살) : /s'al/(쌀), /so/(소) : /s'o/(수령) 등의 준동음어를 통해, /s/와 /s'/가 각기 독립된 음소로서 변별적으로 대립함을 알 수 있다.

〔h〕, 〔Φ〕, 〔ç〕, 〔ɦ〕 ⇒ /h, Φ, ç, ɦ/ ⇒ /h/

(7) [m]

이 음소는 변이음이 나타남이 없으며, 다른 음소와의 대립도 명백하다.

    〔mi〕(뉘)   〔muɾe〕(오이)

    〔mʌgi〕(모기)   〔moŋno〕(올가미)

[m] ⇒ /m/

(8) [n], [ɲ]

[n] : /i, j/ 이외의 홀소리 앞에 나타난다.

    〔juːndi〕(인두)   〔ʌnna〕(어린애)

    〔ʌnʌɾi〕(에누리)   〔noɾi〕(노루)

[ɲ] : /i, j/ 앞에 나타나며, 이 자리에서도 [n]과 임의로 바뀌는 일이 있다.

    〔sonɲim〕(천연두)   〔nuɲim〕(누나)

    〔teɾinɲim〕(시동생)   〔ɲi〕(너)

[n], [ɲ] ⇒ /n, ɲ/ ⇒ /n/

(9) [ŋ], [N]

[ŋ] : 음절 끝소리에 나타난다.

    〔soseɾaŋ〕(쇠스랑)   〔tʃʰaŋk'e〕(참깨)

    〔miːltʃʰaŋ〕(미닫이)   〔pokˇs'aŋ〕(복숭아)

[N] : /u/나 /w/ 앞에서 나타나는데, [ŋ]와 임의로 바뀐다.

    〔paŋul〕 ~ 〔paNul〕 (방울)

    〔paŋwi〕 ~ 〔paNwi〕 (방위)

    〔kaŋu〕 ~ 〔kaNu〕 (강우)

[ŋ], [N] ⇒ / ŋ, N/ ⇒ / ŋ /

(10) [l], [ɾ], [r], [ʎ]

[l] : 음절의 끝소리로, 또는 홀소리 사이에서 뒤의 소리가 /i, j/
가 아닐 때 겹침으로 나타난다.

    〔pʰulme：nda〕 (김매다)   〔ʌlgemi〕 (어레미)

    〔se：al〕 (새알심)   〔tʼilkʼe〕 (들깨)

[ɾ] : 홀소리 사이에서 단독으로 난다.

    〔tʃaɾu〕 (자루)   〔sakʼaɾe〕 (삽)

    〔kiɾəŋ〕 (개울)   〔hobuɾebi〕 (홀아비)

[r] : 강조된 발음에서 [ɾ]와 임의로 바뀐다.

    〔tʃaru〕 ~ 〔tʃaɾu〕 (자루)

    〔sakʼare〕 ~ 〔sakʼaɾe〕 (삽)

    〔kirəŋ〕 ~ 〔kiɾəŋ〕 (개울)

    〔hoburebi〕 ~ 〔hobuɾebi〕 (홀아비)

[ʎ] : 홀소리 사이에서, 뒤의 소리가 /i, j/인 경우에 겹쳐져 나타난다.

    〔taʎʎi〕 (달래)   〔maʎʎiga〕 (말리어서)

    〔muʎʎida〕 (이끌나다)

[l], [ɾ], [r], [ʎ] ⇒ /l, ɾ, r, ʎ/ ⇒ /l/

(11) 닿소리의 음소 체계 마무리

이상과 같은 안동지역어의 닿소리 분석을 통해서 드러난 사실을 체계화해서 제시하면 〈표 2〉와 같다.

〈표 2〉 안동지역어의 닿소리 체계

방법＼자리		입 술	혀 끝	센입천장	여린입천장	목 청
터짐	약한	p(ㅂ)	t(ㄷ)		k(ㄱ)	
	된	p'(ㅃ)	t'(ㄸ)		k'(ㄲ)	
	거센	pʰ(ㅍ)	tʰ(ㅌ)		kʰ(ㅋ)	
붙갈이	약한			tʃ(ㅈ)		
	된			tʃ'(ㅉ)		
	거센			tʃʰ(ㅊ)		
갈이	약한		s(ㅅ)			h(ㅎ)
	된		s'(ㅆ)			
코		m(ㅁ)	n(ㄴ)		ŋ(ㅇ)	
흐 름			l(ㄹ)			

한편, 이 지역어의 닿소리 분석을 통해서 드러난 음운 규칙11)의 특징을 제시하면 다음과 같다.

---

11) 음운 규칙은 한 음소의 변이음을 실현시키는 규칙이다. 음운 규칙과 관련한 음소의 변이에는 다음과 같은 특징이 있다. 첫째, 변이는 약한소리에서 많이 일어나는 경향이 강하다. 둘째, 변이는 필연적으로 일어나는 것과 임의적으로 일어나는 것이 있다. 셋째, 변이 규칙의 적용이 한 음소에만 한정된 것과 여러 음소에 보편적으로 나타나는 것이 있다. 한편, 변이의 갈래로는 자리 옮기기, 공깃길 바꾸기, 울림 바꾸기, 세기 바꾸기, 길이 바꾸기 등이 있다. 음운 규칙에 대한 자세한 논의는 허웅(1985:203-208) 참조.

첫째, 현대 국어 표준어에 나타나는 음운 규칙이 이 지역어에도 모두 실현된다. 즉, '닿음소리 되기', '울림소리 되기', '입천장소리 되기' 등이 이 지역어에 모두 나타난다. /p/, /t/, /k/가 각각 /pˈ/, /tˈ/, [kˈ] 로 실현되는 것은 '닿음소리 되기'이며, /p/, /t/, /tʃ/, /k/, /h/가 각각 [b], [d], [ʤ], [g], [ɦ]로 실현되는 것은 '울림소리 되기'이고, /s/, /sˈ/, /h/, /n/, /l/가 각각 [ɕ], [ɕˈ], [ç], [ɲ], [ʎ]로 실현되는 것은 '입천장소리 되기'이다.

둘째, 이 지역어에서는 /k/, /kˈ/, /kʰ/, /n/, /l/가 [q, G], [qˈ], [qʰ], [N], [r] 등과 같은 과장음으로 실현되는 '세기 바꾸기' 현상이 두드러진다.

셋째, /p/, /k/가 [β], [ɣ]로 실현되는 '갈이소리 되기' 규칙은 이 지역어에서 임의적이며, /h/가 [ɸ]로 실현되는 '입술소리 되기' 규칙과 /l/가 [ɾ]로 실현되는 '두들김소리 되기' 규칙은 필연적이다.

2.2. 홀소리 체계

안동지역어의 홀소리 체계에 대하여 서보월(1984)와 이동화(1984), 그리고 조신애(1985) 등은 7홑홀소리 체계와 9겹홀소리 체계를 인정하고 있다.[12] 홑홀소리의 경우, 표준어에서 변별적으로 대립되는 /e/와 /ɛ/가 이 지역어에서는 변별되지 않으며, 표준어에서 홑홀소리로

---

12) 안동지역어의 홑홀소리로 서보월(1984)와 조신애(1985)는 /i, E, ɨ, ə, a, u, o/를, 이동화(1984)는 /i, ɛ, ɨ, ə, a, u, o/를 인정하고 있다. 그리고 겹홀소리로 서보월(1984)와 조신애(1985)는 /jE, jə, ja, ju, jo, wi, wE, wə, wa/를, 이동화(1984)는 /jɛ, jə, ja, ju, jo, wi, wɛ, wə, wa/를 인정하고 있다.

존재하는 /y/, /ø/가 이 지역어에서는 /y/의 경우는 /wi/나 /i/ 혹은 /u/로, /ø/의 경우는 /wE/나 /E/로 각각 실현되어 홑홀소리로 존재하지 않고, 겹홀소리의 경우 역시 홑홀소리 /e/와 /ɛ/의 비변별로 /je/와 /jɛ/, /we/와 /wɛ/가 표준어와는 달리 이 지역어에서는 각각 변별되지 않는다는 것이다. 반면, 안동지역어의 하위 지역어인 옹천지역어를 대상으로 한 음운론적 연구에서 서재극 외(1991)에서는 /e/와 /ɛ/의 비변별은 물론 /ɨ/와 /ə/의 비변별을 지적하면서 6홑홀소리 체계를 인정하고 있다.13) 이처럼 이 지역어의 홀소리 체계를 세우는 데에 있어 중요한 과제는 /e/와 /ɛ/, /ɨ/와 /ə/의 대립 여부를 밝히는 것이다. 이러한 문제점을 인식하고, 현지 직접조사를 통해 드러난 이 지역어의 홀소리 음성 목록을 바탕으로 다음과 같은 방법을 통해 홀소리 체계를 세우고자 한다.

첫째, 현대 국어 표준어(다음부터 '표준어'라 함)의 홀소리를 제시하고 이것이 이 지역어의 어떤 홀소리와 대응하는가를 살펴, 그 결과를 바탕으로 홀소리 음소를 분석해 내고자 한다. 단, 표준어와 이 지역어의 형태 기원이 같은 것을 대상으로 대응 관계를 분석하기로 한다.

둘째, 이 지역어 안에서 그 특성이 비슷하거나 이웃하는 다른 홀소리와의 대립 관계를 살펴, 음소를 분석해 내고자 한다. 다시 말해, 같은 음성 환경에서 의미를 변별하는지의 여부를 밝혀 음소를 분석하고자 한다.

---

13) 표준어의 10홑홀소리 체계(/i, e, ɛ, y, ø, ɨ, ə, a, u, o/) 가운데 /e/와 /ɛ/, /ɨ/와 /ə/가 각각 /E/와 /ə/로 합류되며, /y/, /ø/ 역시 /wi/, /we/로 겹홀소리화 함으로써 홑홀소리로 존재하지 않는 것으로 인식하여, /i, E, ə, a, u, o/를 홑홀소리로 인정하고 있다.

먼저, 표준어의 홀소리 음성 목록을 제시하면 〈표 3〉과 같다.

〈표 3〉 표준어의 홀소리 음성 목록[14]

구분	혀의 높이	앞홀소리 안둥긂	앞홀소리 둥긂	가운데홀소리 안둥긂	가운데홀소리 둥긂	뒤홀소리 안둥긂	뒤홀소리 둥긂
홑홀소리	높음	i	y	ɨ			u
	가운데 반높음	e	ø				o
	가운데 반낮음	ε		ə		ʌ	
	낮음			a			(ʌ)*
겹홀소리 [j]	높음						ju
	가운데 반높음	je					jo
	가운데 반낮음	jε		jə		jʌ	
	낮음			ja			(jʌ)*
[w]	높음	wi					
	가운데 반높음	we					
	가운데 반낮음	wε		wə		wʌ	
	낮음			wa			(wʌ)*
[ɥ]	높음	ɥi					
[ɰ]	높음	ɰi					

---

14) 허웅(1985)와 정국(1996)을 절충하였다. (ʌ)*, (jʌ)*, (wʌ)*는 허웅(1985 : 140)에서 표시해 놓은 것이다. 그러나 이는 보편적으로 받아들이기 어렵기 때문에 이 글에서는 수용하지 않는다. 따라서 정국(1996)에 의거하여 [ʌ], [j ʌ], [wʌ]는 '후설평순중모음'으로 보기로 한다. 한편, 정국(1996)에서는 긴장과 이완의 측면에서 [i], [y], [ɨ], [u], [e], [ø], [o], [a] 등을 긴장음으로, 그리고 [ε], [ə], [ʌ] 등을 이완음으로 보고 있다. 그러나 현대 국어 표준어의 경우 긴장과 이완의 구별이 중요하지 않을 뿐 아니라, 혼란을 가져올 수 있으므로 이 글에서는 긴장과 이완의 변별적 자질은 제외한다.

2.2.1. 홑홀소리 체계

표준어의 홑홀소리 음성 목록에 따라 먼저 이들과 이 지역어의 대응을 통하여 음소를 확인하고, 다음으로 이 지역어에서 이웃하는 음소와의 대립 관계를 통해 확인하여 홑홀소리의 음소를 분석하기로 한다.

(1) [i]

① 표준어와의 대응

	표준어	안동지역어
[i-]15)	〔ilgop⌐〕	〔ilgop⌐〕
	〔isɨlbi〕	〔iɕilbi〕
	〔ilbuɾʌ〕	〔ilbuɾo〕
[-i]16)	〔kigjetʃʰuŋ〕	〔kigetʃʰuŋ〕
	〔twɛʥi〕	〔teʥi〕
	〔mʌnʥi〕	〔munʥi〕

표준어의 〔i〕와 대응하는 이 지역어는 위와 같은 자료에 따르면, 대체로 〔i〕로 대응하고 있다. 물론 다른 음소에 대응하는 경우도 있으나,17) 음소 분석에 직접 관련이 없는 경우에는 이들의 보기는 일일이

---

15) 표준어에서 음절 첫머리에 [i]가 오는 낱말들을 가리킨다. 이하 다른 홀소리의 경우에도 같다.
16) 표준어에서 [i] 앞에 닿소리가 오는 낱말들을 가리킨다. 이하 다른 홀소리의 경우에도 같다.
17) 이것의 예로는, 표준어의 [i]가 이 지역어의 [e]에 대응하는 현상을 들 수 있다. 다음의 예가 그것이다. (/의 앞은 표준어이고, /의 뒤는 이 지역어임)
   [toɾik'ɛ]/[toɾuk'e], [mitʰuɾi]/[metʰuɾi], [t'amt'i]/[t'amt'e], [kʌmi]/[kʌmu]

들지 않기로 한다.

② 다른 홀소리와의 대립

〔i〕 소리와 이웃하는 〔e〕와의 대립 관계를 살펴보면 다음과 같다. 모든 짝이 변별 관계를 이루고 있어 이 두 소리는 변별적이다.

- 〔ki:da〕 (잇닿은 물체의 두 끝이 서로 멀다)
- 〔ke:da〕 (흐리거나 궂은 날씨가 맑게 되다)

- 〔mi:da〕 (힘을 주어 앞으로 나아가게 하다)
- 〔me:da〕 (어깨에 걸치거나 올려 놓다)

- 〔pida〕 (꽃봉오리 따위가 벌어지다)
- 〔peda〕 (사정없이 마구 때리다)

- 〔tʃida〕 (뜨거운 김으로 익히거나 데우다)
- 〔tʃeda〕 (물체를 잡아당겨 갈라지게 하다)

이상에서 표준어와의 대응 관계와 이웃하는 다른 홀소리와의 대립 관계를 통해서 볼 때, 홀소리 〔i〕에서 /i/를 분석하여 설정할 수 있다. 즉, 〔i〕 ⇒ /i/

(2) [e]

① 표준어와의 대응

	표준어	안동지역어
〔e-〕	〔e:kʼi〕(마땅치 않을 때의 소리)	〔te:kʼi〕
	〔ewəsʼada〕	〔eəsʼada〕
	〔nue〕	〔nue〕

〔-e〕　　　〔tuɾebak˺〕　　　　　〔t'iɾebak˺〕

　　　　　〔pʌndegi〕　　　　　　〔k'ondegi〕

　　　　　〔afiɾe〕　　　　　　　〔aiɾe〕

표준어의 〔e〕와 대응하는 이 지역어는 위와 같은 자료에 따르면, 대체로 〔e〕로 대응하고 있다.

② 다른 홀소리와의 대립

〔e〕와 이웃한 소리로는 〔i〕, 〔ɛ〕가 있는데, 〔i〕와의 대립은 앞에서 다루었기 때문에 여기서는 〔ɛ〕와의 대립만 다룬다.

지금까지 〔e〕와 〔ɛ〕의 변별성 여부에 대해서는 서보월(1984), 조신애(1985), 서재극 외(1991) 등에서 공통된 견해를 보이고 있는데, 〔e〕와 〔ɛ〕가 중화18)되어 그 변별성이 없다는 것이 그것이다.19) 그리고 이동화(1984)에서는 〔e〕와 〔ɛ〕의 변별성 여부에 대한 구체적인 언급 없이 /ɛ/만을 음소로 설정하고 있다.20) 그렇지만 이들에서는 어떻게 변별되지 않는지에 대해 구체적으로 입증하지 않았다. 이에 이 글에서는 〔e〕와 〔ɛ〕가 독립적인 음소로 설 수 있는지를 밝히기 위해 다음과 같은 방법21)을 취하였다.

---

18) 중화(neutralization)란 둘 이상의 음소가 특정한 위치에서 변별되지 않는 현상이다. 표준어에서 '낫, 낮, 낯' 등이 음절끝 위치에서 /낟/로 실현되는 것을 예로 들 수 있다. 중화에 대한 구체적인 논의는 배주채(1996) 참조.

19) 서보월(1984), 조신애(1985), 서재극 외(1991)에서는 〔e〕와 〔ɛ〕가 /E/로 중화된다고 보고 있다. 그러나 〔ɛ〕는 모든 환경에서 〔e〕로 실현되어 변별성이 없어진다. 따라서 〔e〕와 〔ɛ〕가 중화되는 것이 아니라 〔ɛ〕가 〔e〕로 합류하는 것이다.

20) 안동지역어에서 〔ɛ〕는 거의 실현되지 않는다. 따라서 /ɛ/를 설정하는 것은 문제점이 있다.

21) 이 방법은 김형춘(1994)에서 취한 방법을 수정한 것이다. 김형춘(1994)에서

첫째는, 아래에 제시하는 설문을 통해 해당하는 낱말을 발음하게 한 후, 이를 녹음하여 표준어 화자와 함께 두 음성의 변별성 여부를 확인하였다.

둘째는, 해당하는 낱말을 표준어 화자로 하여금 발음하게 하여 녹음한 후 이를 제보자들에게 구분하여 들려주고 그것이 어떤 뜻인지를 말하게 하여, 두 음성의 변별성 여부를 확인하였다.

결론적으로, 위의 방법을 통해서 이 지역어에서는 [e]와 [ɛ]가 변별되지 않음을 확인하였다. 그리고 [ɛ]가 [e]로 대부분 합류하여, 이 두 음성적 대립이 소멸하여 이 지역어에서는 [e]와 [ɛ]는 '절대적 중화'22) (absolute neutralization) 관계에 있음이 조사되었다.

그러면 조사한 내용을 들어 두기로 한다.

┌ 가축으로 이리, 늑대와 비슷하며 집을 잘 지키는 집짐승은?
│   (개) [ke]
└ 한 쌍의 집게발과 네 쌍의 발로 옆으로 기어 다니는 바다에 사
  는 동물은?   (게) [ke]

는 토박이 화자가 직접 낱말의 발음을 구분하여 들려 주고, 또한 제보자의 발음을 토박이 화자인 조사자가 청취에 의존해서 변별하고 있다. 이러한 방법은 조사자가 조사 대상 지역어의 토박이 화자일 때, 자기 암시의 오류에 빠질 위험이 있다.

22) 합류(merger)에는 부분적 합류와 완전 합류가 있다. 완전 합류는 대립하던 두 개의(혹은 그 이상의) 음운이 모든 환경에서 한 음운으로 변화하는 것을 말한다. 합류 후, 한 음운으로 변화하면, 그 다음 단계에서는 그 이원적인 기원이 반영되지 않는다. 그리고 두 개의(혹은 그 이상의) 음운의 음성적 구별이 소멸하면, 절대적 중화라고 한다. '합류'와 '절대적 중화'에 대한 자세한 논의는 김방한(1988) 참조.

┌ 옷에 검게 묻어 더러워지는 것을 무엇이 묻었다고 합니까?

(때) 〔t'e〕

└ 새나 짐승들이 무리지어 있는 것을 무엇이라 합니까?

(떼) 〔t'e〕

┌ 사람을 때리는 회초리를 무엇이라 합니까?

(매) 〔me〕

└ 제사 때에 신위 앞에 올리는 밥을 무엇이라 합니까?

(메) 〔me〕

┌ 밥을 많이 먹으면 뭐가 부르다고 합니까?

(배) 〔pe〕

└ 삼실, 무명실로 짠 피륙 혹은 옷을 짓는 재료를 무엇이라 합니까? 이걸로 무엇 짠다고 합니다.

(베) 〔pe〕

┌ 하늘에 날아다니는 날짐승을 무엇이라고 합니까?

(새) 〔se:〕

└ 남의 것을 빌려 쓰기로 하고 내는 돈을 무엇이라고 합니까? 이것 낸다고 합니다.

(세) 〔se:〕

┌ 다시 일어나 사업에 성공하는 것을 무엇했다고 합니까?

(재기) 〔tʃe:gi〕

└ 제사 때 쓰는 그릇을 무엇이라 합니까?

(제기) 〔tʃe:gi〕

┌─ 수레의 양쪽을 양옆에 댄 긴 나무를 무엇이라 합니까?

└─ 가루를 치거나 액체를 받아 내는 데 쓰는 기구를 무엇이라 합
  니까?　　　　　　　　　　　　　　　　　　　(채) 〔tʃʰe〕

　　　　　　　　　　　　　　　　　　　　　　(채) 〔tʃʰe〕

┌─ 부인의 뱃속에 아기를 가진 것을 어떻다고 합니까?

└─ 톱으로 나무를 자르는 것을 어떻게 한다고 합니까?
　　　　　　　　　　　　　　　　　　　　　(밴다) 〔penda〕

　　　　　　　　　　　　　　　　　　　　　(벤다) 〔penda〕

　이상에서 표준어와의 대응 관계 측면에서는 홀소리 〔e〕에서 /e/를 분석해 낼 수는 있지만, 이웃하는 홀소리 〔ɛ〕와의 대립 관계를 통해서 볼 때, 〔ɛ〕는 〔e〕와 변별적으로 대립하지 않고 〔e〕로 합류하기 때문에 홀소리 〔e〕에서 /e/를 분석하여 설정하게 되면, 〔e〕가 독립된 음소, /e/로 설정된다는 오해를 낳을 수도 있다. 이 지역어의 경우, 〔e〕, 〔ɛ〕 ⇒ /E/이지만, 표준어의 경우 〔e〕 ⇒ /e/, 〔ɛ〕 ⇒ /ɛ/이기 때문이다. 그래서 이 글에서는 〔e〕, 〔ɛ〕 ⇒ /E/로 체계화하기로 한다.
　즉, 〔e〕, 〔ɛ〕 ⇒ /E/

(3) 〔ɛ〕

① 표준어와의 대응

	표준어	안동지역어
〔ɛ-〕	〔ɛːgukˈa〕	〔eːgukˈka〕
	〔ɛtʃərop˺tˈa〕	〔etʃorop˺tˈa〕
	〔ɛːmɛɦada〕	〔eːmeɦada〕

[-ɛ]	[torik'ɛ]	[toruk'e]
	[pɛtʃʰu]	[petʃʰa]
	[sukʰɛ]	[s'uk¯k'e]

표준어 [ɛ]와 대응되는 이 지역어는 위와 같은 자료에 따르면, 대체로 [e]로 대응하고 있다.

② 다른 홀소리와의 대립

[ɛ]와 다른 홀소리와의 대립 여부는 [e]와의 관계뿐인데, 이에 대해서는 앞에서 다루었으므로 다시 논의하지 않는다.

이상에서 표준어와의 대응 관계 및 다른 홀소리와의 대립을 통해서 볼 때, 홀소리 [ɛ]는 [e]로 합류한다. 따라서 독립된 /ɛ/로 설정할 수 없다.

(4) [y]

① 표준어와의 대응

	표준어	안동지역어
[y-]	[y] (위 : 上)	[u]
	[y] (위 : 胃)	[wi]
	[kʌminʤay]	[k'ʌmunʤase]
	[yŋyŋ]	[iŋiŋ]
[-y]	[ky]	[ki]
	[sy] (파리의 알)	[se]
	[k'amagy]	[k'amagu]
	[t'yda]	[t'ida]

홀소리 〔y〕는 이 지역어에서 어떤 경우에도 나타나지 않고, 첫소리
에서는 겹홀소리 〔wi〕나 홑홀소리 〔u〕, 〔i〕 등으로, 그리고 닿소리 다음
에서는 주로 〔i〕, 〔e〕, 〔u〕 등으로 실현된다.23)

② 다른 홀소리와의 대립

〔y〕는 이 지역어에서 음소로 설정되지 못하기 때문에 다른 음소와의
대립 관계를 살필 필요가 없다.

(5) 〔ø〕

① 표준어와의 대응

	표준어	안동지역어
〔ø-〕	〔ønson〕	〔wenson〕
	〔øga〕	〔wega〕
	〔øgjogwan〕	〔wegjogan〕
	〔øsaŋ〕	〔wesaŋ〕
〔-ø〕	〔sø〕 (쇠 : 鐵)	〔sʼe〕
	〔søsiraŋ〕	〔soseraŋ〕 ~ 〔seseraŋ〕
	〔tʃʰøgo〕	〔tʃʰego〕

홀소리 〔ø〕는 이 지역어에서 어떤 경우에도 나타나지 않고, 첫소리
에서는 겹홀소리 〔we〕로, 그리고 닿소리 다음에서는 〔e〕, 〔o〕 등으로
실현된다. 따라서 〔ø〕는 이 지역어에서 음소로 설정되지 못한다.

---

23) 조신애(1985)에서는 표준어에서 홑홀소리로 존재하는 /y/가 이 지역어에서는
/u/와 /i/로 재구성된다고 밝히고 있고, 서보월(1997)에서는 표준어 /y/는 이
지역어에서 겹홀소리 /wi/나 홑홀소리 /i/(닿소리 아래)로 실현된다고 밝히고
있다. 그러나 이번 조사의 결과 /wi/, /u/, /i/ 등으로만 실현되는 것이 아님
이 밝혀졌다.

(6) [ɨ]

① 표준어와의 대응

	표준어	안동지역어
[ɨ-]	[it'im]	[it'ʌm]
	[inginɦi]	[iŋgii˜]
	[inɦɛŋnamu]	[ineŋnamu]
	[intʰø]	[intʰe]
[-ɨ]	[kiɾit]	[kiɾik˺]
	[küɾim]	[k'iɕiɾim]
	[pidɨm]	[pinɨl]
	[mjənɨɾi]	[meniɾi]

표준어 [ɨ]와 대응하는 이 지역어는 위와 같은 자료에 따르면, 대체로 [i]로 대응하고 있다.

② 다른 홀소리와의 대립

[ɨ]가 독립된 음소, /ɨ/로 설 수 있느냐의 문제는 결국 이 지역어에서 [ɨ]가 [ə]와 변별적으로 대립하느냐의 문제다. 서재극 외(1991)에서는 옹천지역어를 대상으로 한 조사에서 '주름살[tʃurəmsal]'을 자료로 제시하여 [ɨ]가 [ə]로 합류한다고 보고 [ɨ]를 독립된 음소, /ɨ/로 세우지 않았다. 그러나 옹천지역어를 조사하여 확인한 결과, [ɨ]가 [ə]로 실현되는 것보다 [ɨ]로 실현되는 경우가 우세함을 발견하였다.24)

---

24) [ɨ]가 실현되는 자료로는 다음과 같은 것이 있다.

그리고 이 지역어에서도 마찬가지로 〔ɨ〕와 〔ə〕가 변별적 대립 관계에 있음을 다음 자료를 통해 확인하였다.

┌ 〔kɨːne〕 (그네)
└ 〔kəːne〕 (어떤 물건이 걸쳐 있도록 하네)

┌ 〔kɨːmʤi〕 (하지 못하도록 하는 일)
└ 〔kəːmʤi〕 (집게손가락)

┌ 〔nɨːl〕 (항상, 언제나)
└ 〔nəːl〕 (널뛰기 할 때에 쓰이는 널빤지)

┌ 〔tɨːl〕 (평평하고 넓게 트인 땅)
└ 〔təːl〕 (한도에 미처 다 차지 못함을 뜻하는 말)

이상에서 표준어와의 대응 관계와 이웃하는 다른 홀소리와의 대립 관계를 통해서 볼 때, 홀소리 〔ɨ〕에서 /ɨ/를 분석하여 설정할 수 있다. 즉, 〔ɨ〕 ⇒ /ɨ/

(7) 〔ə〕와 〔ʌ〕

① 표준어와의 대응

	표준어	안동지역어
〔ə-〕	〔əːŋdʌɲi〕	〔əːŋdiˉ〕
	〔əːʤuɲi〕	〔əːʤuiˉ〕
	〔əːlmaɲia〕	〔əːlmaɾo〕

〔manilɦegi〕 (마늘 종다리), 〔kiɾikˉ〕 (그릇), 〔ɕiɾipʼin〕 (시루번), 〔kiɾaŋ〕 (개울), 〔ɕikʼitʼei〕 (밥뚜껑), 〔həɾikʼin〕 (허리띠), 〔məkʰidei〕 (머리카락), 〔kaɾipʰe〕 (가르마), 〔malsəsimtʼa〕 (말더듬다), 〔tʃadiɾakˉ〕 (겨드랑) 등.

〔ʌ-〕	〔ʌɾemi〕	〔ʌlgemi〕
	〔ʌɾine〕	〔ʌnna〕
	〔ʌndʌkˀ〕	〔ʌŋdʌkˀ〕

〔-ə〕	〔sʼəːɾe〕	〔sʼəːɾe〕~〔sʼəːɾi〕
	〔tʃʰəːɲjə〕	〔tʃʰəːʥa〕
	〔pəːl〕 (벌 : 蜂)	〔pəːɾi〕

〔-ʌ〕	〔mʌŋsʌkˀ〕	〔mepʼaŋsʌkˀ〕
	〔ɕiɾʌŋ〕	〔ɕilgʌŋ〕
	〔tʃʰʌma〕	〔tʃʰʌmakˀ〕
	〔kʌmi〕	〔kʌmu〕

② 다른 홀소리와의 대립

〔ə〕와 〔ʌ〕는 〔ɨ〕와 변별적으로 대립하는지에 대해 알아보는 것이 중요한데, 이에 대해서는 이미 앞에서 다루었으므로 다시 논의하지 않기로 한다.

이상에서 보듯이, 〔ə〕는 긴 운소와 결합하고, 〔ʌ〕는 짧은 운소와 결합한다.25) 따라서 이 두 소리는 한 음소의 결합 변이음이다. 그리고 표준어와의 대응 관계와 이웃하는 다른 홀소리와의 대립 관계를 통해

---

25) 표준어의 경우, 일반적으로 길이의 운소가 잘 분화되지 않아서, 긴 소리와 짧은 소리의 분별이 분명하지 않게 되어 가는 경향이 있지만, 〔ə〕와 〔ʌ〕의 경우는 길이의 운소가 비교적 분명히 변별된다. 그러나 이 지역어의 경우 표준어와는 달리 긴 소리와 짧은 소리의 변별이 분명하며, 〔ə〕와 〔ʌ〕 역시 길이의 운소에 의해 분명히 변별된다. 표준어의 〔ə〕와 〔ʌ〕에 대한 자세한 논의는 허웅(1985:156) 참조.

서 볼 때, 이들의 음소를 설정할 수 있다.

여러 변이음에서 음소 설정시의 일반적인 기준은 배치의 제한을 되도록이면 적게 받은 소리 혹은 음성적 환경의 영향을 안 입었거나, 되도록이면 적게 입은 소리를 대표음으로 가려 뽑아 음소로 설정하게 된다. 그런데 이 두 소리는 이러한 기준을 적용하기가 어렵다. 〔ə〕가 짧은 소리의 영향을 입어 〔ʌ〕가 되었다거나, 또는 그 반대로 〔ʌ〕가 긴 소리의 영향을 입어 〔ə〕가 되었다고 보기도 어렵기 때문이다. 그러므로 이 두 소리 중 어느 것을 임의로 대표음으로 할 수밖에 없다. 따라서 이 글에서는 편의상 〔ə〕를 대표음으로 하여 /ə/를 설정하기로 한다.

즉, 〔ə〕, 〔ʌ〕 ⇒ /ə/

(8) [a]

① 표준어와의 대응

	표준어	안동지역어
〔a-〕	〔abʌʤi〕	〔abuʤi〕
	〔amkʰɛ〕	〔amkʼe〕
	〔angɛ〕	〔aŋge〕
	〔aɲida〕	〔aida〕
〔-a〕	〔karu〕	〔kari〕
	〔tarimi〕	〔taribi〕
	〔samagy〕	〔samagi〕

표준어 〔a〕와 대응하는 이 지역어는 위와 같은 자료에 따르면, 대체로 〔a〕로 대응하고 있다.

② 다른 홀소리와의 대립

〔a〕소리와 이웃하는 〔ə〕와의 대립 관계를 살펴보면 다음과 같다. 모든 짝이 변별 관계를 이루고 있어 이 두 소리는 변별적이다.

　　┌ 〔tʃaːkˈtˈa〕(부피, 길이, 넓이 등이 보통의 경우나 비교 대상보
　　│　 다 덜되거나 덜하다)
　　└ 〔tʃəːkˈtˈa〕(수나 양이 어느 기준 이하이다)

　　┌ 〔aːlda〕(배우거나 경험하여 모르는 것을 깨닫다)
　　└ 〔əːlda〕(물체가 온도의 저하로 굳어지다)

　　┌ 〔kaːlda〕(쟁기 따위로 땅을 파 뒤집다)
　　└ 〔kəːlda〕(옷 따위를 옷걸이에 걸쳐 놓다)

이상에서 표준어와의 대응 관계와 다른 홀소리와의 대립 관계를 통해서 볼 때, 홀소리 〔a〕에서 /a/를 분석하여 설정할 수 있다.

즉, 〔a〕 ⇒ /a/

(9) [u]

① 표준어와의 대응

	표준어	안동지역어
〔u-〕	〔umul〕	〔uŋgul〕
	〔ulthaɾi〕	〔utˈaɾi〕
	〔twɛʥiuɾi〕	〔teʥiul〕
〔-u〕	〔susu〕	〔sukˈu〕
	〔tubu〕	〔tˈubu〕

〔mʌɾu〕   〔mʌlgu〕
〔kult'uk⁻〕   〔k'ult'uk⁻〕

표준어의 〔u〕와 대응되는 이 지역어는 위와 같은 자료에 따르면, 대체로 〔u〕로 대응하고 있다.

② 다른 홀소리와의 대립

〔u〕소리와 이웃하는 〔o〕와의 대립 관계를 살펴보면 다음과 같다. 모든 짝이 변별 관계를 이루고 있어 이 두 소리는 변별적이다.

┌ 〔nun〕 (눈 : 目)   ┌ 〔sul〕 (술)
└ 〔non〕 (논)   └ 〔sol〕 (솔 : 松)

┌ 〔nup⁻t'a〕 (눕다)   ┌ 〔tʃuːlda〕 (줄다)
                             └ 〔tʃoːlda〕26) (잠을 자려고 하지는
  〔nop⁻t'a〕 (높다)   않으나 자꾸 잠자는 상태가 되다)

이상에서 표준어와의 대응 관계와 다른 홀소리와의 대립 관계를 통해서 볼 때, 홀소리 〔u〕에서 /u/를 분석하여 설정할 수 있다.

즉, 〔u〕 ⇒ /u/

(10) [o]

① 표준어와의 대응

---

26) 안동의 다른 지역어에서는 대체로 [tʃabulda]가 실현되지만 이 지역어에서는 [tʃoːlda]와 [tʃabulda]가 함께 실현된다.

	표준어	안동지역어
〔o-〕	〔oltʃʰɛŋi〕	〔oltʃʰeĩ〕
	〔opʼa〕	〔orabe〕
	〔oʤum〕	〔oʤim〕
	〔ogim〕	〔ogum〕
〔-o〕	〔to:kʼi〕	〔to:kʼu〕
	〔pokˋsuŋa〕	〔pokˋsʼaŋ〕~〔pokˋsʼaŋ〕
	〔kodɨlpʼɛgi〕	〔kʼodulkʼei〕
	〔noru〕	〔nori〕

표준어의 〔o〕와 대응되는 이 지역어는 위와 같은 자료에 따르면, 대체로 〔o〕로 대응하고 있다.

② 다른 홀소리와의 대립

〔o〕 소리와 이웃하는 〔ə〕와의 대립 관계를 살펴보면 다음과 같다. 모든 짝이 변별 관계를 이루고 있어 이 두 소리는 변별적이다.

┌ 〔to:nda〕 (물체가 축을 중심으로 원을 그리며 움직인다)
└ 〔tə:nda〕 (일정한 수량에서 얼마를 감하다)

┌ 〔ko:lda〕 (잘 때 크게 콧소리를 내다)
└ 〔kə:lda〕 (먹성이 매우 좋다)

┌ 〔so:ltʼa〕 (귀가 아프다)
└ 〔sə:ltʼa〕 (서럽다)

┌ 〔ko:mul〕 (헐거나 낡은 물건)
└ 〔kə:mul〕 (사회적으로 영향력이 큰 인물)

이상에서 표준어와의 대응 관계와 다른 홀소리와의 대립 관계를 통해서 볼 때, 홀소리 〔o〕에서 /o/를 분석하여 설정할 수 있다.

즉, 〔o〕 ⇒ /o/

(11) 홑홀소리의 음소 체계 마무리

이상과 같은 안동지역어의 홑홀소리 분석을 통해서 드러난 사실을 체계화해서 제시하기로 한다.

먼저 표준어의 홑홀소리와 안동지역어의 홑홀소리와의 대응 관계를 정리하면 〈표 4〉와 같다.

〈표 4〉 표준어와 안동지역어의 홑홀소리 대응

표준어	i	e	ɛ	y	ø	ɨ	ə/ʌ	a	u	o
안 동 지역어	i	e	e	u, e, i, wi	e, o	ɨ	ə/ʌ	a	u	o

위의 대응 관계 분석과 각 홀소리들의 대립 관계 분석을 통해서 드러난 이 지역어의 홑홀소리 음소를 체계화해서 제시하면 〈표 5〉와 같다.

〈표 5〉 안동지역어의 홑홀소리 체계

높이 ＼ 앞뒤 입술	앞홀소리		가운데홀소리		뒤홀소리	
	안둥글	둥글	안둥글	둥글	안둥글	둥글
높 음	/i/		/ɨ/			/u/
가운데	/E/		/ə/			/o/
낮 음			/a/			

한편, 이 지역어의 홀소리 분석을 통해서 드러난 음운 규칙의 특징을 제시하면 다음과 같다.

첫째, 표준어의 /i/, /ɨ/, /u/ 등은 안울림 닿소리 사이에서 안울림소리 되는 일이 있다.[27] 하지만 이 지역어에서는 이들의 안울림소리 되기가 실현되지 않는다.

둘째, 표준어 /ㅓ/의 〔ʌ〕는 긴 소리의 경우에는 공깃길이 좁아져서 〔ə〕로 바뀐다. 이러한 변이는 이 지역어에서도 마찬가지로 실현된다.

셋째, 이 지역어의 홑홀소리 /i/, /E/, /ɨ/, /a/, /u/, /o/는 변이음이 발견되지 않는다.

2.2.2. 겹홀소리 체계

표준어의 겹홀소리는 반홀소리 〔j〕, 〔ɰ〕, 〔w〕, 〔ɥ〕와 홑홀소리가 결합하여 생성되기 때문에 이론적으로 실현 가능한 겹홀소리는 다음과 같다.

〔j〕 + 〔i〕 → 〔ji〕 (×)		〔ɰ〕 + 〔i〕 → 〔ɰi〕
〔e〕 → 〔je〕		〔e〕 → 〔ɰe〕 (×)
〔ε〕 → 〔jε〕		〔ε〕 → 〔ɰε〕 (×)
〔y〕 → 〔jy〕 (×)		〔y〕 → 〔ɰy〕 (×)
〔ø〕 → 〔jø〕 (×)		〔ø〕 → 〔ɰø〕 (×)

---

27) 일반적으로 안울림 닿소리 사이의 공깃길이 작은 홀소리는 안울림이 되어 그 존재는 오직 그 앞소리의 나머지바탕에 의지하고 마는 경향이 있다. 특히 앞소리가 '기'나 '같이'를 가졌을 때 이 경향은 두드러진다. 이에 대한 자세한 논의는 허웅(1985:183) 참조.

〔i〕 → 〔ji〕 (×)　　　　　　　〔i〕 →〔ɨi〕 (×)

〔ə〕 → 〔jə〕　　　　　　　　　〔ə〕 →〔ɨə〕 (×)

〔a〕 → 〔ja〕　　　　　　　　　〔a〕 →〔ɨa〕 (×)

〔u〕 → 〔ju〕　　　　　　　　　〔u〕 →〔ɨu〕 (×)

〔o〕 → 〔jo〕　　　　　　　　　〔o〕 →〔ɨo〕 (×)

〔ʌ〕 → 〔jʌ〕　　　　　　　　　〔ʌ〕 →〔ɨʌ〕 (×)

〔w〕 + 〔i〕 → 〔wi〕　　　　　〔ɥ〕 + 〔i〕 → 〔ɥi〕

〔e〕 → 〔we〕　　　　　　　　　〔e〕 → 〔ɥe〕 (×)

〔ɛ〕 → 〔wɛ〕　　　　　　　　　〔ɛ〕 → 〔ɥɛ〕 (×)

〔y〕 → 〔wy〕 (×)　　　　　　　〔y〕 → 〔ɥy〕 (×)

〔ø〕 → 〔wø〕 (×)　　　　　　　〔ø〕 → 〔ɥø〕 (×)

〔ɨ〕 → 〔wɨ〕 (×)　　　　　　　〔ɨ〕 → 〔ɥɨ〕 (×)

〔ə〕 → 〔wə〕　　　　　　　　　〔ə〕 → 〔ɥə〕 (×)

〔a〕 → 〔wa〕　　　　　　　　　〔a〕 → 〔ɥa〕 (×)

〔u〕 → 〔wu〕 (×)　　　　　　　〔u〕 → 〔ɥu〕 (×)

〔o〕 → 〔wo〕 (×)　　　　　　　〔o〕 → 〔ɥo〕 (×)

〔ʌ〕 → 〔wʌ〕　　　　　　　　　〔ʌ〕 → 〔ɥʌ〕 (×)

그러나 우리 국어에서는 결합의 제약으로 인해 *〔ji〕, *〔jy〕, *〔jø〕, *〔jɨ〕, *〔ie〕, *〔iɛ〕, *〔iy〕, *〔iø〕, *〔iɨ〕, *〔iə〕, *〔ia〕, *〔iu〕, *〔io〕, *〔iʌ〕, *〔wy〕, *〔wø〕, *〔wɨ〕, *〔wu〕, *〔wo〕 *〔ɥe〕, *〔ɥɛ〕, *〔ɥy〕, *〔ɥø〕, *〔ɥɨ〕, *〔ɥə〕, *〔ɥa〕, *〔ɥu〕, *〔ɥo〕, *〔ɥʌ〕 등은 실현되지 않는, 필연적인 빈칸이다. 따라서 여기서는 이를 제외한 나머지 겹홀소리들을 하나하나 살펴보기로 한다.28)

겹홀소리의 음소 분석도 앞의 홑홀소리와 마찬가지로 겹홀소리를 먼저 표준어와의 대응 관계를 통해 확인하고, 다음으로 필요한 경우에 국한하여 이웃하는 음소와의 대립 관계를 통해 음소를 확인하여 설정하는 방법을 따르도록 한다.

(1) [j]-계 겹홀소리

① [je]

ㄱ. 표준어와의 대응

	표준어	안동지역어
[je-]	[je:san]	[je:san]
	[je:nnal]	[je:nnal]
	[je̞ i]	[jei]~[ei]
[-je]	[kje:høk˺]	[kehek˺]
	[tʃiçje]	[tʃiɦe]
	[ɕikʰje]	[ɕik˺kʰe]

표준어의 [je]와 대응하는 이 지역어는 위와 같은 자료에 따르면, 첫소리에서는 거의 [je]로 실현되나, 닿소리 다음에서는 대부분 홑홀소리 [e]로 실현된다.29)

---

28) 필연적인 빈칸으로 남아 있는 이들 겹홀소리는 표준어는 물론 어느 지역어에서도 발견되어 보고 된 바 없다. 그리고 이 지역어의 경우에도 발견되지 않는다. 따라서 이 글에서는 이들을 제외한 겹홀소리만을 논의 대상으로 한다.

29) [je]가 첫소리에서도 홑홀소리 [e]로 실현되는 경우가 있다. /jEi/가 [ei]로 실현되는 예가 이에 속한다. 닿소리 다음에서 [e]로 실현되는 것 이외에도 [i]로 실현되는 예가 나타나기도 한다. /kjesu/가 [kisu]로 실현되는 것이 그것이다.

ㄴ. 다른 홀소리와의 대립

[je]와 이웃한 소리로는 [jɛ]가 있다. 이 지역어의 홑홀소리에서 [e]와 [ɛ]는 변별적 기능을 상실하고 있기 때문에 [je]와 [jɛ]도 변별적으로 대립되지 않는다. 아래 자료에서 보듯이, 이 지역어에서는 [jɛ]가 [je]로 합류된다.

(미리 준비해 간 공책에 적어 놓은, 다음 글을 읽어 보라고 함)

옛날에 얘기를 좋아하는 이야기꾼이
얘깃거리를 찾으려고 지나가는 아이에게
얘야, 니 얘기책 있나?

[je:nnal] / [je:gi] / [je:ja]

이상에서 표준어와의 대응 관계 측면에서는 겹홀소리 [je]에서 /je/를 분석해 낼 수 있어도, 이웃하는 겹홀소리 [jɛ]와의 대립 관계를 통해서 볼 때, [jɛ]는 [je]와 변별적으로 대립하지 않고 [je]로 합류하기 때문에 겹홀소리 [je]에서 /je/를 분석하여 설정하게 되면, [je]가 독립된 음소, /je/로 설정된다는 오해를 낳을 수 있다. 이 지역어의 경우, [je], [jɛ] ⇒ /je/이지만, 표준어의 경우 [je] ⇒ /je/, [jɛ] ⇒ /jɛ/이기 때문이다. 그래서 이 글에서는 [je], [jɛ] ⇒ /jE/로 체계화하기로 한다.

즉, [je], [jɛ] ⇒ /jE/

② [jɛ]

ㄱ. 표준어와의 대응

	표준어	안동지역어
[jɛ-]	[jɛ:gi]	[je:gi]

〔jɛːja〕 (부르는 소리)　　　　　〔jeːja〕
〔-jɛ〕　　　〈예를 찾지 못함〉

　표준어의 〔jɛ〕와 대응하는 이 지역어는 위와 같은 자료에 따르면 〔je〕로 실현되며, 어떤 경우에도 〔jɛ〕로 나타나는 일이 없다.

　ㄴ. 다른 홀소리와의 대립
　〔jɛ〕와 이웃하는 소리로는 〔je〕가 있는데, 이에 대해서는 앞에서 논의하였기 때문에 여기서는 다루지 않기로 한다.

　이상에서 보듯이, 〔jɛ〕는 어떤 경우에도 이 지역어에서 실현되지 않으므로 /jɛ/로 설정할 수 없다.

③ 〔jə〕 / 〔jʌ〕
ㄱ. 표준어와의 대응

<table>
<tr><td></td><td>표준어</td><td>안동지역어</td></tr>
<tr><td>〔jə-〕/〔jʌ-〕</td><td>〔jʌsʌt〕</td><td>〔jʌtsʌ〕~〔jʌsʌ〕</td></tr>
<tr><td></td><td>〔honjʌkˉ〕</td><td>〔hojʌkˉ〕</td></tr>
<tr><td></td><td>〔jəːptˈa〕 (엷다)</td><td>〔jəːltˈa〕</td></tr>
<tr><td></td><td>〔jəːtʃʰi〕</td><td>〔jəːtʃʰi〕</td></tr>
<tr><td></td><td></td><td></td></tr>
<tr><td>〔-jə〕/〔-jʌ〕</td><td>〔pjʌsil〕</td><td>〔peɕil〕</td></tr>
<tr><td></td><td>〔piɲjʌ〕</td><td>〔pine〕</td></tr>
<tr><td></td><td>〔kjəːŋʤeŋ〕</td><td>〔keːŋʤeŋ〕</td></tr>
<tr><td></td><td>〔mjəːŋpʰɛ〕</td><td>〔meːŋpʰe〕</td></tr>
</table>

표준어 〔jə〕(혹은 〔jʌ〕)와 대응하는 이 지역어는 위와 같은 자료에 따르면, 첫소리에서는 〔jə〕(혹은 〔jʌ〕)로 실현되나, 닿소리 아래에서는 홑홀소리 〔e〕로 실현되는 경향이 강하다.30)

ㄴ. 다른 홀소리와의 대립

〔jə〕(혹은 〔jʌ〕)와 이웃하는 소리로는 〔ja〕가 있다. 이들은 다음 자료에서 드러나듯이, 명확하게 변별적으로 대립한다.

```
┌ 〔jʌk˺〕 (역)
└ 〔jak˺〕 (약)

┌ 〔jə:daŋ〕 (여당)
└ 〔ja:daŋ〕 (야당)

┌ 〔jʌŋ〕 (숫자 영)
└ 〔jaŋ〕 (양)
```

이상에서 표준어와의 대응 관계와 이웃하는 다른 홀소리와의 대립 관계를 통해서, 겹홀소리 〔jə〕(혹은 〔jʌ〕)에서 /jə/를 설정할 수 있다. 즉, 〔jə〕, 〔jʌ〕 ⟹ /jə/31)

---

30) 〔jə〕, 〔jʌ〕가 닿소리 아래에서는 〔e〕로 실현되는 경우가 우세하지만, [i], [ə/ʌ], [o], [a], [u]로도 실현된다. 그 구체적인 예는 다음과 같다. [jaŋɲim] (양념), [nolminsʌ] (놀면서), [k'ebiŋ] (꾀병), [tʃʌtʰe] (곁에), [s'ʌra] (켜라), [aɦamʌn] (아니하면), [sebek˺]~[sebok˺] (새벽), [kaman] (가면), [poman] (보면), [erupk'o] (어렵고), [masera]~[maɕira] (마셔라)

31) 〔jə〕와 〔jʌ〕는 /jə/의 결합 변이음이다. 〔jə〕는 긴 운소와 결합할 때에 실현되고, 〔jʌ〕는 짧은 운소와 결합할 때 실현된다. 그러므로 하나의 음소로 묶일 수 있다.

④ [ja]

ㄱ. 표준어와의 대응

	표준어	안동지역어
〔ja-〕	〔jaŋɲəm〕	〔jaŋɲim〕
	〔kojak˺〕	〔kojak˺〕
〔-ja〕	〔çjaŋnamu〕	〔haŋnamu〕
	〔p'jam〕	〔p'am〕
	〔talgjal〕	〔talgal〕

표준어 〔ja〕와 대응하는 이 지역어는 위와 같은 자료에 따르면, 첫소리에 올 때에는 〔ja〕로 실현되고, 닿소리 아래에 올 때에는 대부분 홑홀소리 〔a〕로 실현된다.32)

ㄴ. 다른 홀소리와의 대립

〔ja〕와 가장 가까이 이웃하고 있는 소리는 〔jə〕이다. 〔ja〕와 〔jə〕의 대립 여부는 이미 앞에서 다루었으므로 여기서는 다시 논의하지 않는다.

이상에서 표준어와의 대응 관계 및 다른 홀소리와의 대립을 통해서 볼 때, 겹홀소리 〔ja〕는 독립된 음소, /ja/로 설정할 수 있다.
즉, 〔ja〕 ⇒ /ja/

⑤ [ju]

ㄱ. 표준어와의 대응

---

32) 〔ja〕가 닿소리 아래에 올 때에는 〔e〕로 실현되는 경우도 발견된다. 〔keromɦada〕 (갸름하다)와 같은 예가 이에 속한다. 그렇지만 이러한 예는 극히 드물다.

	표준어	안동지역어
〔ju-〕	〔juːt〕	〔juːt〕
	〔juŋɸwa〕	〔juŋɦa〕
	〔sʌkju〕	〔sekju〕
〔-ju〕	〔kjutʃʰik˺〕	〔kutʃʰik˺〕
	〔ɸuŋɲən〕	〔ɸuŋjən〕
	〔kjusu〕	〔kjusu〕

표준어 〔ju〕와 대응되는 이 지역어는 위와 같은 자료에 따르면, 첫소리에 올 때에는 〔ju〕로 실현되고, 닿소리 다음에 올 때에는 대부분 홑홀소리 〔u〕로 실현된다.33)

ㄴ. 다른 홀소리와의 대립

〔ju〕와 이웃하는 홀소리는 〔jo〕이다. 〔ju〕와 〔jo〕는 아래 자료에서 보듯이, 명확히 변별적으로 대립된다.

┌ 〔juŋ〕 (피륙의 일종)   ┌ 〔juŋgi〕 (융기)
└ 〔joŋ〕 (용)   └ 〔joŋgi〕 (그릇)

┌ 〔juɾi〕 (유리)
└ 〔joɾi〕 (요리)

이상에서 표준어와의 대응 관계 및 다른 홀소리와의 대립을 통해서

---

33) 〔ju〕가 닿소리 다음에 올 때에도 그대로 〔ju〕로 실현되는 경우도 있다. 〔saŋju〕~〔sanju〕 (상류), 〔haɾju〕 (하류), 〔oɲjugʌl〕~〔oɲjuʌl〕 (오뉴월) 등이 이에 속한다.

볼 때, 겹홀소리 〔ju〕는 독립된 음소, /ju/로 설정할 수 있다.
　즉, 〔ju〕 ⇒ /ju/

⑥ 〔jo〕
ㄱ. 표준어와의 대응

	표준어	안동지역어
〔jo-〕	〔joŋmaɾim〕	〔joŋmaɾum〕
	〔mokjok˺〕	〔mojok˺〕
	〔josɛ〕 (요사이)	〔ose〕
〔-jo〕	〔çjoːʤa〕	〔soːʤa〕
	〔mjo〕	〔me〕~〔mi〕[34]
	〔piɾjo〕	〔piro〕
	〔taːmɲjo〕	〔taːmɲjo〕

　표준어의 〔jo〕와 대응하는 이 지역어는 위와 같은 자료에 따르면, 첫
소리에 올 때에는 대체로 〔jo〕로 실현되지만 홑홀소리 〔o〕로 실현될 때
도 있고, 닿소리 아래에 올 때에는 대체로 홑홀소리 〔o〕로 실현되지만,
〔e〕나 〔jo〕로 실현되기도 한다.

　ㄴ. 다른 홀소리와의 대립
　〔jo〕와 이웃하는 겹홀소리는 〔ju〕이다. 이들의 대립 여부는 이미 앞

---

34) 〔mjo〕가 〔me〕로 실현되는 것은 특이한 현상이다. 이것은 /jo/가 '/ø/ > /wE/ >
　/E/'의 과정을 겪은 것으로 보인다. 즉, /mjo/ > /mø/ > /mwE/ > /mE/가 그
　것이다. 그리고 〔me〕가 〔mi〕로 나타나는 것은 〔e〕가 때로 〔i〕로 나타나는 수의
　적 현상의 결과로 보인다. 이에 대한 구체적인 논의는 서보월(1988) 참조.

에서 다루었으므로 여기서는 논의하지 않는다.

이상에서 표준어와의 대응 및 다른 홀소리와의 대립을 통해서 볼 때, 겹홀소리 [jo]는 독립된 음소, /jo/로 설정할 수 있다.
즉, [jo] ⇒ /jo/

이상의 분석을 종합해 보면, [j]-계 겹홀소리는 다음과 같이 음소로 설정할 수 있다.

        [je], [jɛ] ⇒ /jE/

        [jə], [jʌ] ⇒ /jə/

        [ja]   ⇒ /ja/

        [ju]   ⇒ /ju/

        [jo]   ⇒ /jo/

즉, 이 지역어의 [j]-계 겹홀소리는 /jE/, /jə/, /ja/, /ju/, /jo/의 5개이며, 이들은 모두 오름-겹홀소리[35]이다.

(2) [ɨ]-계 겹홀소리

이 지역어에서는 [ɨ]-계 겹홀소리가 존재하지 않는다. 표준어의 [ɨ]

---

35) 오름-겹홀소리(rising diphthong)란 성절음이 뒤에 있는 것을 말한다. /jE/, /jə/, /ja/, /ju/, /jo/의 경우, [j]와 이어져 있는 뒤의 홑홀소리 [e], [ɛ], [ə], [a], [u], [o] 등의 소노리티가 크기 때문에, [j]가 성절음이 되지 못한다. 그러므로 이들은 소노리티가 상대적으로 작은 비성절 홀소리(non-syllabic vowel)인 [j]와 소노리티가 상대적으로 큰 성절 홀소리(syllabic vowel)인 [e], [ɛ], [ə], [a], [u], [o]가 이어져 있기 때문에 오름-겹홀소리가 된다.

는 이 지역어에서 다음처럼 실현된다.

	표준어	안동지역어
〔ɨi-〕	〔ɨinon〕	〔inon〕~〔ɨnon〕
	〔sui〕	〔sui〕
	〔ɨisa〕	〔isa〕~〔ɨsa〕
	〔ɨi:sʌŋ〕 (의성 : 지명)	〔i:sʌŋ〕~〔ɨ:sʌŋ〕
〔-ɨi〕	〔çinʥawi〕	〔çinʥase〕
	〔s'iuda〕	〔s'iuda〕
	〔poɲi〕	〔pomi〕
	〔çiroŋ〕	〔çiroŋ〕

표준어 〔ɨi〕와 대응하는 이 지역어는 위와 같은 자료에 따르면, 첫소리에 올 때에도 〔i〕 또는 〔ɨ〕, 닿소리 아래에 올 때에도 〔i〕로 실현된다.36) 따라서 어떤 경우에도 〔ɨi〕가 실현되지 않기 때문에 독립된 음소, /ɨi/로 설정할 수 없다.

(3) [w]-계 겹홀소리

① [wi]37)

---

36) '민주주의의 의의'에 대한 이 지역어의 음성형은 [minʥuʥuieii]이다. 따라서 /ɨi/는 이 지역어에서 [i]나 [ɨ] 이외에도 [e]로 실현되기도 한다. 한편, 이 지역어에서 /ɨi/는 어두음절에서 [i] 또는 [ɨ]로 실현되는데, 이 때 [i]와 [ɨ]는 같은 환경에서 임의적으로 갈음되며 뜻을 분화하지 못하는 특이한 현상을 보인다. 그래서, 이 지역어에서 [inon]과 [ɨnon], [isa]와 [ɨsa], [i:sʌŋ]과 [ɨ:sʌŋ]은 변별적으로 실현되지 않는다. 반면, 2음절 이상에서는 /ɨi/는 대체로 [i]로 실현된다.

ㄱ. 표준어와의 대응

	표준어	안동지역어
〔wi-〕	〔wigje〕	〔wige〕
	〔winmaiɫ〕	〔unma〕
	〔pawi〕	〔pau〕~〔paŋgu〕
〔-wi〕	〔tʃwi〕	〔tʃi〕
	〔swi〕	〔se〕
	〔sawi〕	〔sau〕

표준어 〔wi〕와 대응하는 이 지역어는 위와 같은 자료에 따르면, 첫소리에 올 때에는 〔wi〕, 〔u〕로 실현되고, 닿소리 아래에 올 때에는 〔i〕, 〔e〕, 〔u〕로 실현된다.38)

ㄴ. 다른 홀소리와의 대립

〔wi〕는 다른 홀소리 〔we〕, 〔wɛ〕, 〔wa〕, 〔wə〕 등과 음성적으로 뚜렷이 구별되는 것이 명백하기 때문에 굳이 이들을 변별적으로 대립시킬 필요가 없다.

---

37) 허웅(1985)에서는 과장된 발음에서는 [wi]로 실현되고, 보편적이고 정상적인 발음에서는 [ɥi]로 실현된다고 보고 있다. 그리고 [ɥ]는 [i]에 앞서고, [w]는 그 밖의 홑홀소리에 앞선다고 주장하고 있다. 그러면서 그 구체적인 예로 다음을 들고 있다. [ɥi](위), [ɥigɨpˀ] (위급), [ɥimun] (위문), [ɥisɛŋ] (위생), [ɥiɦʌm] (위험), [wango] (완고), [wɛgari] (왜가리), [weːga] (외가), [wenmanɦada] (웬만하다)

38) 표준어에서 변별되는 '귀'와 '기(旗)', '쉬(파리 알)'와 '시(때 : 時)'는 이 지역어에서 변별되지 않는데 이 역시 닿소리 아래에서 [wi]가 [i], [e], [u] 등과 같은 홑홀소리로 실현되기 때문이다.

이상에서 표준어와의 대응 관계 및 다른 홀소리와의 대립을 통해서 볼 때, 겹홀소리 〔wi〕는 이 지역에서 독립된 음소, /wi/로 설정할 수 있다. 즉, 〔wi〕 ⇒ /wi/

② [we]

ㄱ. 표준어와의 대응

	표준어	안동지역어
〔we-〕	〔weɲil〕	〔weɲil〕
	〔went'ʌk˺〕	〔went'ʌk˺〕
〔-we〕	〔ɸwebaŋ〕	〔hebaŋ〕
	〔kwe〕	〔ke〕~〔ki〕

표준어 〔we〕와 대응하는 이 지역어는 위와 같은 자료에 따르면, 첫소리에 올 때에는 〔we〕로 실현되고, 닿소리 아래에 올 때에는 〔e〕나 〔i〕로 실현된다.39)

ㄴ. 다른 홀소리와의 대립

〔we〕와 이웃하는 겹홀소리는 〔wɛ〕이다. 〔we〕와 〔wɛ〕는 홑홀소리 〔e〕와 〔ɛ〕가 이 지역어에서 합류되는 관계로 변별적으로 대립하지 못하고 〔we〕로 합류된다. 그 구체적인 자료는 다음과 같다.

---

39) 이 지역어에서 [we]는 닿소리 아래에 올 때에는 [w]가 탈락하여 [e]로 실현된다. 그리고 이 [e]는 높은홀소리 [i]로 다시 실현되는 경향이 있다. 표준어 /k'wetʃi/ (꿰지)의 경우, 이 지역어에서는 [w]가 탈락하여 [k'eʤi]로 실현되거나, 한 단계가 더 나아가 [e]가 [i]로 바뀌는 현상에 의해 [k'iʤi]로 실현되는 것이 그 예이다.

표준어	안동지역어
〔wɛ〕	〔we〕
〔wɛnʥi〕	〔wenʥi〕
〔wɛgu〕	〔wegu〕

　이상에서 표준어와의 대응 관계 측면에서는 겹홀소리 〔we〕에서 /we/를 분석해 낼 수 있어도, 이웃하는 겹홀소리 〔wɛ〕와의 대립관계를 통해서 볼 때, 〔wɛ〕가 〔we〕와 변별적으로 대립하지 않고 〔we〕로 합류하기 때문에 겹홀소리 〔we〕에서 /we/를 분석하여 설정하게 되면, 〔we〕에서 독립된 음소, /we/로 설정된다는 오해를 낳을 수 있다. 이 지역어의 경우, 〔we〕, 〔wɛ〕 ⇒ /we/이지만, 표준어의 경우 〔we〕 ⇒ /we/, 〔wɛ〕 ⇒ /wɛ/이기 때문이다. 그래서 이 글에서는 〔we〕, 〔wɛ〕 ⇒ /wE/로 체계화하기로 한다.
　즉, 〔we〕, 〔wɛ〕 ⇒ /wE/

③ 〔wɛ〕
ㄱ. 표준어와의 대응

	표준어	안동지역어
〔wɛ-〕	〔wɛnom〕	〔wenum〕
	〔wɛnʥi〕	〔wenʥi〕
〔-wɛ〕	〔kwɛntʃʰantʰa〕	〔kentʃʰantʰa〕
	〔twɛʥi〕	〔teʥi〕

　표준어 〔wɛ〕와 대응하는 이 지역어는 위와 같은 자료에 따르면, 어

떤 경우에도 실현되지 않는다.

ㄴ. 다른 홀소리와의 대립

〔wɛ〕와 이웃하는 소리로는 〔we〕가 있다. 이에 대해서는 이미 앞에서 논의하였기 때문에 여기서는 다시 다루지 않기로 한다.

이상에서 보듯이, 〔wɛ〕는 어떤 경우에도 이 지역어에서 일어남이 없고 〔we〕와 변별적 대립을 이루지도 않으므로 독립적인 음소, /wɛ/로 설정할 수 없다.

④ [wə] / [wʌ]
ㄱ. 표준어와의 대응

	표준어	안동지역어
〔wə-〕/〔wʌ-〕	〔wəːngin〕	〔wəːngin〕
	〔wəːnmaŋ〕	〔wəːnmaŋ〕
	〔wʌngi〕	〔wʌngi〕
	〔wʌlgip〕	〔wʌlgip〕
〔-wə〕/〔-wʌ〕	〔kwəːntʰu〕	〔k'əːntʰu〕
	〔kwəːntʃʰoŋ〕	〔k'əːntʃʰoŋ〕
	〔kwʌnse〕	〔kʌnse〕
	〔ɸwʌlɕ'in〕	〔hʌlɕ'in〕

표준어 〔wə〕(혹은 〔wʌ〕)와 대응하는 이 지역어는 위와 같은 자료에 의하면, 첫소리에서는 〔wə〕(혹은 〔wʌ〕)로 실현되지만 닿소리 아래에서

는 홑홀소리 〔ə〕(혹은 〔ʌ〕)로 실현된다.40)

ㄴ. 다른 홀소리와의 대립

〔wə〕(혹은 〔wʌ〕)와 이웃하는 홀소리로는 〔wa〕가 있다. 이들은 다음 자료에서 보듯이 명확하게 변별적으로 대립한다.

┌ 〔wʌn〕(동그라미)   ┌ 〔wʌngo〕(원고 : 原告)
└ 〔waŋ〕(왕)   └ 〔wango〕(완고 : 頑固)

┌ 〔wʌnsu〕(원수 : 元帥)
└ 〔wansu〕(완수 : 完遂)

이상에서 보듯이 〔wə〕(혹은 〔wʌ〕)는 표준어와의 대응 및 다른 홀소리와의 대립에 의해서 이 지역어에서 독립적인 음소, /wə/(혹은 /wʌ/)로 설정될 수 있다.

즉, 〔wə〕(혹은 〔wʌ〕) ⇒ /wə/(혹은 /wʌ/)

⑤ **[wa]**

ㄱ. 표준어와의 대응

	표준어		안동지역어
	〔wa-〕	〔waŋ〕	〔waŋ〕

---

40) [wə](혹은 [wʌ])는 닿소리 아래에서 [o]로 실현되는 경우도 있다. 이러한 현상은 형태소 경계에서 주로 일어나는데, '음운 축약 → [w]탈락 → [ə](혹은 [ʌ])의 [o] 되기'의 과정을 거친 결과로 보인다. 다음의 예가 그것이다.
[tʃuʌsʌ] (주어서) → [tʃwʌsʌ] (줘서) → [tʃʌsʌ] (저서) → [tʃoːsʌ] (조서), [nuʌra] (누어라) → [nwʌra] (눠라) → [nʌra] (너라) → [nora] (노라)

[-wa]	[kiwa]	[kia]
	[ɸwatʰu]	[hatʰu]
	[kwabu]	[kabu]

표준어 [wa]와 대응하는 이 지역어는 위와 같은 자료에 의하면, 첫 소리에서는 [wa]로 실현되고, 닿소리 아래에서는 홑홀소리화 하여 [a] 로 실현된다.

ㄴ. 다른 홀소리와의 대립
[wa]와 이웃하는 소리로는 [wə]가 있는데, 이에 대해서는 이미 앞에서 논의하였으므로 여기서는 다루지 않기로 한다.

이상에서 보듯이, [wa]는 이 지역어에서 독립된 음소, /wa/로 설정될 수 있다.
즉, [wa] ⇒ /wa/

이상의 분석을 종합해 보면, [w]-계 겹홀소리로 다음을 설정할 수 있다. 그리고 이들은 모두 오름-겹홀소리이다.

  [wi] ⇒ /wi/
  [we], [wɛ] ⇒ /wE/
  [wə], [wʌ]) ⇒ /wə/
  [wa] ⇒ /wa/

(4) [ɥ]-계 겹홀소리

이 지역어에서는 [ɥ]-계 겹홀소리가 존재하지 않는다. 표준어의 [ɥi]
는 이 지역어에서 다음처럼 실현된다.

	표준어	안동지역어
[ɥi-]	[ɥiɦada]	[wiɦada]
	[ɥigi]	[wigi]
	[ɥiban]	[wiban]
	[ɥi]	[u]
[-ɥi]	[t'ɥida]	[t'ida]
	[sɥiwʌ]	[suːwʌ]
	[tʰɥida]	[tʰida]
	[tʃʰɥiɦɛ] (돈을 취해)	[tʃʰeː]

표준어 [ɥi]와 대응하는 이 지역어는 위와 같은 자료에 따르면, 첫소
리에 올 때에는 겹홀소리 [wi]나 홑홀소리 [u], 닿소리 아래에 올 때
에는 [i], [u], [e] 등으로 실현된다. 따라서 어떤 경우에도 [ɥi]가 실현
되지 않기 때문에 독립된 음소, /ɥi/로 설정할 수 없다.

(5) 겹홀소리의 음소 체계 마무리

이상과 같은 안동지역어의 겹홀소리 분석을 통해서 드러난 사실을
체계화해서 제시하기로 한다. 먼저 표준어의 겹홀소리와 대응하는 이
지역어의 중심되는 홀소리를 정리하면 〈표 6〉과 같다.

〈표 6〉 표준어와 안동지역어의 겹홀소리 대응

표준어		je	jɛ	jə (jʌ)	ja	ju	jo	wi	we	wɛ	wə (wʌ)	wa	ïi	ɰi
안동지역어	첫소리에서	je / e	je	jə (jʌ)	ja / a	ju	jo / o	wi / u	we	we	wə (wʌ)	wa	i / ï / e	wi / u
	당소리 다음에서	e / i		e / i / ə·ʌ / o / a / u	e / a	u / ju	o / e / jo	i / e / u	e / i	e	ə (ʌ) / o	a	i	i / u / e

위의 대응 관계 분석과 각 홀소리들의 대립 관계 분석을 통해서 드러난 이 지역어의 겹홀소리 음소를 체계화해서 제시하면 〈표 7〉과 같다.

〈표 7〉 안동지역어의 겹홀소리 체계

구분	혀의 높이	앞홀소리 안둥글	앞홀소리 둥글	가운데홀소리 안둥글	가운데홀소리 둥글	뒤홀소리 안둥글	뒤홀소리 둥글
/j/-계	높음						/ju/
	가운데	/jE/		/jə/			/jo/
	낮음			/ja/			
/w/-계	높음	/wi/					
	가운데	/wE/		/wə/			
	낮음			/wa/			

한편, 이 지역어의 겹홀소리 특징을 제시하면 다음과 같다.

첫째, 표준어에서 변별되는 〔je〕와 〔jɛ〕, 〔we〕와 〔wɛ〕는 이 지역어에서는 〔jɛ〕는 〔je〕로, 〔wɛ〕는 〔we〕로 합류되어 그 변별적 기능을 상실한다.

둘째, 표준어에서 실현되는 〔ɥi〕와 〔ɨi〕가 이 지역어에서는 실현되지 않는다.

셋째, 닿소리 다음에서는 반홀소리 〔j〕나 〔w〕는 대부분 탈락하여 겹홀소리가 홑홀소리 되기로 실현되는 경향이 지배적이다.41)

넷째, 닿소리 다음에서 반홀소리가 탈락한 후 홑홀소리로 실현되거나, 홑홀소리 〔e〕가 다시 높은 홀소리 〔i〕로 실현되는 경향이 두드러진다.42)

---

41) 이러한 현상은 겹홀소리와 선행 닿소리와의 통합 관계로 일어나는 음운론적 과정들이 통시적으로 축적되어 공시적으로 나타난 결과이다. 이에 대한 논의는 서보월(1988) 참조.

42) 이는 표준어에는 나타나지 않는, 경상 방언의 보편적인 현상이다.

3. 음운 변동

   한 형태소의 음소가 그 놓이는 환경에 따라 다른 음소로 바뀌는 현상을 '변동'이라 하고, 이러한 음소의 바뀜 규칙을 '변동 규칙'[1]이라 한다. 이제 이 지역어에 나타나는 음운 변동 현상을 기술하여 변동 규칙을 제시하고자 한다.

   변동은 그 원인에 따라 (1) 음소의 가로 체계의 제약성[2]에 의한 것,

---

1) '변동 규칙'은 '음운 규칙'과는 그 성격이 완전히 다르다. '닫음소리 되기', '울림소리 되기', '입천장소리 되기'와 같이 한 음소의 변이음을 실현시키는 규칙들을 '음운 규칙'이라 하고, 한 형태소의 음소가 그 놓이는 환경에 따라 다른 음소로 바뀌는 현상, 예를 들면 /patʰ/의 /tʰ/가 /t/나 /n/나 /tʃʰ/로 바뀌는 따위 현상처럼 음소의 바뀜에 관한 규칙이 '변동 규칙'이다. 따라서 변동 규칙은 음운 규칙과 언어학적 차원이 다른 것이다. 제2장이 음운 규칙과 관련된다면 제3장은 제2장과는 차원을 달리하는 것이다.

2) 음소의 관계는 두 가지로 나뉜다. '세로의 관계'와 '가로의 관계'가 그것이다. 전자는 음소들이 머리 속에 기억되어 있는 상태에서 맺어지는 관계를 말하는데, 예를 들면 /ㄱ/를 머리 속에 떠올리면, 이와 나는 자리로 관련이 있는 /ㄲ/, /ㅋ/ 등이 떠오르게 될 것이고, 또 /ㄱ/가 된소리나 거센소리가 아니라는 점으로, /ㄷ/, /ㅂ/, /ㅈ/, /ㅅ/ 따위들도 이와 관련되어 머리 속에 떠오를 수 있는데, 이와 같이 한 모퉁이를 잡아 끌면, 머리 속에서 그에 따라 끌려 올라오는 모든 다른 단위들과의 서로의 관계가 바로 '세로의 관계'이다. 반면, 후자는 말 소리의 줄에서 이어져 나타나는 언어 단위들의 관계로서, 예를 들면 「나는」에 있어서의 /ㄴㅏㄴㅡㄴ/과 같이, 다섯의 소리가 말의 줄에서 이어져 있는 관계가 이에 속한다. 즉, 앞뒤로 이어지는 음소의 관계가 '가로의 관계'이다. 한편, 음소 연결에는 제약성이 있는데, 이를 '가로 체계의 제약성'이라 한다. 음소의 관계에 대한 구체적인 논의는 허웅(1985:85-87) 참조.

(2) 발음의 편의를 위한 자연적인 경향에 말미암은 것, (3) 말의 표현을 똑똑하게 하기 위해서 힘을 더 들이는 데서 일어나는 것 등으로 나눈다. 이 글에서 다루게 될 구체적인 변동의 유형은 다음과 같다.

(1) 음소의 가로 체계의 제약성에 의한 것
   1. 음절 짜임새 맞추기
   2. 머리소리 규칙
   3. 닿소리 이어 바뀜

(2) 발음의 편의를 위한 자연적인 경향에 말미암은 것
   1. 닮음
   2. 줄임
   3. 없앰

(3) 말의 표현을 똑똑하게 하기 위해서 힘을 더 들이는 데서 일어나는 것
   1. 덧나기

이상에 대한 이론적인 바탕은 허 웅(1985)에서 제시하고 있는 음운 변동의 기술 방법에 두기로 한다.

3.1. 음소의 가로 체계의 제약성에 의한 것

3.1.1. 음절 짜임새 맞추기[3]

(1) 소리 이음

형태소 경계와 음절의 경계가 일치하지 않을 때에는 앞 형태소의 끝닿소리는 뒤 형태소의 첫소리가 되어 음절의 짜임새를 맞추는 현상이 있다. 이를 '소리 이음' 규칙이라 한다. 이 지역어에 나타나는 구체적인 현상은 다음과 같다.

① /tʃil + -əsə/ → /tʃiləsə/ (길어서)
/mək + -ima/ → /məkima/ ~ /məːma/ (먹으면)

② /tʼulh + -əto/ → /tʼuləto/ (뚫어도)
/maːnh + -əto/ → /maːnəto/ → /maːnato/ (많아도)

③ /nalaktʼaːn + -i/ → /nalaktʼaːni/ (볏단이)
/tʃilɨm + -ɨlo/ → /tʃilimɨlo/ (기름으로)

④ /moktʃʰim + -i/ → /moktʃʰimi/ → /moŋtʃʰimi/ (목침)
/hɛkələm + -i/ → /hɛkələmi/ (해거름)

⑤ /mul + we/ → /mulwe/ → /mule/ (오이)
/səsuk + isak/ → /səsukisak/ (조이삭)

①과 ②는 굴곡의 경우인데, ②에서는 '/h/ 없애기' 규칙에 뒤따른다.

---

3) 닿소리로 끝나는 형태소의 원형 다음에 홀소리가 올 때는 이 끝닿소리는 다음 음절의 첫소리로 이어진다. 음절의 끝닿소리는 /k/, /n/, /t/, /l/, /m/, /p/, /ŋ/ 등과 같은 일곱이므로 한 형태소의 끝닿소리가 이 일곱이 아닐 때에는, 그것은 자리를 옮기거나, 하나가 없어지거나, 끝소리 일곱 중의 하나로 바뀌는데, 이것을 '음절 짜임새 맞추기'라 한다.

③은 준굴곡의 경우이며, ④는 파생어, ⑤는 합성어의 경우이다. 이 규칙은 현대 국어의 다른 지역어의 경우와 마찬가지로 이 지역어에서도 필연적, 보편적으로 적용된다.

(2) /h/ 끝소리 자리 바꾸기

/h/ 끝소리 다음에 거센 짝이 있는 약한소리[4]가 따르면, 서로 자리를 바꾸는 현상이 있다. 이를 '/h/ 끝소리 자리 바꾸기' 규칙이라 한다. 이 지역어에 나타나는 구체적인 현상은 다음과 같다.

① /tʃi-ː-talah- + -ta/ → /tʃiːtalatha/ → /tʃiːtalatʰa/ (기다랗다)

/tʃɛh- + -ta/ → /tʃɛtha/ → /tʃɛtʰa/ (쌓다)

/isuh- + -ta/ → /isutha/ → /isutʰa/ (잇다)

② /pɛkisilh- + -ta/ → /pɛkisiltha/ → /pɛkisiltʰa/ (보기 싫다)

/həlh- + -ta/ → /həltha/ → /həltʰa/ (값이 싸다)

/tʃatʃanh- + -ta/ → /tʃatʃantha/ → /tʃatʃantʰa/ (신분:저속하다)

---

[4] /k, t, p, tʃ/와 같은 터짐소리는 그 터뜨리는 힘으로 몇 가지 다름이 생겨난다. 예를 들어 /papo/의 /p/는, 음성기관의 근육이 정상 상태를 유지하면서 터뜨려진다. 그러나 /apʼa/의 /pʼ/는 닫음과 동시에 음성기관의 모든 근육이 켕기고, 이 켕김을, 닫음을 터뜨린 뒤에 풀어 주게 된다. 한편, /pʰato/의 /pʰ/는 터짐소리의 터짐이 있은 뒤에, 다음에 이어나는 홀소리의 울림이 좀 뒤늦게 일어나게 되고 홀소리의 목청 울림과의 사이에 '기(aspiration)'가 생겨 실현되는 소리이다. 이에서 보듯이, 음성기관의 근육이 정상 상태를 유지하면서 터뜨려지는 소리를 약한소리, 음성기관의 근육 켕김을 수반하는 소리를 '된소리', 기를 동반하는 소리를 거센소리라 한다. 따라서 /k, t, p, tʃ/는 약한소리, /kʼ, tʼ, pʼ, tʃʼ/는 된소리, /kʰ, tʰ, pʰ, tʃʰ/는 거센소리에 속한다.

①은 끝소리에 /h/가 혼자 오는 경우이며, ②는 끝소리에 /h/가 겹받침으로 쓰이는 경우이다. 이 규칙은 이 지역어에서 풀이씨의 줄기 끝소리가 /h/인 경우에 예외 없이 실현되므로 필연적, 보편적이다. 그리고 이 규칙이 적용되면, 반드시 '거센소리 되기' 규칙이 뒤따른다. 그리고 겹받침일 경우에는 반드시 '겹받침 줄이기' 규칙에 앞서 적용되어야 한다.

(3) 겹받침 줄이기

우리말의 음절 구성의 특징 가운데 하나는 음절의 끝소리로 두 닿소리가 동시에 실현될 수 없고, 또 홀소리 사이에서는 세 닿소리가 나타날 수 없다는 점이다. 따라서 겹받침의 경우 닿소리 하나가 끝소리 자리에서 없어진다. 이를 '겹받침 줄이기' 규칙이라 한다. 이 지역어의 겹받침으로는 /ks, ntʃ, nh, lm, ltʰ, lh, ps, lk, lp, lpʰ/(/ㄳ, ㄵ, ㄶ, ㄻ, ㄾ, ㅀ, ㅄ, ㄺ, ㄼ, ㄿ/) 등이 있다. 겹받침 줄이기의 구체적인 현상은 다음과 같다.

① /moks/ → /mok/ (몫)
　/moks + -to/ → /mokt'o/ (몫도)

② /antʃ- + -ta/ → /anta/ → /ant'a/ (앉다)
　/antʃ- + -ko/ → /anko/ → /ank'o/ → /aŋk'o/ (앉고)

③ /k'inh- + -ta/ → /k'intha/ → /k'intʰa/ (끊다)
　/k'inh- + -ko/ → /k'inkho/ → /k'inkʰo/ → /k'iŋkʰo/ (끊고)

④ /tʃə：lm- + -ta/ → /tʃə：mta/ → /tʃə：mt'a/ (젊다)

　/tʃə：lm- + -ko/ → /tʃə：mko/→ /tʃə：mk'o/ → /tʃə：ŋk'o/
　(젊고)

⑤ /hultʰ- + -nɨnta/ → /hulnɨnta/ (훑는다)

　/hultʰ- + -ko/ → /hulko/ → /hulk'o/ (훑고)

⑥ /ilh- +- ko/ → /ilkho/ → /ilkʰo/ (잃고)

　/ilh- + -tʃi/ → /iltʃhi/ → /iltʃʰi/ (잃지)

⑦ /ə：ps- + -ta/ → /ə：pta/ → /ə：pt'/ (없다)

　/ə：ps- + -ko/ → /ə：pko/ → /ə：kko/ → /ə：kk'o/ (없고)

⑧ /talk/ → /tal/ (닭)

　/talk + -i/ → /talki/ (닭이)

　/talk + -to/ → /talt'o/ (닭도)

⑨ /p'alp- + -ta/ → /p'alta/ → /p'alt'a/[5] (밟다)

　/p'alp- + -ko/ → /p'alko/ → /p'alk'o/ (밟고)

---

5) 이 지역어에서는 어두에서 된소리 되는 현상이 두드러진다. 안동지역어의 하
위 지역어인 옹천지역어를 연구 대상으로 한 서재극 외(1991)에서도 이미 이
에 대해 주목하였듯이, 이 현상은 안동지역어 전반에 드러나는 것 같다. 한편,
이 현상의 원인은 심리적 요인에 있는 것으로 보이지만, 논의가 충분치 않은
관계로 단정할 수는 없다. 다만, 이 글에서는 이러한 현상이 나타나는 어휘를
몇 개만 아래에 제시해 두고자 한다.
/k'ukEta/ (구기다), /k'ak'ullo/ (거꾸로), /t'alasə/ (닳아서)
/p'usa/ (부숴), /p'onpota/ (본보다), /tʃ'alita/ (자른다)

⑩ /ilpʰ- + -tʃolita/ → /iltʃolita/ → /iltʃolita/ (읊조리다)

/ilpʰ- + -ninta/ → /ilninta/ → /illinta/ (읊는다)

①~⑦에서 보듯이, /ks, ntʃ, nh, lm, ltʰ, lh, ps/에서 실현되는 겹받침 줄이기는 현대 국어의 표준어와 차이가 없다. 그러나 /lk, lp, lpʰ/의 경우에는 다르다. 표준어에서는 /lk, lp, lpʰ/는 각각 /k/, /p/, /pʰ/로 실현되나, 이 지역어에서는 홀소리로 연결되면 /lk/, /lp/, /lpʰ/로, 닿소리나 휴지가 연결되면 모두 /l/로 실현됨을 알 수 있다. 이 규칙은 모두 필연적, 보편적이다. 그리고 위의 ③, ⑥에서 보듯이, 이 규칙은 '/h/ 끝소리 자리 바꾸기'에 뒤따른다.

(4) 일곱 끝소리 되기

끝소리 자리에서 나는 장애음6)은 같은 자리의 약한 터짐소리로 중화되는데, 이 현상을 '일곱 끝소리 되기' 규칙이라 한다. 이 지역어의 일곱 끝소리 되기는 별다른 특징 없이 현대 국어의 다른 지역어와 같은 양상을 보이고 있다.

① /t'ak'ninta/ → /t'akninta/ → /t'aŋninta/ (닦는다)

/muk'ta/ → /mukta/ → /mukt'a/ (묶다)

---

6) 닿소리는 발음할 때의 입안 통로의 공깃길에 따라서 터짐소리, 갈이소리, 향음의 셋으로 나뉜다. 소쉬르에 의하면 공깃길 0도는 터짐소리, 공깃길 1도는 갈이소리, 공깃길 2도는 콧소리의 향음, 공깃길 3도는 흐름소리의 향음이다. 향음은 입안에서 그리 큰 막음을 입지 않고 공기가 비교적 순탄하게 통과할 수 있는데 비해, 터짐소리와 갈이소리는 그렇지 못하다. 그래서 터짐소리와 갈이소리를 장애음(obstruent)이라 한다.

② /sɛpoknjəkʰ/ → /sɛpoknjək/ → /sɛpoŋnjək/ (새벽녘)

　　/tɨlnjəkʰ/ → /tɨlnjək/ → /tɨlljək/ (들녘)

③ /kamɛsotʰ/ → /kamɛsot/ (가마솥)

　　/kamɛsotʰ + -to/ → /kamɛsotto/ → /kamɛsottʼo/ (가마솥도)

④ /tolos/ → /tolot/ (이끼)

　　/tolos + -to/ → /tolotto/ → /tolottʼo/ (이끼도)

⑤ /isʼ- + -ko/ → /itko/ → /ikko/ → /ikkʼo/ (있고)

　　/kasʼta/ → /katta/ → /kattʼa/ (갔다)

⑥ /tʃətʃ/ → /tʃət/ (젖)

　　/tʃətʃ + -to/ → /tʃətto/ → /tʃəttʼo/ (젖도)

⑦ /tʃʰaŋkʼotʃʰ/ → /tʃʰaŋkʼot/ (진달래꽃)

　　/tʃʰaŋkʼotʃʰ + -to/ → /tʃʰaŋkʼotto/ → /tʃʰaŋkʼottʼo/ (진달래꽃도)

⑧ /noh- + -nɨnta/ → /notnɨnta/ → /nonnɨnta/ (놓는다)

　　/noh- + -ko/ → /nokho/ → /nokʰo/ → /notkʰo/[7] (놓고)

⑨ /nalaktʃipʰ/ → /nalaktʃip/ (볏짚)

　　/tʃipʰ + -to/ → /tʃiptʼo/ (짚도)

---

7) /h/의 경우, 뒤따르는 형태소의 첫소리가 거센소리의 짝이 있는 약한소리일
때에는 표준어와는 달리 이 지역어에서는 'h/ 끝소리 자리 바꾸기'와 '거센소
리 되기'가 뒤따르는데 그치지 않고 /t/가 덧나는 특징이 발견된다.

①은 끝소리 /k'/가 /k/로, ②는 끝소리 /kʰ/가 /k/로, ③은 끝소리 /tʰ/, ④는 끝소리 /s/, ⑤는 끝소리 /s'/, ⑥은 끝소리 /tʃ/, ⑦은 끝소리 /tʃʰ/, ⑧은 끝소리 /h/가 각각 /t/로, ⑨는 끝소리 /pʰ/가 /p/로 나타남을 보여 준다.

이를 명시적으로 제시하면 다음과 같다.

/k', kʰ/ → /k/
/tʰ, s, s', tʃ, tʃʰ, h/ → /t/
/pʰ/ → /p/

이 규칙은 현대 국어 표준어와 마찬가지로 필연적, 보편적이다. 그리고 이어서 뒤따르는 형태소의 첫소리가 된소리의 짝이 있는 약한소리인 경우에는 '된소리 되기' 규칙이 뒤따른다. 한편, /h/의 경우는 음절 끝에서는 원래 제 음가를 갖지 못하는데 콧소리 앞에서는 혀끝으로 서열을 옮기고, 뒤따르는 형태소의 첫소리가 거센소리의 짝이 있는 약한소리일 때에는 ⑧에서 보듯이, '/h/ 끝소리 자리 바꾸기'와 '거센소리 되기'가 뒤따른다.

3.1.2. 머리소리 규칙[8]

---

[8] 1988년 1월에 문교부 고시 제88-1호로 발표된 '한글 맞춤법' 제3장 제5절 제10항, 제11항, 제12항에서 이를 규정하고 있는 바, 단어 첫머리에 위치하는 한자의 음이 머리소리 규칙에 따라 달라지는 것은 달라지는 대로 적는다. 제10항, 제11항, 제12항의 내용은 다음과 같다. 제10항 : 한자음 '녀, 뇨, 뉴, 니'가 단어 첫머리에 올 적에는 '머리소리 규칙'에 따라 '여, 요, 유, 이'로 적는다. 제11항 : 한자음 '랴, 려, 례, 료, 류, 리'가 단어의 첫머리에 올 적에는 '머리소리 규칙'에 따라 '야, 여, 예, 요, 유, 이'로 적는다. 제12항 : 한자음 '라, 래, 로, 뢰, 루, 르'가 단어의 첫머리에 올 적에는 '머리소리 규칙'에 따라 '나, 내,

(1) /l/ 머리소리 규칙

한자말의 /l/ 첫소리 형태소는 말의 첫머리에서 /n/로 바뀌는 현상이 있다. 이를 '/l/ 머리소리 규칙'이라 한다. 그 구체적인 현상은 다음과 같다.

① /lo:in/ → /no:in/ (노인)
/lakwən/ → /nakwən/ → /nakən/ (낙원)
/lɛil/ → /nɛil/ (내일)

② /ljusu/ → /njusu/ → /jusu/ (유수)
/ljɛi/ → /njɛi/ → /jɛi/ (예의)
/liju/ → /niju/ → /iju/ (이유)

①은 '/l/ 머리소리 규칙'이 적용된 예이며, ②는 '/l/ 머리소리 규칙'이 적용된 후 다시 '/n/ 머리소리 규칙'이 적용된 예이다. 이 규칙은 이 지역어에서 보편적, 필연적이며, 외래어에서도 /l/가 그대로 남는 경우가 없다.[9]

(2) /n/ 머리소리 규칙

한자말의 /n/ 첫소리의 형태소는 말 첫머리에서 /i, j/ 앞에 놓이면, /n/가 없어진다. 이를 '/n/ 머리소리 규칙'이라 한다. 그 구체적인 현상은 다음과 같다.

노, 뇌, 누, 느'로 적는다. 한글 맞춤법에 대한 자료는 미승우(1994) 참조.

[9] 표준어에서는 서양에서 들여온 말의 경우, /l/를 그대로 남겨 소리내는 일이 있지만, 이 지역어에서는 이 역시 '/l/ 머리소리 규칙'의 적용을 받는다. 예를 들면, 표준어에서는 '리어카, 라디오, 라면'을 각각 /liəkʰa/, /latio/, /lamjən/로 소리내지만, 이 지역어에서는 /niak'a/, /natʃio/, /namɛn/로 발음하는 것이 그것이다.

① /njətʃa/ → /jətʃa/ (여자)

/njəmtʃu/ → /jəmtʃu/ (염주)

/njənsE/ → /jənsE/ (연세)

/nikmjəŋ/ → /ikmjəŋ/ → /ikmEŋ/ → /iŋmEŋ/ (익명)

② /ljuhEŋ/ → /njuhEŋ/ → /juhEŋ/ → /juEŋ/ (유행)

①은 '/n/ 머리소리 규칙'이 적용된 예이고, ②는 '/l/ 머리소리 규칙'
이 적용된 후 다시 '/n/ 머리소리 규칙'이 적용된 경우이다. 이에서 보
듯이, '/n/ 머리소리 규칙'은 '/l/ 머리소리 규칙'에 뒤따른다. 이 규칙
은 이 지역어에서 보편적, 필연적이다.

3.1.3. 닿소리 이어 바뀜

음절의 일곱 끝소리와 열 아홉 첫소리가 이어날 때는, 그 결합이 제
약되는데10) 이를 요약하면 다음과 같다(허웅 1985:269).

(1) /n/와 /l/는 그 차례가 어떻든 이어나지 못한다.
(2) 첫소리 /l/는 /l/ 이외의 다른 끝소리에는 이어나지 못한다.
(3) 끝소리 /k, t, p/는 /n, m/에 앞설 수 없다.
(4) /ŋ/는 어떠한 끝소리에도 이어나지 않는다.

그러므로 형태소 연결에서 이러한 닿소리가 이어나게 되면, 그 중의
어느 하나가 이어날 수 있는 다른 소리로 바뀌게 된다. 즉, 하나가 다

---

10) 허웅(1985:241)에서는 다음처럼 표로써 보이고 있다. 이 표를 참조하면 닿소
리가 이어날 때의 결합이 제약되는 것을 선명하게 알 수 있다.

른 하나를 닮아서 또는 두 소리가 서로 닮아서 본래의 소리값이 달라진다. 이러한 현상을 '닿소리 이어 바뀜'이라 한다.

(1) /n/의 /l/ 되기

/n/와 /l/는 그 차례가 어떻든 이어날 수 없다. 따라서 이러한 음운 환경이 주어지면, /n+l/는 /l+l/로 바뀌거나(①~④), /l/가 탈락하거나(⑤), /n+n/로 바뀐다(⑥). 이 가운데 ①~④의 현상이 '/n/의 /l/ 되기' 규칙11)인데, 그 구체적인 현상은 다음과 같다.

첫 \ 끝	ㄱ	ㄷ	ㅂ	ㅇ	ㄴ	ㅁ	ㄹ
ㅂ	*각별	*낫보다	*압박	낭비	난봉	남비	갈비
ㅃ	쑥뿌리	뺏뺏하다	집뺌	둥불	돈벌이	남빛	돌부리
ㅍ	독풀	낱푼	갑판	방파제	간판	감파르다	갈피
ㅁ				강물	간막이	남매	갈보
ㄱ	*독감	*돈구다	*납거미	강경	난간	감기	날개
ㄲ	끽끽거리다	갓끈	곱꺾다	땅껍질	단꿈	감꽃	갈꽃
ㅋ	식칼	낱켤레	접칼	땅콩	손칼	삼키다	갈퀴
ㅇ							
ㄷ	*낙담	*갓두루마기	*굽도리	광대	간단히	감독	돌다리
ㄸ	각띠	낮때	앞뜰	낭떠러지	난딱	감떡	날뛰다
ㅌ	낙타	덧토시	밥통	통틀어	손톱	감투	달통
ㄴ				강낭콩	간나위	남녀	-
ㄹ							갈래
ㅈ	*낙지	*갓장이	*납작코	낭자	간장	감자	날장판
ㅉ	약찌꺼기	짓찧다	사립짝	콩짜개	손찌검	남쪽	날짜
ㅊ	독창	낮참	앞치마	강철	잔치	감초	갈치
ㅅ	낙성	낫살	납세	강설	간섭	남산	갈삿갓
ㅆ	죽쑤다	엿쌀	좁쌀	쌩쌩	전쌀	솜씨	날쌔다
ㅎ	**각하	**맏형	**삼화	냉혹	간호	감행	돌함

* 첫소리의 /ㅂ/, /ㄱ/, /ㄷ/, /ㅈ/는 된소리로 나는 경향이 있고, 같은 소리가 이어나면 한 된소리가 된다.

** 이 경우에는 하나의 음소로 줄어진다.

11) '/n/의 /l/ 되기 규칙'을 기술하는데 있어서 경계의 범위가 문제되는데 허웅(1985)에서는 단어 경계에 국한하여 기술하고 있다. 김완진(1972), 김영기(1975), 김차균(1976), 이병건(1976), 이병근(1977), 정국(1980), 최명옥(1982) 등은 비록 '/n/의 /l/ 되기 규칙'이란 용어를 쓰진 않았지만 이에 상응하는 '유음화 규칙'에 대해 논의한 바 있는데, 김완진(1972), 이병근(1977), 최명옥

① /tʃʰən + li/ → /tʃʰəlli/ (천리)

　/nan + lo/ → /nallo/ (난로)

　/kon + lan/ → /kollan/ (곤란)

② /kʰal + nal/ → /kʰallal/ (칼날)

　/tupul + non/ → /tupullon/ (두벌논)

　/sol + namu/ → /sollamu/[12] (소나무)

③ /pʼaːlp- + -nɨn/ → /pʼaːlnɨn/ → /pʼaːllin/ (밟는)

　/kʼilh- + -nɨn/ → /kʼilnɨn/ → /kʼillin/ (끓는)

　/ilk- + -nɨn/ → /ilnɨn/ → /illin/ (읽는)

　/alh- + -nɨn/ → /alnɨn/ → /allin/ (앓는)

④ /sit- + -nɨn/ → /silnɨn/ → /sillin/ (싣는)

　/mut- + -nɨn/ → /mulnɨn/ → /mullin/ (묻는)

　/tɨt- + -nɨn/ → /tɨlnɨn/ → /tɨllin/ (듣는)

　/kət- + -nɨn/ → /kəlnɨn/ → /kəllin/ (걷는)

⑤ /noːl- + -nɨn/ → /noːnɨn/ (노는)

(1982) 등은 '유음화 규칙'을 순수한 음운론적 입장에서 형태소 경계에만 적
용시켜야 한다고 주장하며, 김영기(1975), 김차균(1976), 이병건(1976), 정국
(1980) 등은 형태소 경계뿐 아니라 단어 경계까지도 포함시켜 적용해야 한다
고 주장한다. 이 글에서는 음운 현상을 폭넓게 기술한다는 입장에서 단어 및
형태소 경계 모두를 대상으로 삼는다.

12) /sol + namu/는 표준어에서는 /sonamu/로 실현되나, 이 지역어에서는
　/sollamu/로 실현된다.

/saːl- + -nin/ → /saːnin/ (사는)

/al- + -nin/ → /anin/ (아는)

⑥ /tʃuktʃən + li/ → /tʃuktʃənni/ (죽전리)

/isoŋtʃʰən + li/ → /isoŋtʃʰənni/ (이송천리)

/tʃətʃən + li/ → /tʃətʃənni/ (저전리)

①과 ②는 단어 경계에서 /n+l/ 또는 /l+n/가 모두 /l+l/로 되는 경우이고, ③은 형태소 경계에서 /l/를 선행시키는 줄기 끝의 겹닿소리와 씨끝의 첫소리 /n/가 연결될 때 '겹받침 줄이기' 규칙이 먼저 적용된 후 /l+n/가 /l+l/로 되는 경우이며, ④는 /t/ 불규칙 움직씨의 줄기 끝소리 /t/가 '/t/의 공깃길 닮기'의 영향으로 /t/가 /l/로 바뀐 것이다. 즉, /t/가 홀소리 사이에 놓이게 되면 홀소리의 큰 공깃길을 닮아 /l/로 바뀌는 '/t/의 공깃길 닮기' 현상이 /n/ 앞에까지 확대된 것[13]이다. 한편, ⑤는 형태소 경계에서 이 규칙이 적용되지 않고, 씨끝 첫소리 /n/ 앞에서 줄기 끝소리 /l/가 없어지는 경우이며, ⑥은 /n+l/가 /l+l/로 되지 않고, 앞의 /n/에 이끌려 뒤의 /l/가 오히려 /n/로 바뀌는 경우[14]이다. 이상에서 보듯이, 이 규칙은 이 지역어에서 한정적이고 필연적인 경향이 강하다.

---

13) 표준어의 경우, /t/ 불규칙 움직씨의 줄기 끝소리 /t/와 씨끝 /n/가 결합하면, '콧소리 되기' 규칙의 적용을 받는다. 따라서 ④에 제시된 예는 표준어에서 다음처럼 실현된다. /sit + nin/ → /sinnin/, /mut + nin/ → /munnin/, /tit + nin/ → /tinnin/, /kət + nin/ → /kənnin/

14) /n+l/가 /l+l/로 되지 않고 /n+n/로 되는 현상은 이 지역어에 있어 특히 지명과 관련한 현상에 두드러진다.

(2) /l/의 /n/ 되기

형태소 첫소리 /l/는 /l/가 아닌 다른 닿소리에 이어나지 못한다. 그러므로 이 경우의 첫소리 /l/는 모두 /n/로 바뀐다. 이를 '/l/의 /n/ 되기' 규칙15)이라 한다. 그 구체적인 현상은 다음과 같다.

① /m＋l/ → /m＋n/
/ətam + li/ → /ətamni/ (어담리)
/kwaŋɨm + li/ → /kwaŋɨmni/ (광음리)
/tʃʰim + ljak/ → /tʃʰimnjak/ → /tʃʰimjak/ (침략)

② /ŋ＋l/ → /ŋ＋n/
/sinsəŋ + li/ → /sinsəŋni/ (신성리)
/mjəŋ + li/ → /mjəŋni/ (명리)

③ /k＋l/ → /k＋n/ → /ŋ＋n/
/səŋkok + li/ → /səŋkokni/ → /səŋkoŋni/ (성곡리)
/makk'ok + li/ → /makk'okni/ → /makk'oŋni/ (막곡리)
/juk + lo/ → /jukno/ → /juŋno/ (육로)

④ /t＋l/ → /t＋n/ → /n＋n/
ㄱ. /mat + ljaŋpan/ → /matnjaŋpan/ → /mannjaŋpan/ (맏양반)
ㄴ. /mjətʃʰ + ljaŋ/→/mjətljaŋ/→/mjətnjaŋ/→/mjənnjaŋ/ (몇 량)

---

15) '/l/의 /n/되기' 규칙은 토박이말에서는 그 용례를 거의 찾아볼 수 없다. 단지 /mat/(/맏/) /mjətʃʰ/(/몇/) 정도가 보일 뿐이다. 이 규칙 역시 '머리소리' 규칙과 마찬가지로 한자어에서 온 말에 대부분 적용된다.

⑤ /p+l/ → /p+n/ → /m+n/

/tʃotʰap + li/ → /tʃotʰapni/ → /tʃotʰamni/ (조탑리)

/ap + ljək/ → /apnjək/ → /amnjək/ (압력)

③~⑤에서 보듯이, /k, t, p/ 끝소리에 /l/가 이어날 경우에는 다시 '콧소리 되기' 규칙이 적용된다. 그리고 ④의 ㄴ에서 보듯이, 이 규칙은 '일곱 끝소리 되기' 규칙에 뒤따른다. 이 규칙은 이 지역어에서 필연적, 보편적이다.

(3) 콧소리 되기[16]

약한 터짐소리는 콧소리에 앞설 수 없다. 그러므로 약한 터짐소리 /k, t, p/는 뒤에 오는 같은 서열[17]의 콧소리 /ŋ, n, m/를 닮아 콧소리 /ŋ, n, m/로 바뀐다. 이를 '콧소리 되기' 규칙이라 한다. 그 구체적인 현상은 다음과 같다.

---

16) '콧소리 되기'는 발음의 편의를 위해 앞뒤의 소리가 닮아서 비슷해지는 '닮음'의 한가지이나, 그 닮음이 필연적으로 일어날 수밖에 없는 까닭은, 이 소리들은 이어나지 못하기 때문이다. 즉, 음소의 가로 체계의 제약성에 의한 것이다. 따라서 이 글에서는 '콧소리 되기'를 '닮음'에 넣지 않고, 음소의 가로 체계의 제약성에 포함시킨다.

17) 같은 조음 방법과 같은 힘으로 내는 몇 개의 닿소리 음소의 한 동아리를 '계열(série)'이라 하고, 같은 자리에서 다른 조음 방법으로 내는 한 동아리의 음소의 떼를 '서열(ordre)'이라 한다. 예를 들면, 국어의 /p/, /t/, /k/는 한 계열이고, /p/, /p'/, /pʰ/, /m/는 한 서열이다. 홀소리에 있어서는 같은 입안 공명(자리)으로 내는 음소들의 떼를 '계열'이라 하고, 같은 정도의 공깃길로써 발음되는 한 동아리의 홀소리를 '서열'이라 한다. 이에 대한 자세한 논의는 허웅(1985:96) 참조.

① /k/ → /ŋ/

/tʃʰəmak + mul/ → /tʃʰəmaŋmul/ (낙숫물)

/mak + nɛi~/ → /maŋnɛi~/ (막내)

/tʃʰuk + -nɛta/ → /tʃʰuŋnɛta/ (축내다)

② /t/ → /n/

/mat + mɛnili/ → /manmɛnili/ (맏며느리)

/kʼot + mɛŋali/ → /kʼonmɛŋali/ → /kʼonmɛali/ (꽃봉오리)

/pat + -mɛta/ → /panmɛta/ (김매다)

③ /p/ → /m/

/sikʼəp + məkta/ → /sikʼəmməktʼa/ (혼나다)

/hɛkap- + -na/ → /hɛkamna/ (가볍니?)

/hɨlip- + -na/ → /hɨlɨmna/ (묽은가?)

이 규칙은 '겹받침 줄이기', '일곱 끝소리 되기', '/l/의 /n/ 되기'에 뒤따른다. 다음 ④~⑥은 이의 구체적인 예이다.

④ 겹받침 줄이기에 뒤따르는 경우[18]

/moks + -man/ → /mok + man/ → /moŋman/ (몫만)

---

[18] 겹받침이 /ks, ps/인 경우에는 '겹받침 줄이기' 규칙 적용 후 '콧소리 되기' 규칙이 적용되지만, 겹받침이 /lk, lp, lpʰ/인 경우 이 지역어에서는 '겹받침 줄이기' 규칙 적용 후 '콧소리 되기' 규칙은 적용되지 않는다. 이는 표준어와는 다른 현상이다. 예를 들면, '/hilknɛ/ (/흙내/), /palpnɛ/ (/밟네/), /ɨlpʰnɛ/ (/읊네/)'는 표준어에서는 '/hiknɛ/ (→/hiŋnɛ/), /papne/ (→/pamne/), /ipne/ (→/imne/)'로 각각 실현되지만, 이 지역어에서는 '/hilnɛ/ (→/hillɛ/), /pʼallɛ/, /ɨlnɛ/ (→/ɨllɛ/)'로 각각 실현된다.

/ə:ps- + -nE/ → /ə:p + nE/ → /ə:mnE/ (없네)

/kaps + -man/ → /kap + man/ → /kamman/ (값만)

⑤ 일곱 끝소리에 뒤따르는 경우

/nas + -man/ → /nat + -man/ → /nanman/ (낫만)

/tʃih- + -ninta/ → /tʃit- + -ninta/ → /tʃinninta/ (찧는다)

/sotʰ + -man/ → /sot + -man/ → /sonman/ (솥만)

⑥ /l/의 /n/ 되기에 뒤따르는 경우

/pEk + li/ → /pEk + ni/ → /pEŋni/ (백리)

/pEk + lo/ → /pEk + no/ → /pEŋno/ (백로)

/tok + lip/ → /tok + nip/ → /toŋnip/ (독립)

이 지역어에서 '콧소리 되기' 규칙은 필연적, 보편적이다.

3.2. 발음의 편의를 위한 자연적인 경향에 말미암은 것

3.2.1. 닮음

(1) 입천장소리 되기[19]

---

19) '입천장소리 되기'는 일반적으로 /i/나 /j/ 앞에서 비구개음이 구개음으로 바뀌는 일련의 현상을 지칭해 왔다. 그리하여 국어에서는 /t, k, h/가 /i/나 /j/ 앞에서 각각 /tʃ, tʃʰ, s/로 바뀌는 음소 층위의 변화를 지칭하면서도 경우에 따라서는 기저 음소 층위에 있는 /n/, /l/, /s/ 등이 음성으로 실현되는 과정에서 구개음으로 바뀌는 음성 층위의 현상까지도 지칭해 오기도 하였다. 이처럼 '입천장소리 되기'라는 술어가 모든 연구에서 엄격하게 규정되어 사용되는 것은 아니다(김주필 1994:10). 한편, 이에서 보듯이 '입천장소리 되기'의

혀끝 터짐소리 /t, tʰ/는 /i/나 /j/ 앞에서 같은 계열, 같은 힘의 붙갈이 소리 /tʃ, tʃʰ/로 바뀐다. 이를 '입천장소리 되기' 규칙이라 한다. 이의 구체적인 현상은 다음과 같다.

① /patʰ + -i/ → /patʃʰi/ (밭이)
   /pEtʰ + -i/ → /pEtʃʰi/ (볕이)

② /p'Etat- + -i/ → /p'Etatʃi/ (뺃닫이)
   /hEtot- + -i/ → /hEtotʃi/ (해돋이)
   /t'ampat- + -i/ → /t'ampatʃi/ (땀받이)

③ /tat/ + /hita/ → /tatʰita/ → /tatʃʰita/ (닫히다)
   /mut- + -hita/ → /mutʰita/ → /mutʃʰita/ (묻히다)

①은 준굴곡에서, ②는 파생어에서의 '입천장소리 되기'가 적용된 것이고, ③은 '거센소리 되기' 규칙이 적용된 후에 다시 이 규칙이 적용된 경우이다. 이 지역어에서의 '입천장소리 되기' 규칙은 ①에서처럼 이름씨 끝소리 /t, tʰ/가 토씨 /i/와 이어질 때나, ②에서처럼 풀이씨의 줄기 끝의 /t, tʰ/가 씨끝 /i/나 뒷가지 /i/ 따위와 이어질 때 일어난다. 그러므로 다음의 경우처럼 겹이름씨에서는 이 규칙이 적용되지 않는다.[20]

─────────────

대상에는 /t/-계, /k/-계, /h/-계, /n/-계, /l/-계, /s/-계 등이 있는데, /k/-계, /h/-계 '입천장소리 되기'는 통시적인 사실에 속하므로 이 글에서는 제외하기로 한다. 그리고 /n/-계, /s/-계, /l/-계 '입천장소리 되기'는 음성적 차이만을 보일 뿐, 음운 차원에서 변별성을 띠지 못하기 때문에 역시 제외하기로 한다. 따라서 이 글에서는 공시적인 음운 현상에 속하면서, 음운 차원에서의 변별적인 실현이 뚜렷한 /t/-계 '입천장소리 되기' 현상만을 논의의 대상으로 삼는다.

20) 이 경우에는 '입천장소리 되기' 규칙이 적용될 환경에서 '일곱 끝소리 되기'

/kətʰ + ipʰ/ → /kətʰnipʰ/ → /kətnip/ → /kənnip/ (겉잎)

/k'itʰ + il/ → /k'itʰnil/ → /k'itnil/ → /k'innil/ (끝일)

/patʰ + il/ → /patʰnil/ → /patnil/ → /pannil/ (밭일)

이 규칙은 이 지역어에서 한정적, 필연적이다.

(2) 홀소리 어울림

/ə/로 시작되는 씨끝은 밝은 홀소리 /a, o/ 뒤에서 /a/로 바뀌는 현상이 있다. 이를 '홀소리 어울림' 규칙이라 한다. 이 규칙은 현대 국어에서 상당히 문란하게 되어 공시적인 '홀소리 어울림'이 실현되고 있는지조차 의심받고 있는 실정이다.21) 그렇지만 현대 국어에서 아주 없어진 것으로 보는 것은 무리인데, 그 이유는 어찌씨 씨끝의 변이형태, 명령형, 접속형, 과거형 등에서 여전히 실현되고 있고, 일부이긴 하지만 의성어, 의태어 등에서 형태음소론적인 교체를 보이면서 실현되고 있기 때문이다(서보월 1997:496). 이 지역어에서 '홀소리 어울림' 규칙은 줄기끝 홀소리가 /i, E, ɨ, ə, a, o/인 경우에는 표준어와 차이가 없다. 표준어에서는 줄기 음절 수와 상관 없이, 줄기끝 홀소리가 /a, o/인 경우에는 /a/를, 줄기끝 홀소리가 /i, E, ɨ, ə/인 경우에는 /ə/를 씨끝으로 선택하는데, 이런 현상은 이 지역어에 있어서도 마찬가지이다. 그러나 줄기끝 홀소리가 /u/인 경우, 표준어에서는 줄기 음절 수와 상관 없이 씨끝으로 /ə/를 선택하나, 이 지역어에서는 1음절 줄기에서는 /ə/를, 2음절 이상 줄기에서는 /a/를 씨끝으로 선택한다. 따라서 2음절 이상 줄기에서 줄기

와 '/n/ 덧나기' 규칙이 먼저 적용되어 '입천장소리 되기' 규칙이 적용될 기회를 상실한 것으로 생각된다.

21) 최명옥(1982)에서는 공시적인 '홀소리 어울림' 현상 자체를 부정하고 있다.

끝 홀소리가 /u/인 경우 씨끝 /a/가 선택되는 것이 이 지역어의 특징이
라 하겠다. 이를 구체적으로 살펴보면 다음과 같다.22)

① 1 음절 줄기를 가진 풀이씨

ㄱ. 줄기가 /i/인 경우

/ip- + -əto/ → /ipəto/ (입어도)

/tʃʰi- + -əto/ → /tʃʰjəto/ → /tʃʰəto/ (쳐도)

/ki- + -əto/ → /ki:to/23) (기어도)

ㄴ. 줄기가 /E/인 경우

/pEtʰ- + -əto/ → /pEtʰəto/ (밸어도)

/pEs- + -əto/ → /pEsəto/ (뺏어도)

/mE- + -əto/ → /mE:to/24) (매어도)

---

22) '홀소리 어울림' 현상에 대한 기술은 조신애(1985)에 힘입은 바 크다. 조신애
(1985)에서는 줄기가 i인 경우, 줄기가 i인 경우, 줄기가 u인 경우, 줄기가 E
인 경우, 줄기가 a, o인 경우로 항목을 나누어 '홀소리 어울림' 현상을 구체
적으로 제시하고 있다. 다만 조신애(1985)에서는 편의상 '-a'를 기저형으로
삼아 논의를 전개하고 있으나, 필자는 최근의 국어 발음이 /ə/ 쪽으로 기울
어지는 경향이 있음을 고려하여 /ə/를 기본으로 삼아 논의를 전개하고자 한
다. 최근의 국어 발음이 /ə/ 쪽으로 기울어지는 경향에 대한 이론적 뒷받침
은 오종갑(1984) 참조.

23) /ki + əto/ → /kjəto/ → /kEto/ → /ki:to/의 과정을 거친 것으로 추측된다.
'/ki + əto/ → /kjəto/'는 '홑홀소리 + 홑홀소리 → 겹홀소리'가 적용된 것이
며, '/kjəto/ → /kEto/'는 이 지역어에서 닿소리 아래 겹홀소리를 허용하지
않는, 가로 체계의 제약성으로 인해 홑홀소리되기가 실현될 것이고, '/kEto/
→ /ki:to/'는 '높은 홀소리 되기'가 실현된 것이다. 이러한 과정은 이 지역어
의 일반적인 현상이다.

24) /mE- + -əto/ → /mEjəto/ → /mEEto/ → /mE:to/의 과정을 거친 것으로
추측된다. '/mE- + -əto/ → /mEjəto/'는 '홀소리 + 홀소리'에서 홀소리 부딪

제1부 농촌 지역어의 음운 █ 91

ㄷ. 줄기가 /ɨ/인 경우

/nitʃ- + -əto/ → /nitʃəto/ (늦어도)

/t'ɨ- + -əto/ → /t'əto/ (떠도)

/k'ɨ- + -əto/²⁵⁾ (꺼도)

ㄹ. 줄기가 /ə/인 경우

/təpʰ- + -əto/ → /təpʰəto/ (덮어도)

/pəs- + -əto/ → /pəsəto/ (벗어도)

/s'ək'- + -əto/ → /s'ək'əto/ (섞어도)

ㅁ. 줄기가 /a/인 경우

/mak- + -əto/ → /makato/ (막아도)

/antʃ- + -əto/ → /antʃato/ (앉아도)

/sal- + -əto/ → /salato/ (살아도)

ㅂ. 줄기가 /u/인 경우

/putʰ- + -əto/ → /putʰəto/ (붙어도)

/k'u- + -əto/ → /k'wəto/ → /k'əto/ (꿔도)

/tʃuk- + -əto/ → /tʃukəto/ (죽어도)

침을 막기 위해 반홀소리 /j/가 삽입된 것이며, '/mEjəto/ → /mEEto/'는 '/j
ə/ → /E/'로 되는 이 지역어의 일반적인 현상이 적용된 것이고, '/mEEto/
→ /mE:to/'는 동일 홀소리가 겹쳐날 때 긴홀소리로 바뀌는 일반적인 현상이
적용된 것으로 보인다.

25) '/k'ɨ- + -əto/ → /k'əto/'는 /ɨ/ 삭제된 것으로 보이며, '/t'ɨ- + -əto/ → /t'ə
to/'도 마찬가지로 보인다.

ㅅ. 줄기가 /o/인 경우

/tol- + -əto/ → /tolato/ (돌아도)

/sʼok- + -əto/ → /sʼokato/ (속아도)

/o- + -əto/ → /oato/ → /wato/ (와도)

② 2음절 이상의 줄기를 가진 풀이씨

ㄱ. 줄기가 /i/인 경우

/tʼEŋki- + -əto/ → /tʼEŋkjəto/ → /tʼEŋkEto/ (당겨도)

/masi- + -əto/ → /masjəto/ → /masEto/ (마셔도)

/ilɨkʰi- + -əto/ → /ilɨkʰjəto/ → /ilɨkʰEto/ (일으켜도)

ㄴ. 줄기가 /E/인 경우26)

/talkE- + -əto/ → /talkE:to/ (달래도)

/pʰokE- + -əto/ → /pʰokE:to/ (포개어도)

/kʼumE- + -əto/ → /kʼumE:to/ (꿰매어도)

ㄷ. 줄기가 /ɨ/인 경우

/tʼatɨm- + -əto/ → /tʼatɨməto/ (다듬어도)

/tamkɨ- + -əto/ → /tamkato/ (담그어도)

/tʃamkɨ- + -əto/ → /tʃamkato/ (잠그어도)

/kʼEili- + -əto/ → /kʼEiləto/ (게을러도)

---

26) 줄기가 /E/인 경우, 씨끝 /ə/와 결합한 것으로 추측된다. 이는 다음과 같은 추론 과정에 의한 것이다. /talkE- + -əto/ → /talkEjəto/ → /talkEEto/→ /talkE:to/, /pʰokE- + -əto/ → /pʰokEjəto/ → /pʰokEEto/ → /pʰokE:to/, /kʼumE- + -əto/ → /kʼumEjəto/ → /kʼumEEto/ → /kʼumE:to/.

ㄹ. 줄기가 /ə/인 경우

/mukəp- + -əto/ → /mukəpəto/ → /mukəwəto/ → /mukə:to/ (무거워도)

/tə:ləp- + -əto/ → /tə:ləpəto/ → /tə:ləwəto/ → /tə:lə:to/ (더러워도)

/musəp- + -əto/ → /musəpəto/ → /musəwəto/ → /musə:to/ (무서워도)

ㅁ. 줄기가 /a/인 경우

/alimtap- + -əto/ → /alimtapato/ (아름다워도)

/mEtal- + -əto/ → /mEtalato/ (매달아도)

/no:lla- + -əto/ → /no:llEto/ (놀라도)

ㅂ. 줄기가 /u/인 경우

/pEu- + -əto/ → /pEwato/ → /pEato/ (배워도)

/mattʃʰu- + -əto/ → /mattʃʰwato/ → /mattʃʰato/ (맞춰도)

/əlku- + -əto/ → /əlkwato/ → /əlkato/ (얼궈도)

ㅅ. 줄기가 /o/인 경우

/tʃʰjətapo- + -əto/ → /tʃʰətapwato/ → /tʃʰitapato/ (쳐다봐도)

/t'wiəo- + -əto/ → /t'iəwato/ → /t'i:wato/ (뛰어와도)

/t'əpo- + -əto/ → /t'əpwato/ → /t'əpato/ (떠봐도)

이 규칙은 이 지역어에서 한정적, 임의적이다.

(3) /t/의 공깃길 닮기

/t/ 끝소리를 가진 풀이씨의 줄기 가운데 특별한 것은, 그 /t/가 홀소리 사이에 놓이게 되면 홀소리의 큰 공깃길을 닮아 /l/로 바뀐다. 이를 '/t/의 공깃길 닮기' 규칙27)이라 한다. 그 구체적인 현상은 다음과 같다.

① /tit- + -əsə/ → /tiləsə/ (들어서)
　/kət- + -əsə/ → /kələsə/ (걸어서)
　/sit- + -əsə/ → /siləsə/ (실어서)
　/mit- + -əsə/ → /miləsə/ (물어서)

② /mit- + -əsə/ → /mitəsə/ (묻어서)
　/pat- + -əsə/ → /patasə/ (받아서)
　/tat- + -əsə/ → /tatasə/ (닫아서)

①은 이 규칙이 적용된 경우이나, ②는 /t/가 홀소리 사이에 놓여 있

---

27) '/t/의 공깃길 닮기' 규칙을 '/t/ 변칙 활용'으로 설명할 수도 있다. '/t/ 변칙 활용'이란 줄기끝소리 /t/가 홀소리로 시작되는 씨끝과 결합할 때 /l/로 되는 현상을 말하는 것으로 표준어에서, /sit/, /kət/, /kit/, /nut/, /mut/, /tit/ 등의 어사들이 이 현상에 해당한다. 하지만, 이 지역어에서는 이들을 각각 /si:lʔ/, /kə:lʔ/, /ki:lʔ/, /nu:lʔ/, /mu:lʔ/, /ti:lʔ/로 재구조화된다고 보면, 다음과 같은 규칙 변화로 설명할 수도 있다.
/sit/ → /si:lʔ/ : /si:lə/, /si:lk'E/, /si:ltʃ'i/, /si:lk'o/
/kət/ → /kə:lʔ/ : /kə:lə/, /kə:lk'E/, /kə:ltʃ'i/, /kə:lk'o/
/kit/ → /ki:lʔ/ : /ki:lə/, /ki:lk'E/, /ki:ltʃ'i/, /ki:lk'o/
/nut/ → /nu:lʔ/ : /nu:lə/, /nu:lk'E/, /nu:ltʃ'i/, /nu:lk'o/
/mut/ → /mu:lʔ/ : /mu:lə/, /mu:lk'E/, /mu:ltʃ'i/, /mu:lk'o/
/tit/ → /ti:lʔ/ : /ti:lə/, /ti:lk'E/, /ti:ltʃ'i/, /ti:lk'o/
'/t/ 변칙 활용'의 재구조화에 대한 자세한 논의는 최명옥(1985) 참조.

지만 /t/가 /l/로 바뀌지 않고 /t/가 그대로 유지되고 있는 경우이다. 이에서 보듯이, 이 규칙은 이 지역어에서는 '특별한 줄기'에 한정적이다.

(4) /p/의 공깃길 닮기

/p/ 끝소리를 가진 풀이씨의 줄기 가운데 특별한 것은, 그 /p/가 홀소리 사이에 놓이게 되면, 홀소리의 큰 공깃길을 닮아 /w/로 바뀐다. 이를 '/p/의 공깃길 닮기' 규칙이라 한다. 그 구체적인 현상은 다음과 같다.

① /musəp- + -ə/ → /musəwə/ → /musəə/ → /musə:/ (무서워)
/su:p- + -ə/ → /su:wə/ → /su:ə/ (쉬워)
/tə:ləp- + -ə/ → /tə:ləwə/ → /tə:ləə/ → /tə:lə:/ (더러워)
/ətap- + -ə/ → /ətawa/ → /ətaa/ → /əta:/ (어두워)
/mukəp- + -ə/ → /mukəwə/ → /mukəə/ → /mukə:/ (무거워)

② /ip- + -ə/ → /ipə/ (입어)
/putɨləp- + -ə/ → /putɨləpə/ (부드러워)
/alɨmtap- + -ə/ → /alɨmtapa/ (아름다워)
/k'op- + -ə/ → /k'opa/ (꼬와)

①의 경우는 이 규칙이 적용된 것[28]이고, ②의 경우는 적용되지 않

---

28) '/p/의 공깃길 닮기'가 실현된 것으로 다음과 같은 것을 더 들 수 있다.
/tʃʰup- + -ə/ → /tʃʰuwə/ → /tʃʰuə/ ~ /tʃʰə:/ (추워)
/kop- + -ə/ → /kowa/ → /koa/ (고와)
/mEp- + -ə/ → /mEwə/ → /mEə/ (매워)
/mip- + -ə/ → /miwə/ → /miə/ (미워)
/katʃʰap- + -ə/ → /katʃʰawa/ → /katʃʰaa/ → /katʃʰa:/ (가까워)

은 것이다. 이 규칙은 ①에서 보듯이, '홀소리 어울림'에 뒤따르며 이 규칙 적용 후 씨끝 /wə/의 일부인 반홀소리 /w/가 탈락되어 '홑홀소리되기'가 곧바로 적용된다. 그리고 '홑홀소리 되기' 적용 후에는 씨끝이 줄기끝 홀소리와 같은 소리일 경우에는 줄기끝 홀소리와 씨끝이 결합하여 하나의 긴홀소리로 실현된다. 이 규칙은 이 지역어에서 특별한 형태소에만 적용되기 때문에 한정적이나 그 범위 안에서는 필연적이다.

(5) /i/ 치닮기

앞 음절에 있는 뒤홀소리 계열은 뒤 음절의 /i/를 닮아 높이와 둥글음에 관해 같은 바탕을 가진 앞홀소리 계열로 자리를 옮기는 현상이 있다. 이를 '/i/ 치닮기' 규칙29)이라 한다. 그 구체적인 현상은 다음과 같다.

/top- + -ə/ → /towa/ → /toa/ (도와)

/təp- + -ə/ → /təwə/ → /tə:/ (더워)

/kantʃilap- + -ə/ → /kantʃilawa/ → /kantʃilaa/ → /kantʃila:/ (간지러워)

/sanap- + -ə/ → /sanawa/ → /sanaa/ → /sana:/ (사나워)

/tʃˀap- + -ə/ → /tʃˀawa/ → /tʃˀaa/ → /tʃˀa:/ (짜와)

29) '/i/ 치닮기' 규칙을 기술하는데 있어서는 공시성과 통시성이 문제가 된다. 이 규칙을 처음으로 다룬 이숭녕(1940)에서는 표준어의 경우에는 통시적이나 방언에 따라서는 공시적인 면도 있다고 하였고, 김완진(1963)에서는 통시적일 뿐 아니라 공시적인 것으로 이해하였으며, 최명옥(1982)에서는 단일 형태소 내부와 피동, 사동어미 '이, 히, 기'의 /i/에 의한 것은 통시적인 현상, 형태소 경계와 주격어미 그리고 계사 /i/에 의한 것은 공시적인 현상으로 이해하였다. 이어 최명옥(1988)에서는 기존의 입장을 수정하여 형태소 내부의 것이든 형태소 경계의 것이든 모두 통시적인 현상이라고 주장하였다. 한편, 허웅 (1985)에서는 공시성과 통시성을 문제 삼지 않고 기술하고 있다. 현재, 이러한 입장들에 대한 학계의 통일된 시각은 없으며, 대체로 단일 형태소 내부에서의 /i/ 치닮기를 통시적인 현상으로, 피동, 사동어미 /i/나 주격어미 /i/ 그리고 계사 /i/에 의한 것은 공시적인 현상으로 보고 있는 실정이다. 이 글에서는 이러한 여러 주장과 입장의 타당성에 대한 논의는 뒤로 미루고 음운 현상을 좀더 폭넓게 다룬다는 입장에서 이 모두를 논의 대상으로 삼고자 한

① /tʃʰampis/ → /tʃʰEmpit/ (참빗)

/əmi/ → /Emi/ (어미)

/kɨlinta/ → /kilinta/ (그린다)

/kwaɲtʃuli/ → /kaɲtʃuli/ → /kaɲtʃwili/ → /kaɲtʃili/[30) (광주리)

/mosita/ → /mwEsita/ → /mEsita/[31) (모시다)

②

ㄱ. /salam + -i/ → /salEmi/ (사람이)

/nunsʼəp + -i/ → /nunsʼEpi/ (눈썹이)

/ilɨm + -i/ → /ilimi/ (이름이)

ㄴ. /salam + -ita/ → /salEmita/ (사람이다)

/nunsʼəp + -ita/ → /nunsʼEpita/ (눈썹이다)

/ilɨm + ita/ → /ilimita/ (이름이다)

/uːlsaŋ + -ita/ → /uːlsEŋita/ → /uːlsEĩta/ (울상이다)

다. 'ⁱ/i/ 치닮기'에 대한 종합적 고찰 및 공시성과 통시성에 대한 논의는 최명
옥(1988, 1989) 참조.

30) /kwaɲtʃuli/가 /kaɲtʃuli/로 실현된 것은 이 지역어에서 닿소리 아래에서는
/wa/가 홑홀소리 /a/로 실현되기 때문이고, /kaɲtʃuli/가 /kaɲtʃwili/로 실현
된 것은 'ⁱ/i/ 치닮기'에 의한 것이며, /kaɲtʃwili/가 /kaɲtʃili/로 실현된 것은
이 지역어에서 닿소리 아래에서는 /wi/가 홑홀소리 /i/로 실현되기 때문이다.
이러한 과정은 현대 국어 표준어와는 다른 양상으로 이 지역어에 있어 동화
주 /i/의 선행 음절에 후설원순모음 /o/나 /u/가 올 경우, 'ⁱ/i/ 치닮기'는 서열
이 닮고 입술 모양이 바뀌는 특징이 있음을 보여 주는 것이다.

31) /mosita/가 /mwEsita/로 실현된 것은 'ⁱ/i/ 치닮기' 현상의 적용이고,
/mwEsita/가 /mEsita/로 실현된 것은 닿소리 아래에서 /wE/가 홑홀소리
/E/로 실현된 것이다.

③

ㄱ. /matʰ + -ki- + -ta/ → /mɛtkita/ → /mɛkkʼita/ (맡기다)

/mək- + -i- + -ta/ → /mɛkita/ (먹이다)

/tʼit- + -ki- + -ta/ → /tʼitkita/ → /tʼikkʼita/ (뜯기다)

/sʼok- + -i- + -ta/ → /sʼwɛkita/ → /sʼɛkita/[32] (속이다)

/tʃuk- + -i- + -ta/ → /tʃwikita/ → /tʃikita/[33] (죽이다)

ㄴ. /sontʃap + -i/ → /sontʃɛpi/ (손잡이)

/tʃulnəm + -ki/ → /tʃulnɛmki/ → /tʃulnɛŋkʼi/ (줄넘기)

ㄷ. /kaptʃʼak + -i/ → /kaptʃʼɛki/ (갑자기)

/tʰimtʰim + -i/ → /tʰimtʰimi/ (틈틈이)

위의 ①은 형태소 내부에서의 '/i/ 치닮기' 현상을 보여 주는 것이고, ②는 준굴곡이 이루어지는 형태소 경계에서 '/i/ 치닮기' 현상을 보여 주는 것으로서 ㄱ은 임자자리 토씨 '/i/', ㄴ은 잡음씨 '/ita/'에 의한 것이다. 그리고 ③은 뒷가지에 의한 '/i/ 치닮기' 현상을 보여 주는 것으로 ㄱ은 '입음'과 '하임'의 가지인 '/i/'나 '/ki/', ㄴ은 이름씨 파생가지인 '/i/'나 '/ki/', ㄷ은 어찌씨 파생가지인 '/i/' 등에 의한 현상을 보여 주는 것이다. 이 규칙은 이 지역어에서 다음 ④의 경우에서처럼 적용되지 않는 경우도 있으므로, 한정적인 경향이 강하다.

④

ㄱ. /mati/ (마디), /kaktʼi/ (각띠), /kuntʰi/ (군티), /katʃi/ (가지)

---

32) '/i/ 치닮기'와 '홑홀소리 되기'가 연속으로 실현된 것이다.

33) /tʃukita/가 /tʃwikita/로 실현된 것은 '/i/ 치닮기', /tʃwikita/가 /tʃikita/로 실현된 것은 '홑홀소리 되기'가 적용된 것이다.

/tʃʰEtʃik/ (채찍), /kʼatʃʰi/ (까치), /kʼasi/ (가시)
/poksaŋsʼi/ (복숭아씨), /pakuni/ (바구니), /məli/ (머리)

ㄴ. /pəs + -i/ → /pəsi/ (벗이), /tʃəs + -i/ → /tʃəsi/ (젓이)
/taltal + -i/ → /tatali/ (다달이)

ㄷ. /kaːŋ + -i/ → /kaːĩ/ (강이), /tʃaːŋ + -i/ → /tʃaːĩ/ (장이)
/tʃuːŋ + -i/ → /tʃuːĩ/ (중이), /səːm + -i/ → /səːmi/ (섬이)

ㄹ. /tam + -i/ → /tami/ (담이), /nam + i/ → /nami/ (남이)
/pəp + -i/ → /pəpi/ (법이), /pap + i/ → /papi/ (밥이)

위의 ㄱ과 ㄴ에서 보듯이, 이 지역어에 있어서 체언의 경우, 형태소 내부이든 형태소 경계이든 상관없이 동화주인 /i/와 피동화주 사이에 혀끝 닿소리 /t, tʼ, tʰ, tʃ, tʃʼ, tʃʰ, s, sʼ, n, l/가 끼이면 'i/ 치닮기'가 실현되지 않음을 알 수 있다. 한편, 형태소 경계에서 동화주인 /i/와 피동화주 사이에 혀끝 닿소리가 끼이지 않았는데도 'i/ 치닮기' 현상이 실현되지 않는 경우가 있는데, 위의 ㄷ이 바로 이에 속한다. 이에 대해서는 이미 최명옥(1982)에서 지적한 바 있는데, /i/의 선행 음절의 줄기가 긴소리를 지니고 있으면 동화주와 피동화주 사이에 비록 혀끝 닿소리가 아닌 소리가 오더라도 'i/ 치닮기'가 실현되지 않는다는 것이 그것이다. ㄹ의 경우는, 동화주와 피동화주 사이에 혀끝 닿소리가 끼인 것도 아니고, /i/ 선행 음절의 줄기가 긴소리를 지니고 있는 것도 아닌데도 'i/ 치닮기'가 실현되지 않음을 보이는데, 이는 서정목(1981)에서 밝혔듯이, 동화주 /i/의 선행 음절의 성조가 저조인 경우에 'i/ 치닮기'가 실현되지 않는 것으로 보인다. 이러한 현상은 이 지역어의 특징이라 할 수 있다.

(6) 끝소리의 자리 옮기기

'혀끝소리(t, n) - 입술소리(p, m) - 뒤혀소리(ŋ, k)'의 닿소리가 이 차례로 '끝소리-첫소리'로 이어나면, 앞소리는 뒤소리의 자리(서열)로 옮기는 일이 있다. 이를 '끝소리의 자리 옮기기' 규칙이라 한다. 그 구체적인 현상은 다음과 같다.

① 혀끝 - 입술

ㄱ. /t-p/ → /p-p/

/patʰ + -pota/ → /patpota/ → /pappota/ → /papp'ota/ (밭보다)

/tit- + pota/ → /tippota/ → /tipp'ota/ (듣보다)

/kas + paŋ/ → /katpaŋ/ → /kappaŋ/ → /kapp'aŋ/ (갓방)

ㄴ. /n-p/ → /m-p/

/kun + pul/ → /kumpul/ (군불)

/p'on + -pota/ → /p'ompota/ (본보다)

/sin + -pal/ → /simpal/ (신발)

ㄷ. /n-m/ → /m-m/

/non + -man/ → /nomman/ (논만)

/nin + -mul/ → /nimmul/ (민물)

② 혀끝 - 뒤혀

ㄱ. /t-k/ → /k-k/

/pəs- + -ko/ → /pətko/ → /pəkko/ → /pəkk'o/ (벗고)

/mut- + -ko/ → /mukko/ → /mukk'o/ (묻고)

/sʼis- + -ko/ → /sʼitko/ → /sʼikko/ → /sʼikkʼo/ (씻고)

ㄴ. /n-k/ → /ŋ-k/
/an + kɛ/ → /aŋkɛ/ (안개)
/tan + kam/ → /taŋkam/ (단감)
/non + kwa/ → /noŋka/ (논과)

③ 입술 - 뒤혀
ㄱ. /p-k/ → /k-k/
/pap + kɨlis/ → /pakkɨlɨk/ → /pakkʼɨlɨk/ (밥그릇)
/ip + kasim/ → /ikkasim/ → /ikkʼasim/ (입가심)
/tʃip + kɛ/ → /tʃikkɛ/ → /tʃikkʼɛ/ (집개)
ㄴ. /m-k/ → /ŋ-k/
/kam- + -kita/ → /kɛmkita/ → /kɛŋkita/ → /kɛŋkʼita/
(감기다)
/tam- + -ka/ → /taŋka/ (담가)

이 규칙은 '일곱끝소리 되기'에 뒤따르며, 이 지역어에서는 보편적, 필연적34)이다.

---

34) 이병근(1977), 허웅(1985)에서는 이 규칙을 임의적이라고 주장하였는데, 이는 어디까지나 표준어를 대상으로 한 것일 뿐이다. 그러나 이 지역어에서는 거의 예외 없이 이 규칙이 실현되며, 말할이의 의도도 거의 개입되지 않는다. 한편, 지역어를 대상으로 한 연구에 있어서 각 지역어에 따라 임의적인 것과 필연적인 것으로 주장이 엇갈리고 있는데, 진주지역어를 대상으로 한 김형춘 (1994)에서는 임의적인 것으로 보고 있고, 구례지역어를 대상으로 한 이승재 (1980)에서는 필연적인 것으로 보고 있다.

3.2.2. 줄임[35]

(1) 반홀소리 되기

성절 홀소리가 반홀소리가 되어 뒤의 홀소리와 한 음절이 되는 일이 있다. 이를 '반홀소리 되기' 규칙[36]이라 한다. 그 구체적인 현상은 다음과 같다.

① /ɨ/ → /ʲ/

ㄱ. /t'ɨ- + -ita/ → /ʲt' ita/ → /t'i:ta/ (띠다)
　 /s'ɨ- + -ita/ → /ʲs' ita/ → /s'i:ta/ (씌다)
　 /tʰɨ- + -ita/ → /ʲtʰ ita/ → /tʰi:ta/ (틔다)

ㄴ. /t'ɨ- + -ə/ → /t'ə/ (떠)
　 /s'ɨ- + -ə/ → /s'ə/ (써)
　 /tʰɨ- + -ə/ → /tʰə/ (터)

---

35) '줄임'이란 두 음소가 한 음소로, 또는 두 음절이 한 음절로 줄어드는 현상을 말한다. 이 역시 발음의 편의로 말미암은 것이다.

36) '반홀소리 되기' 규칙을 서보월(1984)에서는 용언의 줄기끝 홀소리 /i, u, o/ 가 씨끝 /a, ə/와 결합할 때 /i/는 /j/, /u, o/는 /w/로 바뀌는 현상으로 규정하면서 '활음화 현상'으로 명명하였다. 그리고 이 현상은 줄기끝 홀소리와 씨끝홀소리의 연결에서 두 개의 홀소리가 독립적인 음절로 나타날 수 없는 제약에 의한 것으로 보고 있다. 이러한 견해는 그 타당성이 인정된다. 다만, 이 글에서는, 이 지역어에 있어서 용언의 줄기끝 홀소리 /ɨ/와 씨끝 /i/가 결합할 때에도 '반홀소리 되기'가 나타나는 점을 주목하여 이 경우까지를 포함하여 논의하고자 한다. 그리고 '반홀소리 되기'는 그 자체로 그치지 않고 대부분의 경우에 '반홀소리 없애기 → 홑홀소리 되기' 또는 '축약 → 홑홀소리 되기'로 더 진행되는데, 이는 발음의 편의로 말미암은 것이므로 이 글에서는 '반홀소리 되기' 규칙을 음소의 가로 체계의 제약성에 의한 변동에 넣지 않고, 발음의 편의를 위한 자연적인 경향에 말미암은 변동에 넣어 기술하고자 한다.

② /i/ → /j/

ㄱ. /tʃi- + -əsə/ → /tʃjəsə/ → /tʃəsə/ (지어서)
/tʃi- + -əsə/ → /tʃjəsə/ → /tʃəsə/ (살이 뚱뚱해져서)

ㄴ. /pʰi- + -əto/ → /pʰjəto/ → /pʰE:to/ → /pʰi:to/ (피어도)
/tʃi- + -əto/ → /tʃjəto/ → /tʃE:to/ → /tʃi:to/ (틈새에 끼어도)

ㄷ. /t'Eli- + -əto/ → /t'Eljəto/ → /t'ElEto/ → /t'Elito/ (때려도)
/tatʃʰi- + -əto/ → /tatʃʰjəto/ → /tatʃʰEto/ (다쳐도)

③ /u/ → /w/

ㄱ. /tʃʰu- + -əla/ → /tʃʰwəla/ → /tʃʰə:la/ (춤춰라)
/k'u- + -əla/ → /k'wəla/ → /k'ə:la/ (꿈 꿔라)

ㄴ. /tu- + -əla/ → /twəla/ → /to:la/ (장기 두어라)
/tʃu- + -əla/ → /tʃwəla/ → /tʃo:la/ (주어라)

ㄷ. /p'usu- + -ala/ → /p'uswala/ → /p'usa:la/ (부숴라)
/kak'u- + -ala/ → /kak'wala/ → /kak'a:la/ (가꿔라)

ㄹ. /pEu- + -ala/ → /pEwala/ → /pEala/ (배워라)

④ /o/ → /w/

ㄱ. /po- + -ato/ → /pwato/ → /pa:to/ (봐도)
/k'o- + -ato/ → /k'wato/ → /k'a:to/ (엿 고아도)

ㄴ. /noh- + -ato/ → /noato/ → /nwato/ → /na:to/ (놓아도)

ㄷ. /tʃoh- + -ato/ → /tʃo:ato/ (좋아도)

위에서 보듯이, 이 지역어에서는 용언의 줄기끝 홀소리 /i/는 씨끝 /i/와 결합할 때에는 반홀소리 /i̯/로 실현된다. 하지만, 형태소 경계에서 형성된 반홀소리 /i̯/는 이 지역어에서 닿소리 뒤에 겹홀소리가 놓이지 않는 제약에 의해 없어진 후 보상적 장음화가 발생한다(①의 ㄱ). 이는 용언의 줄기끝 홀소리 /i/라 할지라도 씨끝 /i/가 아닌, /ə/와 결합할 때에는 반홀소리 /i̯/로 실현되지 않고, '/i/ 없애기'37)로 실현되는 것(①의 ㄴ)과는 다른 현상이다. 한편, 용언의 줄기끝 홀소리 /i/는 씨끝 /ə/와 결합하면 반홀소리 /j/로 실현된다(②). 그런 후 반홀소리 /j/가 없어져서 홑홀소리로 되거나38)(②의 ㄱ), '축약'39) 후 다시 '/E/ → /i/'40)의 적용을 받아 홑홀소리 /i/로 실현된다(②의 ㄴ). 이는 수의

---

37) 줄기 끝의 /i/는 씨끝 /ə/ 앞에서 없어진다. 이를 '/i/ 없애기'라 한다. 이에 대한 자세한 논의는 이 글의 '3.2.3. 없앰' 가운데 '(1) /i/ 없애기' 참조.
38) 반홀소리 /j/가 없어져서 홑홀소리로 되는 까닭은, 이 지역어에 있어서 닿소리 뒤에는 겹홀소리가 나타나지 않는 제약에 의한 것이다.
39) 형태소 경계에서 '반홀소리 되기'로 형성된 겹홀소리는 닿소리 뒤에 나타날 수 없는 제약으로 인해 '반홀소리 없애기'로 홑홀소리로 되거나 '축약'되어 표면형에 나타난다. 이 글에서의 '축약'이란, 용언의 활용에서 겹홀소리가 '반홀소리 없애기'를 거치지 않고 별개의 홑홀소리로 되는 현상을 말하는 것으로, 줄기끝 홀소리 /i/와 씨끝 /ə/가 연결될 때 형성된 겹홀소리 /jə/가 /E/로 축약되는 경우와 줄기끝 홀소리 /u/와 씨끝 /ə/가 연결될 때 형성된 겹홀소리 /wə/가 /o/로 축약되는 경우가 있다. 이와 같은 겹홀소리의 축약은 '반홀소리 없애기'와 수의적 변동으로 나타난다. '축약'에 대한 자세한 논의는 서보월 (1984) 참조.
40) '/E/ → /i/'는 경상 방언에서 보편적으로 나타나는 '높은홀소리 되기' 현상으로서 이 지역어에서도 두드러지게 나타난다. 이 현상은 형태소 내부에서나 형태소 경계에서 모두 실현되는데 형태소 내부에서의 현상은 통시적으로 굳어진 것이며, 형태소 경계에서의 현상은 공시적인 변동이다. 이 현상은 이 지역어에서 줄기의 음절 수와 관계 없이 실현되는 것이 특징이다. 이는 같은 경상 방언일지라도 1음절줄기에 국한되어 일어나는 월성 지역어와는 다른 현상이다. 월성 지역어에 있어서의 '/E/ → /i/' 현상에 대한 논의는 최명옥

적이며, 줄기의 음절 수와 관계 없이 전반적으로 일어난다(②의 ㄷ). 용언의 줄기끝 홀소리 /o/나 /u/에 있어서도 앞에서 진술한 현상이 그 대로 드러나는데, 즉 용언의 줄기끝 홀소리 /o, u/는 씨끝 /ə, a/와 반홀소리 /w/로 실현되는 것이 그것이다(③과 ④). 그런 후 반홀소리 /w/가 없어져서 홑홀소리로 되거나(③의 ㄱ, ④의 ㄱ), '축약' 후 홑홀소리로 실현된다(③의 ㄴ). 이는 /i/에서와 마찬가지로 수의적이며, 줄기의 음절 수와도 역시 관계 없이 일어난다(③의 ㄷ). 특이한 것은, '반홀소리 되기' 후에 닿소리가 선행되지 않는데도 반홀소리가 없어져서 홑홀소리로 되는 현상이 있으며(③의 ㄹ), 줄기끝닿소리가 /h/인 경우, '/h/ 없애기 → 반홀소리 되기 → 반홀소리 없애기'가 적용되는 경우(④의 ㄴ)와 '/h/ 없애기'만 일어나고 '반홀소리 되기'는 실현되지 않는 경우(④의 ㄷ)도 있다는 점이다. 이 규칙은 이 지역어에서 대체로 보편적, 필연적이다.

(2) 거센소리 되기

거센소리의 짝이 있는 약한소리에 /h/가 이어나면 거센소리로 줄어지는 현상이 있다. 이 현상을 '거센소리 되기' 규칙[41]이라 한다. 그 구

(1982) 참조.

41) '거센소리 되기' 규칙은 음절끝의 /k, t, p, tʃ/에 뒤음절의 /h/가 연결될 때 '줄임'에 의해 /kʰ, tʰ, pʰ, tʃʰ/로 되는 것과 음절끝의 /h/에 뒤음절 첫닿소리 /k, t, p, tʃ/가 연결될 때, 먼저 '/h/ 끝소리 자리 바꾸기'가 실현된 후 다음으로 '줄임'이 적용되어 /kʰ, tʰ, pʰ, tʃʰ/로 되는 것이 있다. 특히, 전자의 경우는 음절끝소리가 /k, t, p/인 경우 음절끝소리와 뒤음절의 /h/ 사이에 음절끝소리가 덧난 후, 덧난 음절끝소리와 /h/가 '줄임'에 의해 거센소리로 되는 특징이 있다. 이는 이 지역어의 특징이다. 반면, 후자의 경우는 표준어와 마찬가지로 '줄임'에 의한 '거센소리 되기'로만 실현된다. 만약, 후자 역시 '덧나기' 후 '줄임'에 의한 '거센소리 되기'로 실현된다면 이 지역어의 '거센소리 되기'

체적인 현상은 다음과 같다.

① /k/ + /h/ → /kʰ/
/tʃʰak- + -hata/ → /tʃʰakkhata/ → /tʃʰakkʰata/ (착하다)
/mək- + -hinta/ → /məkkhinta/ → /məkkʰinta/ (먹힌다)
/t'ək + -hako/ → /t'əkkhako/ → /t'əkkʰako/ (떡하고)

② /t/ + /h/ → /tʰ/
/kat- + -hita/ → /katthita/ → /kattʰita/ → /kattʃʰita/ (갇히다)
/mat + hjəŋ/ → /matthjəŋ/ → /mattʰjəŋ/ → /mattʰəŋ/ (맏형)
/k'ɛk'is- + -hata/ → /k'ɛk'ithata/ → /k'ɛk'itthata/ → /k'ɛk'i
ttʰata/ (깨끗하다)

③ /p/ + /h/ → /pʰ/
/tʃop- + -hita/ → /tʃopphita/ → /tʃoppʰita/ (좁히다)
/kip- + -hi/ → /kipphi/ → /kippʰi/ (급히)
/pap + -hanta/ → /papphanta/ → /pappʰanta/ (밥한다)

④ /tʃ/ + /h/ → /tʃʰ/
/antʃ- + -hita/ → /antʃʰita/ (앉히다)
/əntʃ- + -hita/ → /əntʃʰita/ (얹히다)

현상은 '덧나기' 항목에 넣어서 기술되어야 할 것이다. 그러나 '덧나기'가 전 자에만 그치므로 이 글에서는 '덧나기' 후의 '줄임'에 역점을 두어서 '줄임'에 넣어 기술하고자 한다.

⑤ /h/ + /k/ → (/k/ + /h/) → /kʰ/

/noh- + -kE/ → (/nokhE/) → /nokʰE/ (놓게)

/noːlah- + -ko/ → (/noːlakho/) → /noːlakʰo/ (노랗고)

⑥ /h/ + /t/ → (/t/ + /h/) → /tʰ/

/tʃitalah- + -ta/ → (/tʃitalatha/) → /tʃitalatʰa/ (기다랗다)

/tʃatʃanh- + -ta/ → (/tʃatʃantha/) → /tʃatʃantʰa/ (잘다)

⑦ /h/ + /tʃ/ → (/tʃ/ + /h/) → /tʃʰ/

/noh- + -tʃi/ → (/notʃhi/) → /notʃʰi/ (놓지)

/nolah- + -tʃi/ → (/nolatʃhi/) → /nolatʃʰi/ (노랗지)

위의 ①~④는 이 규칙이 그대로 적용된 경우이고, ⑤~⑦은 이 규칙이 '/ㅎ/ 끝소리 자리 바꾸기'에 뒤따르는 경우이다. 그리고 ②의 '/kʼEkʼishata/ → /kʼEkʼittʰata/에서 보듯이, 이 규칙은 '일곱끝소리 되기'에도 뒤따른다. 이 규칙은 표준어에서는 보편적, 필연적이지만 이 지역어에서는 보편적, 임의적42)이다.

---

42) 이 지역어에서 /paphanta/, /tʼəkhanta/, /kophanta/, /moshanta/ 등은 각각 /pappʰanta/~/papanta/, /tʼəkkʰanta/~/tʼəkanta/, /kʼoppʰanta/~/kʼopanta/, /mottʰanta/~/mohanta/~/monhanta/로 실현된다. 이러한 현상은 비록 힘을 더 들이더라도 말의 표현을 똑똑하게 하려는 말할이의 의도와 오히려 발음을 편하게 해보려는 말할이의 의도가 작용한 것에 따른 것이다. 아직까지는 그 우세를 말할 수는 없으나 최근 이 지역어의 발음은 후자 쪽으로 기울어지는 듯하다. 이에서 보듯이, '거센소리 되기' 현상은 이 지역어에서 임의적인 것이다.

3.2.3. 없앰

(1) /ɨ/ 없애기

줄기 끝의 /ɨ/는 /ə/ 씨끝 앞에서 없어진다. 이를 '/ɨ/ 없애기' 규칙[43]
이라 한다. 그 구체적인 현상은 다음과 같다.

① /kʰɨ- + -əto/ → /kʰəto/ (커도)
   /sʼɨ- + -əto/ → /sʼəto/ (써도)
   /pʰɨ- + -əto/ → /pʰəto/ (퍼도)

② /puli- + -əto/ → /pulləto/ (불러도)
   /hɨli- + -əto/ → /hilləto/ (흘러도)
   /nəli- + -əto/ → /nəlləto/ (널러도)

③ /papʼɨ- + /-to/ → /papʼəto/ → /papʼato/ (바빠도)
   /apʰɨ- + -əto/ → /apʰəto/ → /apʰato/ (아파도)
   /tali- + -əto/ → /talləto/ → /tallato/ (달라도)
   /kali- + -əto/ → /kalləto/ → /kallato/ (갈라도)

---

43) '/ɨ/ 없애기' 규칙은 홀소리의 연속적인 연결, 즉 '홀소리 부딪침'을 피하려는
경향에 말미암은 것이다. 언어마다 음절 구조에 다소 차이가 있긴 하지만,
대부분의 언어에서 가장 자연스럽게, 보편적으로 존재하는 음절 구조는 CV
형이다(Sloat, Taylor, Hoard, 1987). 따라서 홀소리로 끝난 음절에 홀소리로
시작되는 음절이 이어지면 CV 구조가 깨어지고, 음절 구조가 부자연스러워
진다. 이로 인해 인접음끼리 자연스러운 관계를 유지하기 위해 서로 부단한
간섭이 이루어지는데 '홀소리 부딪침'을 피하려는 노력도 이러한 간섭의 일종
이라 할 수 있다. 홀소리 부딪침(Hiatus)과 관련한 논의는 김영태(1966), 김
형규(1962), 나병곤(1961), 유재원(1985), 이병근(1978), 이숭녕(1947, 1954),
최윤현(1990), 한영균(1988) 참조.

①은 '/ɨ/ 없애기' 규칙이 그대로 적용된 경우이고, ②는 '/ɨ/ 없애기' 규칙의 적용과 함께 /l/가 덧난 경우이며, ③은 '/ɨ/ 없애기' 규칙 적용 후 '홀소리 어울림'이 뒤따른 경우이다. 이 지역어에서 이 규칙은 한정적[44], 필연적이다.

(2) 고룸소리 /ɨ/ 없애기

씨끝 첫소리에 오는 고룸소리 /ɨ/는 줄기끝 홀소리 뒤에서, 또는 줄기끝 닿소리 /l/ 뒤에서 없어진다. 이를 '고룸소리 /ɨ/ 없애기' 규칙[45]이라 한다. 그 구체적인 현상은 다음과 같다.

① /sa- + -ɨman/ → /saman/ (사면)
 /po- + -ɨman/ → /poman/ (보면)
 /ki- + -ɨman/ → /kiman/ (기면)
 /k'u- + -ɨman/ → /k'uman/ (꾸면)

② /nol- + -ɨma/ → /nolma/ →/noːma/ (놀면)
 /ul- + -ɨma/ → /ulma/ →/uːma/ (울면)
 /p'al- + -ɨma/ → /p'alma/ → /p'aːma/ (빨면)

①은 홀소리 뒤에서 고룸소리 /ɨ/가 없어진 경우이고, ②는 흐름소리

---

44) 이 지역어에서 /tʃʰilita/, /ilita/, /pʰulita/, /nulita/ 등은 /ə/ 씨끝과 결합하면 각각 /tʃʰililə/, /ililə/, /pʰulilə/, /nulilə/로 실현된다. 따라서 이 지역어에서 '/ɨ/ 없애기' 규칙은 이상의 예는 제외되기 때문에 한정적인 현상이 된다.
45) '고룸소리 /ɨ/ 없애기' 규칙도 '홀소리 부딪침 회피'의 일종이라고 할 때, 홀소리와 홀소리 사이에서 일어나야 정상이다. 그런데 '/l/' 뒤에서도 이러한 규칙이 적용됨은 특이한 사실이다.

/l/ 뒤에서 고룸소리 /ɨ/가 먼저 없어진 후, '/l/ 없애기' 규칙46)이 이어서 적용되고, '/l/ 없애기'로 인한 보상적 장음화가 실현된 경우이다. 이 규칙은 이 지역어에서 보편적, 필연적이다.

(3) /ə/ 없애기

씨끝 처음의 /ə/는 줄기끝 홀소리 /a, ə, E/ 뒤에서 없어지는 일이 있다. 이를 '/ə/ 없애기' 규칙47)이라 한다. 그 구체적인 현상은 다음과 같다.

① /sə- + -əsə/ → /səsə/ (서서)
  /s'ə- + -əsə/ → /s'əsə/ (불 켜서)
  /kə:nnə- + -əsə/ → /kə:nnəsə/ → /kə:nnEsə/ (건너서)

② /ka- + -əsə/ → /kaasə/ → /kasə/ (가서)
  /sa- + -əsə/ → /saasə/ → /sasə/ (사서)
  /tʃa- + -əsə/ → /tʃaasə/ → /tʃasə/ (자서)
  /tʰa- + -əsə/ → /tʰaasə/ → /tʰasə/ (타서)

③ /k'E- + -əsə/ → /k'E:sə/ (잠 깨서)

---

46) '/l/ 없애기' 규칙은 이 지역어에서 보편적, 필연적 현상이다. 표준어에서는 주로 /n, p, s, o/로 시작하는 씨끝이나 매김씨끝 /ɨl/ 앞에서 '/l/ 없애기'가 실현되지만, 이 지역어에서는 /k, t, l, m, tʃ/로 시작하는 씨끝 앞에서도 '/l/ 없애기'가 실현되는 특징이 있다.

47) '/ə/ 없애기' 규칙을 서보월(1984), 이동화(1984), 조신애(1985) 등은 '동음삭제'로 설명하고 있다. 줄기끝 홀소리 /a, ə/에 씨끝 /a, ə/의 연결이 이뤄지면 어느 하나가 삭제되는 현상에 주목했기 때문이다. 그러나 '동음삭제'로 논의할 경우, 줄기끝 홀소리 /E/ 아래에서 /ə/가 없어지는 현상은 설명할 길이 없다. 따라서 이 글에서는 포괄적으로 '/ə/ 없애기' 규칙으로 기술하고자 한다.

/sE- + -əsə/ → /sE:sə/ (물 새서)

/pʰokE- + /əsə/ → /pʰokE:sə/ (손 포개서)

위의 ①은 줄기끝 홀소리 /ə/ 뒤에서 씨끝 처음의 /ə/가 없어진 것이고, ②는 줄기끝 홀소리 /a/ 뒤에서 씨끝 처음의 /ə/가 '홀소리 어울림'에 의해 '/a/'로 실현된 후 /a/가 없어진 것[48])이고, ③은 줄기 끝 홀소리 /E/ 뒤에서 씨끝 처음의 /ə/가 없어진 것이다. 이 규칙은 이 지역어에서 보편적, 필연적이다.

(4) 반홀소리 없애기

형태소 경계[49])에서 형성된 반홀소리 /i̯, j, w/ 등은 이 지역어에서 닿소리 뒤에 겹홀소리가 놓이지 않는 제약에 의해 없어진다. 이 규칙을 '반홀소리 없애기'[50])라 한다. 그 구체적인 현상은 다음과 같다.

---

48) '/ə/ 없애기'에 있어서 문제가 되는 것은 줄기끝 홀소리와 씨끝 홀소리 중 어느 것이 없어졌는지 불분명하다는 사실이다. 이에 대해 최명옥(1982), 서보월(1984) 등에서는 용언의 활용에 있어 대부분의 줄기끝 홀소리가 씨끝 홀소리보다 음운론적 강도가 약하다는 근거를 들어 줄기끝 홀소리가 없어지는 것으로 보고 있으며, 조신애(1985), 이동화(1984)에서는 국어의 음절 구조상 줄기가 씨끝보다 기능부담량(functional load)이 큰 것으로 봐서 씨끝 홀소리가 없어지는 것으로 보고 있다. 한편, 허웅(1985)에서는 원인 고찰 없이 씨끝 홀소리가 없어지는 것으로 보았다. 이 글에서는 씨끝 홀소리가 없어지는 것으로 보고자 한다. 그 이유는 줄기끝 홀소리 /E/ 뒤에서 씨끝 /ə/가 없어지는 것을 최명옥(1982), 서보월(1984)에서의 견해로는 설명하는데 한계가 있기 때문이다.

49) 형태소 경계, 좀더 구체적으로 말해 줄기끝 홀소리와 씨끝 홀소리가 결합하는 과정에서 생긴 반홀소리만 공시적인 현상이므로 이 글의 논의 대상이 된다. 그러나, 형태소 내에서의 '반홀소리 없애기'는 공시적 현상이 아닌, 통시적 현상이므로 이 글의 논의 대상에서 제외한다.

50) 허웅(1985)에서는 갈이소리와 붙갈이소리에 반홀소리 /j/가 이어날 때에는

① /ɨ/ 없애기

/tˈɨ- + -ita/ → /tˈ ita/ → /tˈiːta/ (띄다)

/sˈɨ- + -ita/ → /sˈ ita/ → /sˈiːta/ (씌다)

/tʰɨ- + -ita/ → /tʰ ita/ → /tʰiːta/ (틔다)

② /j/ 없애기

ㄱ. /tʃi- + -əto/ → /tʃjəto/ → /tʃəto/ (지어도)

/tʃˈi- + -əto/ → /tʃˈjəto/ → /tʃˈəto/ (찌어도)

/tʃʰi- + -əto/ → /tʃʰjəto/ → /tʃʰəto/ (치어도)

ㄴ. /pipi- + -əla/ → /pipjəla/ → /pipEla/ → /pipila/ (비벼라)

/tˈEŋki- + -əla/ → /tˈEŋkjəla/ → /tˈEŋkEla/ → /tˈEŋkila/ (당겨라)

/tatʃʰi- + -əsə/ → /tatʃʰjəsə/ → /tatʃʰEsə/ (다쳐서)

/tˈutɨli- + -əto/ → /tˈutɨljəto/ → /tˈutɨlEto/ → /tˈutɨlito/ (두드려도)

/kitali- + -əto/ → /kitɨljəto/ → /kitɨlEto/ → /kitɨlito/ (기다려도)

/j/가 없어지는 것에 주목하여 이러한 현상을 '반홀소리 /j/ 없애기'로 체계화하였다. 이 경우 '반홀소리 /w/ 없애기'나 '반홀소리 /ɨ/ 없애기'는 논의 대상이 되지 못하며, 또한 이 글의 '3.2.2. 줄임, (1) 반홀소리 되기'와도 유기적인 관계에 놓이지 못하는 문제점이 있다. 그래서 이 글에서는 '반홀소리 없애기' 규칙으로 체계화하고자 한다. 이는 언어 현상을 합리적으로 규명하기 위해서는 타당성과 일관성을 지니는 기준을 설정해서, 언어 현상 전체의 모습을, 전체와 부분, 또는 부분끼리의 관계를 체계화해서 그의 본질을 밝혀야 한다는 권재일(1994)의 주장을 따른 것이다. 체계와 그 기준에 대한 자세한 논의는 권재일(1994) 참조.

③ /w/ 없애기

ㄱ. /tʃu- + -əsə/ → /tʃwəsə/ → /tʃəːsə/ (줘서)
   /tʃʰu- + -əsə/ → /tʃʰwəsə/ → /tʃʰəːsə/ (추워서)
   /k'u- + -əsə/ → /k'wəsə/ → /k'əːsə/ (꿔서)
   /po- + -asə/ → /pwasə/ → /paːsə/ (봐서)
   /noh- + -asə/ → /noasə/ → /nwasə/ → /naːsə/ (놓아서)

ㄴ. /kak'u- + -əsə/ → /kak'wasə/ → /kak'aːsə/ (가꿔서)
   /t'iu- + -əsə/ → /t'iwasə/ → /t'iaːsə/ (띄워서)
   /p'usu- + -əsə/ → /p'uswasə/ → /p'usaːsə/ (부숴서)

ㄷ. /pEu- + -əsə/ → /pEwasə/ → /pEasə/ (배워서)

위에서 보듯이, '/ɨ/ 없애기'의 경우에는 /ɨ/가 없어진 후 보상적 장음화가 발생한다[51](①). 그리고 '/j/ 없애기'의 경우에는 줄기의 음절 수에 따라 그 양상을 달리하는데, 즉 1음절 줄기 뒤에서는 /j/가 없어진 후 '홑홀소리 되기'가 실현되나(②의 ㄱ) 2음절 이상의 줄기 뒤에서는 '축약(→/jə → E/)' 후 '홑홀소리 되기'가 실현된다(②의 ㄴ). '/j/ 없애기'에서는 '/ɨ/ 없애기'나 '/w/ 없애기'와는 달리 반홀소리 없애기 후의 보상적 장음화는 발생하지 않는 특징도 있다. 한편 '/w/ 없애기'의 경우에는 '/j/ 없애기'와는 달리 줄기의 음절 수와 관계없이 '/w/ 없애기 → 보상적 장음화'의 과정을 거친다(③의 ㄱ, ㄴ). 그리고 '/w/ 없

---

[51] 이에 대해, 줄기끝 홀소리 /ɨ/가 곧바로 탈락한 것이 아닌가 하고 반문할 수도 있다. 그러나 줄기끝 홀소리 /ɨ/가 곧바로 탈락할 경우, 보상적 장음화가 일어날 수 없음을 고려할 때, 이는 어디까지나 '반홀소리 되기'와 '반홀소리 없애기'가 순차적으로 적용된 것이라 하겠다.

애기'에서 주목할 만한 것은 닿소리가 선행하지 않을 때에도 '/w/ 없애기'가 실현되는 예가 있다는 것이다(③의 ㄷ).

표준어에서는 ②의 ㄴ과 같은 '축약' 현상이 일어나지 않으며, 주로 갈이소리나 붙갈이소리 뒤에서 '반홀소리 되기'가 실현되나 이 지역어에서는 '/j/ 없애기'와 '축약'이 수의적 관계에 놓이는 점, 그리고 /p/, /k/와 같은 '터짐소리' 뒤에서도 실현되는 점이 특징이다. 이 규칙은 이 지역어에서 필연적, 보편적이다.

(5) /l/ 없애기

풀이씨 줄기의 끝소리 /l/는 닿소리 /k, n, t, l, m, p, s, tʃ/로 시작하는 씨끝이나 홀소리 /o/로 시작하는 씨끝과 결합할 때 없어진다. 이를 '/l/ 없애기' 규칙52)이라 한다. 그 구체적인 현상은 다음과 같다.

① /saːl- + -ko/ → /saːko/ (살고)
　/saːl- + -ni/ → /saːni/ (사니)
　/saːl- + -tɨla/ → /saːtɨla/ (살드라)
　/saːl- + -lakˀo/ → /saːlakˀo/ (살라고)
　/saːl- + -mjEn/ → /saːmEn/ (살면)
　/saːl- + -so/ → /saːso/ (사소)

---

52) 조신애(1985)에서는 /n, s, t, tʃ/로 시작하는 씨끝과 줄기끝소리 /l/의 결합과정에서 /l/가 의무적으로 삭제되는 것을 '/l/ 없애기'로 보고 있으며, 서보월(1997)에서는 /k, n, s, tʃ, o/로 시작하는 씨끝과의 결합과정에서의 /l/ 탈락을 살피고 있는 것으로 보아, /k, n, s, tʃ, o/로 시작하는 씨끝과 줄기끝소리 /l/의 결합에서 /l/가 탈락하는 일반적인 현상을 '/l/ 없애기'로 보고 있는 듯하다. 그러나 이 글에서 입증되듯이, 이 지역어에서의 '/l/ 없애기' 규칙의 적용 범위는 훨씬 더 넓다.

/saːl- + -tʃi/ → /saːtʃi/ (살지)

② /saːl- + -o/ → /saːo/ (사오)

③ /noːl- + -ɨni/ → /noːlni/ → /noːni/ (노니)
/tɨl- + -ɨni/ → /tɨlni/ → /tini/ (들으니)
/saːl- + -ɨni/ → /saːlni/ → /saːni/ (사니)
/aːl- + -ɨni/ → /aːlni/ → /aːni/ (아니)

위에서 보듯이, 이 지역어에서는 표준어에서[53]와 달리 /k, t, l, m, t
ʃ/로 시작하는 씨끝 앞에서도 /l/가 없어지는 특징이 있다(①). 그리고
홀소리 /o/로 시작하는 씨끝 앞에서의 /l/ 없어짐은 표준어와 마찬가
지임을 알 수 있다(②). 이 규칙은 '고룸소리 /ɨ/ 없애기'에 뒤따르며
(③), 이 지역어에서는 보편적, 필연적이다.

(6) /s/ 없애기

풀이씨 가운데는, 줄기의 끝소리 /s/가 홀소리 사이에서 없어지는
것이 있다. 이를 '/s/ 없애기' 규칙[54]이라 한다. 그 구체적인 현상은 다

---

53) 허웅(1985)에 의하면, 표준어에서의 '/l/ 없애기'는 씨끝 /n, p, s, o/와 매김
꼴 씨끝 /ɨl/ 앞에서 한정적으로 적용되는 필연적, 한정적 규칙이다.

54) '/s/ 없애기' 규칙에 대한 기존의 입장은 불규칙현상으로 보려는 것과 규칙현
상으로 보려는 것으로 대별된다. 전자의 입장은, 전통적 견해로서, 김승곤
(1996), 남기심·고영근(1989), 허웅(1985)에 의해 지지되며, 후자의 입장은
생성음운론에 바탕을 둔 견해로서 김진우(1971), 이병건(1976)에 의해 지지된
다. 이 글에서는 'ㅅ' 불규칙 활용의 생성음운론적 해석에 대한 문제점을 지
적한 최명옥(1982)의 견해를 받아들여, '/s/ 없애기' 규칙을 '/s/ 불규칙 활용'
의 개념으로 쓰고자 한다. '/s/ 없애기' 규칙에 대한 두 입장 차이의 개략적

음과 같다.

①

ㄱ. /kɨːs- + -əto/ → /kɨːto/ (그어도)

/naːs- + -ato/ → /naːto/ (나아도)

ㄴ. /sʼis- + -əto/ → /sʼiːto/ (씻어도)

②

ㄱ. /is- + -əto/ → /isaːto/ (이어도)

/tʃəːs- + -əto/ → /tʃəsəto/ (저어도)

/tʃas- + -ato/ → /tʃasato/ (자아도)

/tʃis- + -əto/ → /tʃisəto/ (지어도)

ㄴ. /pəs- + -əto/ → /pəsəto/ (벗어도)

/pʼis- + -əto/ → /pʼisəto/ (빗어도)

/pʼEas- + -ato/ → /pʼEsato/ (빼앗아도)

/sos- + -ato/ → /sosato/ (솟아도)

/uːs- + -əto/ → /usəto/ (웃어도)

위에서 보듯이, 이 지역어에서는 '/s/ 없애기' 규칙이 적용되는 것(①)보다 적용되지 않는 것(②)이 훨씬 많다. 이는 아마 다른 말과의 의미 변별 때문에 공깃길 닮기를 하지 않아서 '/s/ 없애기'를 하지 않은 듯하다[55] (김승곤 1996:529). 한편, 이 규칙을 표준어와 비교해 보

소개는 남기심 · 고영근(1989) 참조.

55) 김승곤(1996)에서는 '빗다'를 예를 들어 설명하고 있다. '빗다'가 '비어서'로 되면 '그릇이 비어서' 할 때의 '비어서'와 혼동될 염려가 있어서 '빗다'는 '/s/ 없

면, 이 지역어와 표준어에 똑같이 실현되는 것은 단 둘 뿐이며(①의 ㄱ), 이 지역어에는 실현되나 표준어에서는 실현되지 않는 것은 단 하나이고(①의 ㄴ), 이 지역어에서는 실현되지 않으나 표준어에서는 실현되는 것(②의 ㄱ)과, 이 지역어와 표준어에 모두 실현되지 않는 것은 여러 개 있다(②의 ㄴ). 이러한 통계는 표준어에서 '/s/ 없애기' 규칙을 보이는 용언은 이 지역어에서도 같은 현상을 보인다는 서보월(1988)과 그 입장을 달리하는 것이다. 또한 이 지역어에는 '/s/ 없애기'가 아예 존재하지 않는 것으로 보는 조신애(1985)와도 그 방법론적 측면을 달리하는 것이다. 이 지역어에서 이 규칙은 한정적, 필연적이다.

(7) /h/ 없애기

풀이씨 가운데는 줄기의 끝소리 /h/가 홀소리 사이에서 없어지되, 줄기끝 홀소리와 씨끝의 첫 /ə/는 한 음절로 주는 것이 있다. 이를 '/h/ 없애기' 규칙56)이라 한다. 그 구체적인 현상은 다음과 같다.

①

  ㄱ. /tʃih- + -ima/ → /tʃiima/ → /tʃi:ma/ (찧으면)

     /p'ah- + -ima/ → /p'aima/ → /p'a:ma/ (빻으면)

     /s'ah- + -ima/ → /s'aima/ → /s'a:ma/ (쌓으면)

애기' 규칙의 적용을 받지 않는다는 것이 그것이다. 한편, 김승곤(1996)에서는 '빗다'처럼 '/s/ 없애기' 규칙의 적용을 받지 않는 것으로 '웃다, 벗다, 빼앗다, 씻다, 솟다, 밧다('바수다'의 준말), 앗다(무명을 앗다)' 등을 들고 있다.

56) 조신애(1985)에서는 '/h/ 없애기' 규칙을 '/h/ 삭제'로 규칙화하면서 이의 범위를 형태소 경계에서 일어나는 것으로 한정하지 않고 형태소 내부에서의 현상까지를 포함하여 다음의 예도 이 규칙의 범주에 넣어서 논의하고 있다. /səlin/(설혼), /aop/(아홉), /kElon/(결혼). 그러나, 형태소 내부에서의 '/h/ 없애기'는 통시적 현상이므로 이 글에서는 논의 대상으로 삼지 않는다.

ㄴ. /kʼamah- + -asə/ → /kʼamaasə/ → /kʼamEsə/ (까매서)

/nolah- + -asə/ → /nolaasə/ → /nolEsə/ (노래서)

/pʼalkah- + -asə/ → /pʼalkaasə/ → /pʼalkEsə/ (빨개서)

② /tʼulh- + -əsə/ → /tʼuləsə/ (뚫어서)

/kʼilh- + -əsə/ → /kʼiləsə/ (끓어서)

/silh- + -əsə/ → /siləsə/ (싫어서)

/maːnh- + -əsə/ → /maːnasə/ (많아서)

위에서 보듯이, 이 지역어에서 '/h/ 없애기' 규칙은 홑받침 /h/(①) 든, 겹받침의 일부인 /h/[57](②)든 모두 실현된다. 그리고 이 규칙은 '고룸소리 /ɨ/ 없애기'에 앞서며[58](①의 ㄱ), '홀소리 어울림'에는 뒤따른다(①의 ㄴ). 그리고 줄기끝 /a/와 씨끝 /a/가 결합할 경우에는 '/E/' 로 축약되는 특징이 있다(①의 ㄴ). 이 규칙은 이 지역어에서 한정적[59]이나 필연적이다.

---

57) 겹받침에서 /h/가 없어지는 까닭은 /h/가 다른 닿소리에 비해 음운론적 강도가 약하기 때문이다. 이에 대한 논의는 이동화(1984) 참조.

58) 표준어의 경우, '/h/ 없애기'에 그치는 반면, 이 지역어에서는 '/h/ 없애기 → 고룸소리 /ɨ/ 없애기 → 보상적 장음화'로 실현된다. 이는 표준어와 확연히 다른 점이다. 이는 서보월(1988)에서 '/h/ 없애기'가 표준어와 같은 현상을 보인다는 견해와 차이가 있는 것이다. 서보월(1988)은 송천동을 조사 지점으로 결과를 얻은 것이긴 하나 송천지역어는 안동지역어의 하위 방언권인 점에 주목할 필요가 있다. 실제 송천지역어에 대한 확인 조사 결과 필자는 '/h/ 없애기'는 이 지역어와 송천지역어가 동일하게 나타나며, 표준어와는 다르다는 점을 발견하였다.

59) 이 지역어에서 /tʃohta/ (좋다)는 '/h/ 없애기' 규칙의 지배를 받지 않는다. 그러므로 이 규칙은 한정적이다.

(8) /(h)a/ 없애기

'하다' 풀이씨 중에는 여러 가지 씨끝 앞에서 /a/가 없어지는 것, 거센소리의 짝이 있는 약한소리 앞에서만 /a/가 없어지는 것, 공깃길 0도의 소리 사이에서 /ha/가 아주 없어지는 것, 뒷가지 '/i/' 앞에서 /a/가 없어지는 것이 있다. 이를 일컬어 '(h)a 없애기' 규칙이라 한다. 그 구체적인 현상은 다음과 같다.

① 여러 가지 씨끝 앞에서 /a/가 없어지는 경우
/tʃələha- + -ni/ → /tʃələhni/ → /tʃələtni/ → /tʃələnni/ → /tʃələi˜/ (저러니)
/iləha- + -na/ → /iləhna/ → /ilətna/ → /ilənna/ (이러니)

② 거센소리의 짝이 있는 약한소리 앞에서 /a/가 없어지는 경우
/hinha- + -ta/ → /hinhta/ → /hintʰa/ (흔하다)
/tantʃʰulha- + -tʃi/ → /tantʃʰulhtʃi/ → /tantʃʰultʃʰi/ (단출하지)

③ 공깃길 0도의 소리 사이에서 /ha/가 아주 없어지는 경우
/sɛŋkakha- + -ta/ → /sɛŋkakta/ → /sɛŋkaktʼa/ (생각하다)
/mosha- + -tʃi/ → /mottʃi/ → /mottʃʼi/ (못하지)

④ 뒷가지 '/i/' 앞에서 /a/가 주는 경우
/əŋkanha- + -i/ → /əŋkanhi/ → /əŋkani/ → /əŋkai˜/ (어지간히)
/tʃojoŋha- + -i/ → /tʃojoŋhi/ → /tʃojoɲi/ → /tʃojoi˜/ (조용히)

이상에서 보듯이, 이 규칙 적용 후 '일곱 끝소리 되기'가 실현될 수 도 있고(①), '거센소리 되기'가 실현될 수도 있으며(②), '된소리 되기' 가 실현될 수도 있고(③), 수의적으로 '콧소리 되기'가 실현될 수도 있 다(④). 그리고 표준어와는 달리 '/(h)a/ 없애기' 실현 후, 울림소리와 울림소리 사이에서 /n, ŋ/가 '콧소리 되기'로 실현된 후, 없어지면서 강한 콧소리를 남기는 것이 이 지역어의 특징이다(④). 이 지역어에서 이 규칙은 한정적60)이고 필연적이다.

(9) /k/ 없애기

임자씨의 끝음절의 첫소리나 끝소리 /k/가 홀소리로 시작하는 자리 토씨와 결합하거나, 풀이씨 줄기 끝음절의 첫소리나 끝소리 /k/와 홀 소리로 시작하는 씨끝이 결합하는 경우 /k/가 없어지는 경우가 있다. 이를 '/k/ 없애기' 규칙61)이라 한다. 그 구체적인 현상은 다음과 같다.

①

ㄱ. /tʃəki + -E/ → /tʃə:/ (저기에)

/jəki + -E/ → /jə:/ (여기에)

ㄴ. /tʃətʃʼok + -E/ → /tʃətʃʼo:/ (저쪽에)

/itʃak + -E/ → /itʃa:/ (이쪽에)

---

60) 이 규칙의 적용을 받지 않는 것을 몇 개만 들면 다음과 같다.
/kahata/, /kanhata/, /kamhata/, /kaŋhata/, /kaŋtʰahata/, /kənsəlhata/,
/koŋpuhata/, /kananhata/, /tʃəŋtʃikhata/ 등

61) '/k/ 없애기' 규칙을 정연찬(1980)에서는 '/k/ 불규칙'으로 보려는 견해를 취 하고 있으며, 이동화(1984)에서는 중세국어에서 /k/가 유성음 사이에서 약화, 삭제되었던 사실이 이 지역어에서 여전히 화석화(relic form) 되어 남아 있는 것으로 보려는 견해를 취하고 있다.

/patak + -E/ → /pata:/ (바닥에)

/k'usək + -E/ → /k'usə:/ (구석에)

②

ㄱ. /mək- + -əto/ → /mə:to/ (먹어도)

/mək- + -iman/ → /mə:man/ (먹으면)

ㄴ. /hEŋku- + -əla/ → /hE:la/ (헹구어라)

/hEŋku- + -əto/ → /hE:to/ (헹구어도)

위에서 보듯이, 임자씨 끝음절의 첫소리 /k/가 홀소리로 시작하는 자리토씨와 결합하든지(①의 ㄱ), 임자씨 끝음절의 끝소리 /k/가 홀소리로 시작하는 자리토씨와 결합하든지(①의 ㄴ), 1음절 풀이씨 줄기 끝소리 /k/가 홀소리로 시작하는 씨끝과 결합하든지(②의 ㄱ), 풀이씨 줄기 끝음절의 첫소리 /k/가 홀소리로 시작하는 씨끝과 결합하면(②의 ㄴ) 이 지역어에서는 /k/가 없어지는 경향이 있다. 하지만 이는 몇몇 어휘에 국한된 한정적 규칙이다. 그렇지만 표준어에서는 나타나지 않는 특징적 현상이다.

3.3. 말의 표현을 똑똑하게 하기 위해서 힘을 더 들이는 데서 일어나는 것

3.3.1. 덧나기

(1) /n/ 덧나기

겹이름씨나 또는 이에 준하는 말에서, 뒷말의 첫소리가 /i, j/일 때는 /n/가 덧나는 일이 있다[62]. 이를 '/n/ 덧나기' 규칙이라 한다. 그 구체적인 현상은 다음과 같다.

① /tʃitʃʰim + jak/ → /tʃitʃʰimnjak/ (기침약)
   /tʃom + jak/ → /tʃomnjak/ (좀약)
   /han + ipul/ → /hannipul/ (겹이불)

② /hopul + ipul/ → /hopulnipul/ → /hopullipul/ (홑이불)
   /mul + jak/ → /mulnjak/ → /mulljak/ (물약)
   /mul + jəs/ → /mulnjət/ → /mulljət/ (물엿)

③ /tʃap + il/ → /tʃapnil/ → /tʃamnil/ (잡일)
   /tʃip + il/ → /tʃipnil/ → /tʃimnil/ (집일)

④ /apʰ + ima/ → /apʰnima/ → /apnima/ → /amnima/ (앞이마)
   /patʰ + il/ → /patʰnil/ → /patnil/ → /pannil/ (밭일)
   /k'otʃʰ + ipʰ/ → /k'otʃʰnipʰ/ → /k'otnip/ → /k'onnip/ (꽃잎)

위의 ②는 '/n/의 /l/ 되기'가 뒤따른 경우이고, ③은 '콧소리 되기'가 뒤따른 경우이며, ④는 '일곱 끝소리 되기'와 '콧소리 되기'가 뒤따른

---

62) 1988년 1월에 문교부 고시 제88-1호로 발표된 '한글 맞춤법' 제4장 제4절 제 30항에서 이를 규정하고 있는 바, 뒷말의 첫소리 모음 앞에서 'ㄴㄴ' 소리가 덧나는 것은 다음과 같다. '도리깻열, 뒷윷, 두렛일, 뒷일, 뒷입맛, 베갯잇, 욧 잇, 깻잎, 나뭇잎, 댓잎, 가욋일, 사삿일, 예삿일, 훗일'. 이상의 것은 앞말이 모두 홀소리로 끝난 것이다. 따라서 이 글에서는 앞말이 닿소리로 끝난 것을 중심으로 살펴보기로 한다.

경우이다. 이 규칙은 이 지역어에서 한정적, 임의적63)이다.

(2) /t/ 덧나기

겹이름씨나 또는 이에 준하는 말에서, 뒷말의 첫소리가 된소리의 짝이 있는 약한소리이거나, 콧소리일 때는 두 말 사이에 /t/가 덧나는 일이 있다. 이를 '/t/ 덧나기' 규칙이라 한다. 그 구체적인 현상은 다음과 같다.

① /kəsiləm + ton/ → /kəsiləm t ton/ → /kəsiləmt'on/ (거스름돈)
/patʰ + tuk/ → /patʰ t tuk/ → /patt'uk/ (밭둑)

② /kʰo + mul/ → /kʰo t mul/ → /kʰonmul/ → /kʰommul/ (콧물)
/hu + nal/ → /hu t nal/ → /hunnal/ (훗날)

③ /pəli + kjə/ → /pəli t kjə/ → /pəlikkjə/ → /pəlikk'jə/ (보리겨)
/tʃəm + paŋ/ → /tʃəm t paŋ/ → /tʃəmppaŋ/ → /tʃəmp'aŋ/
(구멍가게)

④ /i + mom/ → /i t mom/ → /inmom/ → /immom/ (잇몸)
/jaŋtʃʰi + mul/ → /jaŋtʃʰi t mul/ → /jaŋtʃʰinmul/ → /jaŋtʃʰ
immul/ (양칫물)

---

63) 이 지역어에서는 말할이에 따라 다음처럼 실현되기도 한다.
/tʃimnil/ ~ /tʃipil/ (집일), /pannil/ ~ /patil/ (밭일)
/mulljak/ ~ /muljak/ (물약), /nonnil/ ~ /nonil/ (논일)

⑤ /ti + il/ → /tinil/ → /ti t nil/ → /tinnil/ (뒷일)

/noŋsa + il/ → /noŋsanil/ → /noŋsa t nil/ → /noŋsannil/

(농삿일)

위의 ①은 '된소리 되기'가 뒤따르는 경우이고, ②는 '콧소리 되기'가 뒤따르는 경우이며, ③은 '끝소리 자리 옮기기'와 '된소리 되기'가 뒤따르는 경우이고, ④는 '콧소리 되기'와 '끝소리 자리 옮기기'가 뒤따르는 경우이며, ⑤는 '/n/ 덧나기'가 앞선 후 이 규칙이 적용된 경우이다. 이 규칙은 이 지역어에서 한정적이며 임의적64)이다.

(3) 된소리 되기

일반적인 '된소리 되기'에는 '당연한 된소리 되기'와 '당연하지 않은 된소리 되기'가 있다. '당연한 된소리 되기'란 앞음절의 끝소리인 약한 장애성 닿소리 /p, t, k, s, tʃ/가 뒤 음절의 첫소리인 같은 서열의 약한소리인 /p, t, k, s, tʃ/와 만나 /p', t', k', s', tʃ'/로 되는 것을 말한다. '당연하지 않은 된소리 되기'란 앞 음절의 끝소리인 울림 닿소리 /n, l, m, ŋ/가 다른 음절의 첫소리인 약한 장애성 닿소리 /p, t, k, s, tʃ/를 만나 역시 /p', t', k', s', tʃ'/로 되는 것이다. 그 구체적인 현상은 다음과 같다.

① 당연한 된소리 되기
ㄱ. /mək- + -ko/ → /məkko/ → /məkk'o/ (먹고)

---

64) /patʰtuk/, /pəlikjə/, /noŋsail/ 등은 말할이에 따라 다음처럼 실현되기도 한다.

/pat'uk/ ~ /patt'uk/, /pəlitʃə/ ~ /pəlikk'jə/, /noŋsail/ ~ /noŋsannil/

/tit- + -ta/ → /titta/ → /titt'a/ (듣다)

ㄴ. /os + -to/ → /otto/ → /ott'o/ (옷도)
/pap + -to/ → /papto/ → /papt'o/ (밥도)

ㄷ. /t'ək + kuk/ → /t'əkkuk/ → /t'əkk'uk/ (떡국)
/pʰatʰ + tʃuk/ → /pʰattʃuk/ → /pʰattʃ'uk/ (팥죽)

ㄹ. /ip + tam/ → /iptam/ → /ipt'am/ (입담)
/tʃəs + kal/ → /tʃətkal/ → /tʃətk'al/ (젓갈)

② 당연하지 않은 된소리 되기
ㄱ. /an- + -ko/ → /anko/ → /aŋko/ → /aŋk'o/ (안고)
/tam- + -ko/ → /tamko/ → /taŋko/ → /taŋk'o/ (담고)

ㄴ. /pal + -to/ → /palto/ → /palt'o/ (발도)
/mal + -to/ → /malto/ → /malt'o/ (말도)

ㄷ. /t'aŋ + patak/ → /t'aŋpatak/ → /t'aŋp'atak/ (땅바닥)
/namul + pap/ → /namulpap/ → /namulp'ap/ (나물밥)

ㄹ. /nal + koki/ → /nalkoki/ → /nalk'oki/ (날고기)
/nun + pal/ → /nunpal/ → /nunp'al/ (눈발)

위에서 보듯이, 이 지역어에서 당연한 된소리 되기는 '/p, t, k, s, tʃ / + /p, t, k, s, tʃ/의 환경에서는 굴곡(①의 ㄱ), 준굴곡(①의 ㄴ), 합성어(①의 ㄷ), 파생어(①의 ㄹ)에서 실현되며, 당연하지 않은 된소리도 '/n, l, m, ŋ/ + /p, t, k, s, tʃ/ 혹은 '/p, t, k, s, tʃ/ + /n, l, m, ŋ/

의 환경에서 굴곡(②의 ㄱ), 준굴곡(②의 ㄴ), 합성어(②의 ㄷ), 파생어
(②의 ㄹ)에서 실현된다.

한편, 이 규칙은 다음에서 보듯이 '겹받침 줄이기'(③), '일곱 끝소리
되기'(④), '끝소리 자리 옮기기'(⑤), '/t/ 덧나기'(⑥)에 뒤따른다. 이의
구체적인 예는 다음과 같다.

③ /nəks + -to/ → /nəkto/ → /nəkt'o/ (넋도)
/p'alp- + -tʃi/ → /p'altʃi/ → /p'altʃ'i/ (밟지)
/kaps + -to/ → /kapto/ → /kapt'o/ (값도)

④ /k'otʃʰ + patʰ/ → /k'otpat/ → /k'opp'at/ (꽃밭)
/jəpʰ + salam/ → /jəpsalam/ → /jəps'alam/ (옆사람)

⑤ /patʰ + -pota/ → /patpota/ → /pappota/ → /papp'ota/ (밥보다)
/k'otʃʰ + pEm/ → /k'otpEm/ → /k'oppEm/ → /k'opp'Em/ (꽃뱀)

⑥ /tək + tam/ → /təktam/ → /təkt'am/ (덕담)
/samkak + tʃa/ → /samkaktʃa/ → /samkaktʃ'a/ (삼각자)

결론적으로 말해, 표준어에서의 '된소리 되기'[65]는 '동서열 자음 탈
락'[66]이 실현되지만, 이 지역어에서는 오히려 '동서열 자음 덧나기'[67]

---

65) 표준어에서의 '된소리 되기'에 대한 개략적인 논의는 배주채(1996) 참조.
66) '동서열 자음 탈락'이란 최태영(1983)에서 사용한 술어인데, C1C2의 연결체
   에서 C2가 된소리이고 C1이 같은 서열의 닿소리일 경우 C1이 탈락되는 현
   상을 말한다.
67) 이 지역어에서는 '동서열 자음 덧나기'가 실현된다. 몇 가지만 예를 들면 다

가 실현됨이 특징이라 하겠다. 이 규칙은 이 지역어에서 한정적[68]), 필연적이다.

(4) /l/ 겹치기

/l/와 홀소리 사이에 형태소의 경계가 있을 때, /l/가 다음 음절로 이어나지 않고 끝소리로 남을 때에는 /l l/로 겹쳐진다. 이를 '/l/ 겹치기' 규칙이라 한다. 그 구체적인 현상은 다음과 같다.

/hal + il/ → /hallil/ (할 일)
/pol + il/ → /pollil/ (볼 일)
/nallil + jən/ → /nallilnjən/ → /nallilljən/ (날릴 연)
/umul + an/ → /umullan/ (우물 안)

이 규칙은 이 지역어에서 한정적, 임의적이다.

3.4. 음운 변동의 마무리

3.4.1. 변동규칙 일람표

음과 같다.
/mək- + -ko/ → /məkko/ → /məkkko/ → /məkk'o/
/tit- + -ta/ → /titta/ → /tittta/ → /titt'a/
/os + -to/ → /osto/ → /otto/ → /ottto/ → /ott'o/
/t'ək + kuk/ → /t'əkkuk/ → /t'əkkkuk/ → /t'əkk'uk/
68) 이는 '당연하지 않는 된소리'를 포함할 때의 현상이며, 만약 '당연하지 않은 된소리 되기'를 보편적인 '된소리 되기'로 인정하지 않을 경우, 이 지역어의 '된소리 되기'는 보편적인 현상으로도 볼 수 있다.

이상에서 살펴본 이 지역어의 음운 변동과 그 예, 그리고 규칙 사이의 적용 차례를 일목 요연하게 일람표로 제시하면 〈표 8〉과 같다.

〈표 8〉 안동지역어의 변동 규칙 일람표[69]

종류		변 동 규 칙	예	관련 규칙
가로 체계의 제약성	음절 짜임새 맞추기	① 소리 이음	/tʃiləsə/, /məkima/	
		② /h/ 끝소리 자리 바꾸기	/tʃɛtʰa/, /isutʰa/	-(③), -(⑰)
		③ 겹받침 줄이기	/aŋkʼo/, /tʃəˑmtʼa/	(②)-
		④ 일곱 끝소리 되기	/muktʼa/, /tolot/	(②, ③)-
	머리소리 규칙	⑤ /l/ 머리소리 규칙	/noˑin/, /jusu/	
		⑥ /n/ 머리소리 규칙	/jətʃa/, /jənsɛ/	(⑤)-
	닿소리 이어 바뀜	⑦ /n/의 /l/ 되기	/tupullon/, /illin/	
		⑧ /l/의 /n/ 되기	/ətamni/, /juŋno/	(③, ④, ⑦)-
		⑨ 콧소리 되기	/maŋnɛĩ/, /əˑmnɛ/	(③, ④, ⑧)-
발음의 편의성	닮음	⑩ 입천장소리 되기	/patʃʰi/, /iutʃi/	(⑰)-
		⑪ 홀소리 어울림	/ipəto/, /pɛato/	
		⑫ /t/의 공깃길 닮기	/tiləsə/, /siləsə/	
		⑬ /p/의 공깃길 닮기	/musəˑ/, /təˑlə/	(⑪)-
		⑭ /i/의 치닮기	/kilinta/, /ilimi/	
		⑮ 끝소리의 자리 옮기기	/pappʼota/, /kumpul/	
	줄임	⑯ 반홀소리 되기	/tʼə/, /tʃəsə/	
		⑰ 거센소리 되기	/tʼəkkʰako/, /kippʰi/	(②, ③, ④)-
	없앰	⑱ /ɨ/ 없애기	/kʰəto/, /sʼəto/	-(⑪)
		⑲ 고룸소리 /ɨ/ 없애기	/sama/, /kʼuma/	
		⑳ /ə/ 없애기	/səsə/, /sʼəsə/	(⑪)-
		㉑ 반홀소리 없애기	/tʼiˑta/, /sʼiˑta/	(⑯)-
		㉒ /l/ 없애기	/saˑko/, /saˑo/	(⑲)-
		㉓ /s/ 없애기	/naˑto/, /sʼiˑto/	-(⑯, ⑱, ⑲)
		㉔ /h/ 없애기	/tʃiˑma/, /pʼaˑma/	(⑪)-, -(⑲)
		㉕ /(h)a/ 없애기	/ilənna/, /mottʃi/	
		㉖ /k/ 없애기	/tʃəˑ/, /jəˑ/	
표현의 강조	덧나기	㉗ /n/ 덧나기	/pannil/, /mulljət/	-(⑦⑨④), -(㉘)
		㉘ /t/ 덧나기	/pattʼuk/, /hunnal/	(㉗)-, -(㉙⑨⑮)
		㉙ 된소리 되기	/məkkʼo/, /ottʼo/	(③, ④, ⑮)-
		㉚ /l/ 겹치기	/hallil/, /pollil/	

---

69) '관련 규칙'은 번호만으로 나타내며, 그 규칙의 차례는 -( )로 나타낸다. 예를 들면 '-(①)'은 (①)이 뒤따름을 나타낸다.

3.4.2. 음운 변동 현상의 특징

이 지역어의 음운 변동 현상에서 나타난 두드러진 특징을 정리하면 다음과 같다.

(1) '겹받침 줄이기'의 경우, 표준어에서는 /lk, lp, lpʰ/는 각각 /k/, /p/, /pʰ/로 실현되나, 이 지역어에서는 홀소리로 연결되면 /lk/, /lp/, /lpʰ/로, 닿소리로 연결되면 모두 /l/로 실현된다.

　/talk + -i/ → /talki/ (닭이)
　/talk + -to/ → /talt'o/ (닭도)

(2) '/l/ 머리소리 규칙'의 경우, 표준어에서는 서양에서 들여온 말을 소리낼 때 /l/를 그대로 남겨 소리내는 일이 있지만, 이 지역어에서는 이 역시도 '/l/ 머리소리 규칙'의 적용을 받는다.

　/niak'a/ (리어카)
　/natʃio/ (라디오)
　/namEn/ (라면)

(3) '콧소리 되기'의 경우, 겹받침이 /lk, lp, lpʰ/면 표준어와는 달리 이 지역어에서는 '콧소리 되기' 규칙이 적용되지 않는다.

　/hilknE/ → /hilnE/ → /hillE/ (흙내)
　/p'alpnE/ → /p'alnE/ → /p'allE/ (밟네)

(4) '홀소리 어울림'의 경우, 줄기끝 홀소리가 /u/일 때 줄기 음절 수와 상관없이 씨끝으로 /ə/를 선택하나, 이 지역어에서는 1음절 줄기에서는 /ə/, 2음절 이상 줄기에서는 /a/를 씨끝으로 선택한다.

/k'u- + -əto/ → /k'wəto/ → /k'əto/ (꿔도)
/pEu- + -əto/ → /pEuato/ → /pEwato/ → /pEato/ (배워도)

(5) '/i/ 치닮기'의 경우, 동화주 /i/의 선행 음절에 후설원순모음 /o/나 /u/가 오면, 이 지역어에서는 서열이 닮고 입술 모양이 바뀐다.

/mosita/ → /mwEsita/ → /mEsita/
/s'okita/ → /s'wEkita/ → /s'Ekita/

(6) '반홀소리 되기'의 경우, 표준어에서는 성절 홀소리가 반홀소리가 되어 뒤의 홀소리와 한 음절이 되는 일이 있으나, 이 지역어에서는 닿소리 아래 겹홀소리가 오지 못하는 제약으로 인해, 반홀소리 된 후 반홀소리가 다시 없어지거나, 축약에 의해 홑홀소리로 된다.

/t'i- + -ita/ → /t'ïita/ → /t'i:ta/ (띄다)
/pʰi- + -əto/ → /pʰjəto/ → /pʰE:to/ → /pʰi:to/ (피어도)

(7) '거센소리 되기'의 경우, 음절끝의 /k, t, p, tʃ/에 뒤 음절의 /h/가 연결될 때, 표준어에서는 '줄임'에 의해 /kʰ, tʰ, pʰ, tʃʰ/로 실현되지만, 이 지역어에서는 음절끝소리와 뒤 음절 /h/ 사이에 음

절끝소리가 덧난 후, 덧난 음절끝소리와 /h/가 '줄임'에 의해 거센소리로 된다.

/mək- + -hinta/ → /məkkhinta/ → /məkkʰinta/ (먹힌다)
/t'ək + -hako/ → /t'əkkhako/ → /t'əkkʰako/ (떡하고)

(8) '반홀소리 없애기'의 경우, 표준어에서는 갈이소리와 붙갈이소리에 /j/가 이어날 때에는 /j/가 없어지는 '/j/ 없애기'로 한정되나, 이 지역어에서는 /p/, /k/와 같은 터짐소리 뒤에서도 실현되며, 또한 '/w/ 없애기'나 '/ɨ/ 없애기'도 실현된다.

/tʰɨ- + -ita/ → /ʧʰ ita/ → /tʰi:ta/ (틔다)
/ʧu- + -əsə/ → /ʧwəsə/ → /ʧə:sə/ (줘서)

(9) '/l/ 없애기'의 경우, 표준어에서는 씨끝 /n, p, s, o/와 매김꼴씨끝 /ɨl/ 앞에서만 한정적으로 실현되지만 이 지역어에서는 /k, n, t, l, m, p, ʧ, o/로 시작하는 씨끝 앞에서 모두 실현된다.

/sa:l- + -ko/ → /sa:ko/ (살고)
/sa:l- + -ʧi/ → /sa:ʧi/ (살지)

(10) '/h/ 없애기'의 경우, 표준어에서는 줄기의 끝 홑받침 /h/와 씨끝의 첫 /ɨ/ 사이에서는 실현되지 않으나, 이 지역어에서는 실현된다.

/tʃih- + -ɨma/ → /tʃiima/ → /tʃiːma/ (찧으면)

/p'ah- + -ɨma/ → /p'aima/ → /p'aːma/ (빻으면)

(11) '/k/ 없애기'의 경우, 표준어에서는 실현되지 않으나 이 지역어
에서는 실현된다.

/tʃəki/ + -E/ → /tʃəː/ (저기에)

/mək- + -əto/ → /məːto/ (먹어도)

(12) '된소리 되기'의 경우, 표준어에서는 '동서열 자음 탈락'에 의한
'줄임' 현상으로 실현되나, 이 지역어에서는 '동서열 자음 덧나기'
에 의한 '덧나기' 현상으로 실현된다.

/mək- + -ko/ → /məkkko/ → /məkk'o/ (먹고)

/os + -to/ → /osto/ → /otto/ → /ottto/ → /ott'o/ (옷도)

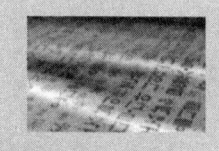

4. 맺음말

이 글은 음운론적 영역에 국한하여, 안동지역어의 음운 체계를 세우고, 이를 바탕으로 공시적 관점에서 음운 변동 규칙을 제시하여, 이 지역어의 음운 변동 현상의 특징을 밝히는 것을 목적으로 한 연구이다. 연구의 결과, 다음과 같은 결론을 얻었다.

1) 이 지역어의 음운 체계는 닿소리 체계와 홀소리 체계로 세울 수 있으며, 그 구체적인 모습은 다음과 같다.

〈닿소리 체계〉

방법 \ 자리		입 술	혀 끝	센입천장	여린입천장	목 청
터짐	약한	p(ㅂ)	t(ㄷ)		k(ㄱ)	
	된	p'(ㅃ)	t'(ㄸ)		k'(ㄲ)	
	거센	pʰ(ㅍ)	tʰ(ㅌ)		kʰ(ㅋ)	
붙갈이	약한			tʃ(ㅈ)		
	된			tʃ'(ㅉ)		
	거센			tʃʰ(ㅊ)		
갈이	약한		s(ㅅ)			h(ㅎ)
	된		s'(ㅆ)			
코		m(ㅁ)	n(ㄴ)		ŋ(ㅇ)	
흐름			l(ㄹ)			

<홀소리 체계>

구분		혀의 높이	앞홀소리 안둥금	앞홀소리 둥금	가운데홀소리 안둥금	가운데홀소리 둥금	뒤홀소리 안둥금	뒤홀소리 둥금
홑홀소리		높음	/i/		/ɨ/			/u/
	가운데	반높음	/E/					/o/
		반낮음			/ə/			
		낮음			/a/			
겹홀소리	/j/	높음						/ju/
	가운데	반높음	/jE/					/jo/
		반낮음			/jə/			
		낮음			/ja/			
	/w/	높음	/wi/					
	가운데	반높음	/wE/					
		반낮음			/wə/			
		낮음			/wa/			

위에서 보듯이, 이 지역어의 닿소리 체계는 현대 국어 표준어와 다를 바 없는 19닿소리 체계를 이룬다. 그리고 홀소리 체계의 경우에는 현대 국어 표준어와는 달리 7홑홀소리 체계와 9겹홀소리 체계를 이룬다. 즉, 홑홀소리 /e/와 /ɛ/는 이 지역어에서 변별되지 않으며, /y/, /ø/도 이 지역어에서는 실현되지 않는다. 겹홀소리에 있어서도 /je/와 /jɛ/, /we/와 /wɛ/가 이 지역어에서는 변별되지 않으며 /ɰi/, /ɥi/도 이 지역어에서는 실현되지 않는다.

2) 공시적 관점에서 이 지역어의 음운 변동 규칙을 체계화하여 제시하면 다음과 같다.

		음절 짜임새 맞추기	「소리이음」, 「/h/ 끝소리 자리 바꾸기」 「겹받침 줄이기」, 「일곱 끝소리 되기」
	가로 체계의 제약성	머리소리 규칙	「/l/ 머리소리 규칙」, 「/n/ 머리소리 규칙」
		닿소리 이어 바뀜	「/n/의 /l/ 되기」, 「/l/의 /n/ 되기」 「콧소리 되기」
음운 변동 규칙		닮음	「입천장소리 되기」, 「홀소리 어울림」 「/t/의 공깃길 닮기」, 「/p/의 공깃길 닮기」 「/i/ 치닮기」, 「끝소리의 자리 옮기기」
	발음의 편의성	줄임	「반홀소리 되기」, 「거센소리 되기」
		없앰	「/i/ 없애기」, 「고룸소리 /i/ 없애기」 「/ə/ 없애기」, 「반홀소리 없애기」 「/l/ 없애기」, 「/s/ 없애기」 「/h/ 없애기」, 「/(h)a/ 없애기」 「/k/ 없애기」
	표현의 강조	덧나기	「/n/ 덧나기」, 「/t/ 덧나기」 「된소리 되기」, 「/l/ 겹치기」

위에서 보듯이, 이 지역어의 음운 변동 규칙 체계는 허웅(1985)에서 표준어를 대상으로 세운 체계와 확연하게 다른 특징이 있다. 즉, 표준어에서는 '줄임'의 체계에 드는 「된소리 되기」 규칙이 이 지역어에서는 말의 표현을 똑똑하게 하기 위한 '덧나기'의 체계에 들며, 표준어에서는 실현되지 않는 「/k/ 없애기」가 이 지역어에서는 발음의 편의를 위한 '없앰'의 체계에서 실현되고, 반홀소리의 경우, 표준어에서는 「반홀소리 /j/ 없애기」로 체계화되나 이 지역어에서는 「반홀소리 없애기」로 체계화되는 점이 그것이다.

3) 이 지역어의 음운 변동 현상의 특징을 핵심만 밝히면 다음과 같다.
　「겹받침 줄이기」 : /lk, lp, lpʰ/ 받침이 닿소리와 연결되면 /l/로 실현된다.

「/l/ 머리소리 규칙」: 서양에서 들여온 말에도 적용된다.

「콧소리 되기」: /lk, lp, lpʰ/ 받침 아래에서는 적용되지 않는다.

「홀소리 어울림」: 2음절 이상의 줄기에서 줄기끝 홀소리가 /u/일 때에는 씨끝 /a/가 선택된다.

「/i/ 치닮기」: /i/ 선행음절에 /o/나 /u/가 오면, 서열이 닮고 입술 모양이 바뀐다.

「반홀소리 되기」: 닿소리 아래 겹홀소리가 오지 못하는 제약에 의해, 반홀소리는 그대로 남지 못한다.

「거센소리 되기」: '/k, t, p, tʃ/ + /h/의 환경에서는 음절끝소리 /k, t, p, tʃ/가 덧난 후 '거센소리 되기'가 실현된다.

「반홀소리 없애기」: /w, i̯ , j/ 모두에서 실현된다.

「/l/ 없애기」: /k, n, t, l, m, p, s, tʃ, o/로 시작하는 씨끝 앞에서 모두 실현된다.

「/h/ 없애기」: 줄기끝 홑받침 /h/와 씨끝 첫소리 /i̯/ 사이에서도 실현된다.

「/k/ 없애기」: 임자씨나 풀이씨의 끝음절 첫소리나 끝소리 /k/가 홀소리로 시작되는 자리토씨나 씨끝과 결합할 때 실현된다.

「된소리 되기」: '동서열 덧나기'에 의한 '덧나기' 현상으로 실현된다.

제 2 부
도시 사회방언의 음운

1. 머리말

1.1. 연구 목적과 범위

이 글은 경상북도 안동시를 조사 지점으로 현재 국어에서 진행되고 있는 홑홀소리 체계 변화 양상을 사회언어학적인 방법론에 의하여 살펴보려는 데 그 목표가 있다.[1] 따라서 이 글의 목적은 안동지역어(다음부터 '이 지역어'라 함)의 홑홀소리 체계를 세우는 것이다. 한편, 이 지역어의 홀소리 체계에 대한 주요 논의인 서보월(1984)와 이동화(1984), 그리고 조신애(1985) 등은 7홑홀소리 체계와 9겹홀소리 체계를 인정하고 있다.[2] 홑홀소리의 경우, 현대 국어 표준어(다음부터 '표준어'라 함)에 대립되는 /e/와 /ɛ/가 이 지역어에서는 변별되지 않으며, 표준어에서 홑홀소리로 존재하는 /y/, /ø/가 이 지역어에서는 /y/의

---

1) 이는 안동시라는 한정된 지역의 언어를 대상으로 하지만 결국은 전국적으로 비슷한 양상을 띠며 진행되고 있을 국어의 변화를 홑홀소리 체계 변화에 초점을 맞춰 관찰하고 분석해 보려한다. 이러한 시도는 이미 박경래(1993)에서 행해진 바 있다.

2) 이 지역어의 홑홀소리로 서보월(1984)와 조신애(1985)는 /i, e, ɨ, ə, a. u, o/를, 이동화(1984)는 /i, ɛ, ɨ, ə, a, u, o/를 인정하고 있다. 그리고 겹홀소리로 서보월(1984)와 조신애(1985)는 /je, jə, ja, ju, jo, wi, we, wə, wa/를, 이동화(1984)는 /jɛ, jə, ja, ju, jo, wi, wɛ, wə, wa/를 인정하고 있다.

경우는 /wi/나 /i/ 또는 /u/로, /ø/의 경우는 /we/나 /e/로 각각 실현되어 홑홀소리로 존재하지 않으며, 겹홀소리의 경우 역시 홑홀소리 /e/와 /ɛ/의 비변별성으로 인해 /je/와 /jɛ/, /we/와 /wɛ/가 표준어와는 달리 이 지역어에서는 변별되지 않는다는 것이다. 반면, 이 지역어의 하위 지역어인 옹천지역어를 대상으로 한 음운론적 연구에서 서재극 외(1991)에서는 /e/와 /ɛ/, /ɨ/와 /ə/의 비변별성을 주장하면서 6홑홀소리 체계를 인정하고 있다.3)

이에서 보듯이, 이 지역어의 홑홀소리 체계를 세우는 데에 있어 중요한 과제는 /e/와 /ɛ/, /ɨ/와 /ə/의 대립 여부를 밝히는 것이다. 이런 점을 고려하여 이 글에서는 /e/와 /ɛ/의 합류, /y/, /ø/의 분화, /ɨ/와 /ə/의 변별 등을 논의 범위로 하고자 한다.

1.2. 연구 방법

진행 중인 언어 변화에 대한 이상적인 연구 방법은 실제시간(real time)에 의한 연구이지만, 이는 적어도 20년 내지 30년의 시간이 경과한 후 이뤄져야 한다는 제약이 따른다. 설령, 20년 내지 30년 동안 참을성 있게 기다렸다고 해도 제보자가 변함없이 조사에 응해 줄 수 있으리란 기대를 갖는 데에도 무리가 따른다. 따라서 실제시간에 의한 연구 방법이 현실적으로 어려우므로 이에 대한 차선의 방법이 요구된다. 그 차선책으로 현장시간(apparant-time)에 의한 방법을 생각해 볼 수 있다. 현장시간에 의한 방법이란 어느 한 시기에 두 다른 연령 집

---

3) 표준어의 10홑홀소리 체계 (/i, e, ɛ, y, ø, ɨ, ə, a, u, o/)가운데 /e/와 /ɛ/, /ɨ/와 /ə/가 각각 /E/와 /ə/로 합류되며, /y/, /ø/ 역시 /wi/, /we/로 대응되는 것으로 인식하여 /i, E, ə, a, u, o/만을 홑홀소리로 인정하고 있다.

단을 비교하여 두 비교 집단 사이에 언어적 불일치가 발견되면 그것을 진행 중인 언어 변화의 결과로 간주하는 것이다.[4]

이 글에서는 이상적인, 실제시간에 의한 연구 방법과 현실적인 현장시간에 의한 연구 방법 중 후자를 방법론으로 택한다.[5]

따라서, 우선 이 지역어의 홑홀소리와 관련한 자료를 연령층별로 수집·비교함으로써 홑홀소리 체계의 변화에 대한 실마리를 찾으려 한다.

한편, 이 글의 주된 관심사가 연령차에 따른 홑홀소리 체계 변화 과정을 예측하는 것이기는 하지만, 언어 변화에 영향을 미치는 사회적 요인, 이를테면 계층, 지위, 나이, 성별, 학력, 말투, 종족, 종교, 언론매체 등의 요인도 무시할 수는 없다.[6] 그래서 이 글에서는 연령이라는 사회적 변수 이외에 성(sex), 학력, 말투(speech style) 등도 관찰 대상으로 한다.

---

4) 현장시간에 의한 연구 방법의 유용성은 이미 Labov(1963)에서 입증된 바 있다. 그는 Martha's Vineyard 섬의 연구를 통하여 일정한 시기에 일정한 사회 내에서 발생하는 언어 자료를 통해 언어 변화를 예측할 수 있음을 밝힌 바 있다(박경래 1993:1-2).

5) 현장시간에 의한 연구 방법은 실제시간 상에서 언어에 변화를 미칠 수 있는 사회적인 변인들을 직접적으로 고려하는데 한계가 있기 때문에 실제시간에 의한 연구 방법과 다소 차이가 있을 수 있다. 그럼에도 불구하고 현장시간에 의한 연구 방법론을 택하는 이유는 상술한 것처럼, 실제시간에 의한 연구 방법의 현실적 어려움을 인정하기 때문이다.

6) 사회적 요인 중 계층, 지위, 종족, 종교, 언론매체 등은 관찰 대상에서 제외되었다. 계층을 제외한 까닭은 우리 사회에 계층이 존재하는가 하는 문제와 존재한다면 어떻게 나눌 것인가에 대한 문제를 해결해야 하기 때문이고 지위를 제외한 까닭은 사회적 지위가 존재하는 것은 인정하더라도 그 지위의 구분을 어떻게 할 것인가에 대한 접근의 어려움 때문이며, 종족을 제외한 까닭은 우리 사회에 상이한 여러 종족이 있다고는 보지 않기 때문이다. 그리고, 종교와 언론매체를 제외한 까닭은 실증적 차원의 접근이 쉽지 않기 때문이다. 이 중, 언론매체, 특히 TV의 영향은 제보자와의 면담과정에서 여실히 드러나기 때문에 앞으로 증거 포착의 실증적 방법에 대한 연구와 더불어 이를 통한 본격적인 논의가 기대된다. 다만, 이 글에서는 앞으로의 과제로 남겨 둔다.

1.3. 선행 연구

선행 연구는 '제1부 1.4. 선행 연구'에서 제시한 바가 있다. 이에 따르면, 안동지역어에 대한 선행 연구는 한결같이 전통적인 방언 연구 방법에 기대고 있는 것들이다. 즉, 60세 이상이고, 농업을 직업으로 하며, 농촌에서 태어나서 줄곧 그 지역에서 생활하고 있고, 교육받은 사실이 없으며, 치아상태가 건강한 소수의 제보자를 대상으로 한 것이다.

따라서 이들 논의는 이 지역어를 구성하고 있는 다양한 집단의 언어 실태를 그대로 전부 반영하고 있는 것과는 다소 거리가 있다. 그러므로 이 지역어의 언어 실태를 제대로 파악하기 위해서는 언어 현상을 사회상과 관련하여 해명하는 사회언어학적 연구 방법의 적용이 필요하다.7)

---

7) 사회 언어학이 독자적인 영역을 구축한 것은 1960년이다. 그리고 Labov(1963, 1966) Fishman(1968), Hymes(1964) 등에 의해 그 지위가 확고해진다. 한편, 우리 나라에는 약 10년의 시차를 두고 유입된다. 이익섭(1970, 1972, 1976), 장태진(1972, 1977), 황적륜(1975, 1976), 박영순(1976, 1978) 등이 사회언어학적 연구 방법을 이용한 초기의 주요 연구물이다. 이후 80년대에 들어와 사회언어학적 방법을 적용한 논의들이 본격적으로 뒤를 잇는데, 이익섭(1981), 최명옥(1980, 1982), 박영순(1984), 박경래(1984, 1986, 1989), 이미재(1988) 등이 이 당시의 대표적인 연구물에 속한다. 90년대 들어와서는 김혜숙(1991), 이길재(1991), 이정복(1992), 강희숙(1992, 1994), 황보나영(1993), 박경래(1993) 등의 연구 성과를 낳았다. 그렇지만, 나이, 성별, 학력 등의 사회적인 요인을 음운체계 및 음운현상과 관련지어 논의한 것은 그리 많지 않다. 박경래(1984, 1986, 1989, 1993), 이미재(1988), 이길재(1991) 등이 있을 따름이다. 이렇게 볼 때, 사회언어학적 연구 방법에 의한 연구는 빈곤한 실정이라 할 수 있다. 이 지역어에 대한 사회언어학적 논의를 찾아볼 수 없는 까닭도 이와 무관하지 않다고 본다.

2. 조사 지역의 사회·문화적 배경과 조사 방법

2.1. 조사 지역의 사회·문화적 배경

2.1.1. 연혁[1]

이 글의 연구 대상 언어는 행정구역상 경상북도 안동시에 소속된 10개의 행정동을 포괄하는 지역어이다.[2]

안동시의 역사는 고대에서 최근세까지 기존의 안동군의 역사와 긴밀히 연결되어 있었을 뿐만 아니라, 경상북도 지역 역사의 주도적 구실을 하여 왔다. 선사 시대의 유물·유적에 대한 고고학적인 조사가 이루어지지 않아 당시는 어떠하였는지 분명히는 알 수 없으나 청동기 시대의 유물·유적이 부근 지역에 많이 분포되어 있는 것을 보면 이 시기 이후 사람의 거주가 많았던 것 같다. 청동기 시대 사회의 발전으로 사회 분화가 급격히 이루어져 일찍부터 소국(小國)이 형성되었는데, 변진 24개국 가운데 기저국 또는 불사국이 이곳에 있었고 「연려실기술」에 의하

---

1) 한국정신문화연구원(1993)편, 「한국민족문화대백과사전」 14 가운데에 수록된 '안동시' 부분 중 438-440쪽에서 발췌한 것임.
2) 현재의 안동시는 1995년 1월 1일 기존의 안동시와 안동군이 통합된 것으로서 1읍 13면 10개의 행정동으로 구성되어 있다. 이 중 1읍 13면은 기존의 안동군 지역에 속한 것이고, 10개의 행정동은 기존의 안동시에 소속된 것이다. 이 글의 연구 대상 언어는 농촌지역인 기존의 안동군 지역, 즉 1읍 13면을 제외한 지역 언어, 곧 도시지역인 기존의 안동시 지역어이다.

면 창녕국·구령국·소라국 등도 이곳에 있었다고 한다.

이들 국가의 행방은 알 수 없고, 3세기 중엽 이전에 신라의 영역에 들어가 고타야군이 설치되어서 242년(조분왕 13)에 이 군에서 가화(嘉禾:열매가 많은 큰 벼)를 바쳤다고 한다. 그 뒤 신라 북부지역의 거점으로서 500년(지증왕 1)에 국왕이 행차하기도 하였는데, 757년(경덕왕 16)에 고창군으로 이름이 바뀌어서 상주에 속하였다.

후삼국의 쟁패기에 이 지역은 후백제와 고려의 각축장이 되었는데, 이 지역 호족들의 향배에 따라 양국의 세력 판도가 좌우되었다. 처음에는 후백제의 세력이 강하였으나, 930년 병산전투에서 고려가 승리함에 따라 인근 지역까지 모두 고려의 세력권에 들어가게 되었다. 고려측의 승리는 이 지역의 호족인 김선평·장길 등의 노력이 컸기 때문인데, 이로 말미암아 고창군은 안동부로 승격되었다. 그 뒤 영가군으로 이름이 바뀌었으며, 995년(성종14) 길주로 바뀌었다가 1018년(현종 9)에 지길주사로, 1030년에 다시 안동부로 바뀌었다.

이때 속군 3개, 속현 11개를 거느리는 계수관이 되었는데, 이들은 오늘날 안동·봉화·영풍·의성·예천·군위 등의 지역에 해당한다. 고려 전기에는 도제가 정착되지 못하여 계수관제로 지방행정이 이루어졌기 때문에 안동부가 차지하는 위치는 매우 높았다.

1197년(명종 27) 경상도 지역에서 광범위하게 일어난 민란의 진압과정에서 안동부가 이의 토벌에 적극 참여하여 안동도호부로, 1204년(신종 7)에는 안동대도호부로 승격되었다. 1308년(충렬왕 34) 복주목으로 개편되었다가 고려말 홍건적의 침입으로 1361년(공민왕 10) 왕이 이곳으로 파천해 오면서 1362년 다시 안동대도호부로 승격되었다. 고려 후기에 몽고의 침입으로 개경을 중심으로 한 한반도의 중서부지역이 크게 황폐해지면서 이곳은 국가의 물적·인적 기반이 되었다. 이로 인하여 이곳을 본관으로 하는 김씨·권씨 등이 중앙정계를 주름잡기도 하였다.

고려 후기 이래의 읍격(邑格)을 그대로 유지한 채, 세조 때 진(鎭)이 설치되어 부사가 병마절도부사를 겸직하기도 하였다. 당시 이 지역은 토지는 척박하였지만, 풍속은 농상에 힘쓰고, 예양과 절용을 중히 여겼다 하며,「경상도지리지」에 의하면, 호구 수는 847호, 6,859인이었다고 한다. 또한, 이 지역은 고려 후기 이래 정치적·학문적으로 중시되어 수많은 인물이 배출되었으나 점차 명문거족들이 인근 외곽지역으로 옮겨가서 곳곳에 동족마을을 이루었다. 조선 후기에는 지방통치체제의 변화에 따라 군사적으로 1653년(효종 4)에 영장이 설치되었고, 행정적으로 자연촌락이 방리로 편제되었다. 이로써, 안동시 지역이 역사의 표면에 나타나게 되었는데, 현재의 시 지역은 부내면으로 편제되어 용흥리·신세리·율세리 등 15개 리로 나누어졌다가 뒤에 13개 리로 조정되었다. 1576년(선조 9)에 강상의 변이 일어나 현으로 강등되었다가 1581년 부로 되었고, 1776년(정조 즉위년)에 조정을 비방한 사건이 일어나 현으로 되었다가 1785년 다시 부로 승격되었다. 조선 후기 각지에서 장사가 발달하면서 이곳에도 부내장이 개설되어 2일과 7일에 정기적으로 열려 경상북도 지역의 각종 물산이 활발히 거래되었다.

1895년 안동부로 편제되어 부근 16개 군을 관할하였고, 1896년 경상북도 안동군이 되었다. 1914년 군면통폐합 때 안동군 안동면이 되었다가 1931년 안동읍으로 승격되었다. 이 시기에 신교육의 보급이 이루어지자, 이 지역 유림들도 광명학교, 협동학교 등을 세워 인재양성에 노력하였고 항일의병투쟁에도 적극 참여하였다. 1919년 3·1운동 때에는 3월 17일 안동장날을 기하여 수천 명의 민중이 모여 만세시위운동을 전개하였다. 이러한 항일의식으로 독립운동가 이상룡·이육사 등이 배출되었다.

1963년 안동읍이 신안동시로 승격하였고, 1964년 안동시로 고쳐졌다. 1995년 안동시와 기존의 안동군을 통합, 안동시로 발족하였으며, 1998년 12월 행정동 통합에 의해 현재 1읍 13면 10동으로 구성되어 있다.

<표 1> 안동시 연표

시 대	연 대	주 요 사 항
고		기저국·불사국-진한
		신라초, 고타야군 설치
	242	신라 조분왕 13년, 고타야군에서 가화 바침
대	500	신라 지증왕 1년, 국왕 행차
	757	신라 경덕왕 16년, 고창군으로 개명, 상주에 소속
	930	태조 13년, 병산전투에서 김선평·권행·장길 등이 공을 세움, 안동부로 승격, 뒤에 영가군으로 개칭
고	995	성종 14년, 길주로 개편, 자사 임명
	1012	현종 3년, 안무사 임명
	1018	현종 9년, 지길주사로 개편
려	1030	현종 21년, 안동부로 개편(속군 3개와 속현 11개)
	1197	명종 27년, 안동도호부로 승격
	1204	신종 7년, 안동대도호부로 승격
	1308	충렬왕 34년, 복주목으로 개편
	1361	공민왕 10년, 홍건적 침입으로 왕이 복주로 파천
	1362	공민왕 11년, 안동대도호부로 승격
	1540	중종 35년, 태사묘 옮겨 세움
조	1576	선조 9년, 강상의 변 발생, 안동현으로 강등
	1581	선조 14년, 안동부로 환원
	1653	효종 4년, 영장 설치
	1712	숙종 38년, 선성현객사 건립
선	1776	정조 즉위년, 조정비방사건으로 안동현으로 강등
	1785	정조 9년, 안동부로 환원
	1895	안동부로 개편, 16개 군 관할
근	1896	경상북도 안동군
	1914	안동군 안동면
대	1919	3월 17일, 안동장날 만세시위운동 전개
	1931	안동읍 승격
	1963	안동읍이 신안동시로 승격
현대	1964	안동시로 개칭
	1995	안동시와 안동군을 통합하여 안동시로 발족

2.1.2. 위치와 산업 및 교통[3]

안동시는 경상북도 북부의 중심을 차지하고 있으며 동에는 영양, 청송, 서에는 예천, 남에는 의성, 북에는 영주시와 봉화군이 인접하고 있다. 태백산맥이 줄기차게 뻗어 그 지맥을 이루고, 사방이 200-300개의 산지로 둘러싸여 있으며, 중앙의 침식분지에 시가지가 위치하고 있다. 북쪽에 왕달봉(264m), 중앙부에 병산(240m) 등 낮은 산들이 산재하며, 낙동강이 시가지 남부를 동쪽에서 서쪽으로 흐르고 있다. 낙동강은 동부에서 반변천과 합류하고 서쪽으로 흐르면서 작은 하천인 안막천과 안기천을 합하고, 기존의 안동군과 경계를 이루며 북에서 남으로 흐르는 송야천과 합류한다. 시군 통합 이전의 안동시는 동경 128°40′~128°45′, 북위 36°26′~36°37′에 위치하며 면적 83.19km^{2}이었으나 시군통합 이후 안동시는 동경 128°26′~129°, 북위 36°17′~36°49′에 위치하며 면적은 1519.17km^{2}이다.

낙동강 유역을 중심으로 벼농사가 행하여지며 과일·채소 등도 일부 재배되고 있다. 특산물로 안동소주가 유명하다. 공업은 부진하여 섬유부문을 중심으로 소규모의 공장들이 입지하고 있을 뿐이다. 1998년을 기준으로 한 안동시 통계연보에 따르면, 총사업체 수는 11,959개이며, 이 중 농업, 수렵업 및 임업 11개, 어업 1개, 광업 9개, 제조업 806개, 전기·가스·수도사업 14개, 건설업 385개, 도·소매 및 소비자용 수리업 4,419개, 숙박 및 음식점업 2,547개, 운수·창고 및 통신업 885개, 금융 및 보험업 190개, 부동산 임대 및 서비스업 404개, 공공행정·국방·사회·보장행정 130개, 교육서비스업 442개, 보건 및 사회복지사업 173개, 기타 공공 사회 및 개인 서비스업 1,543개의 분

---

3) 한국정신문화연구원(1993) 편,「한국민족문화대백과사전」14와 안동시 편(1998)「통계연보」에서 부분적으로 발췌한 것임.

포를 보인다. 이에서 보듯이 안동시의 산업구조는 제3차 산업에 편중된 모습을 보인다.

한편, 상권이 매우 발달되어 있어 경상북도 북부지방의 상업 중심지로 각광받고 있다.

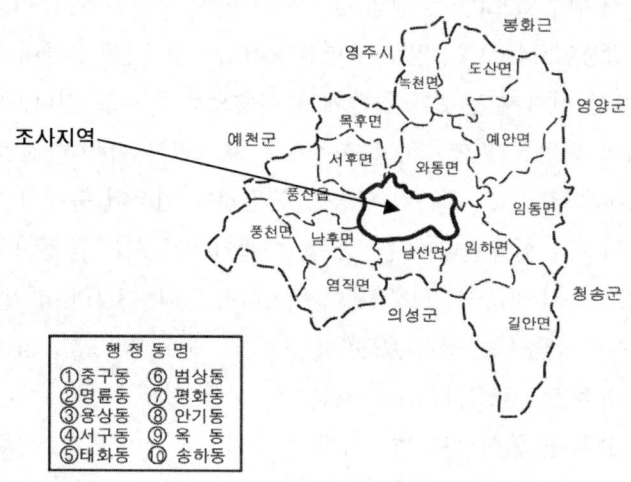

<그림 1> 안동지역도

「임원경제지」와 「경상도읍지」에 의하면, 1830년대 안동에는 부내장과 신당장 등의 5일 정기장이 섰으며, 1909년에 와서는 2일과 7일에 개장하는 부내장이 큰 시장으로 번성하여 농산물과 소·생선 그리고 특산물인 안동포와 안동소주 등이 활발히 거래되었다. 많은 상인들이 모여들어 성시를 이루던 정기시장들은 1960년대에 와서 안동이 시로 승격되고 현대화가 이루어지면서 상설점포들이 늘어나 그 기능이 쇠퇴하기 시작하였다. 1970년에는 용상시장만이 정기시장으로서 명맥을 유지하다가 1977년에 상설시장이 되었다. 1970년 이후 상설시장인 동부시장이 개설되었으며 안동백화점과 새안동백화점이 신설되었다. 또

한 경북유통이 대형연쇄점으로 개설되어 상업활동이 매우 활발하게 이루어지고 있었다. 오늘날 정기시장은 공식적으로는 사라지고 상지대학과 성소병원 앞에 5일장이 작게 열리고 있다.

교통은 중앙선 철도가 시의 중앙을 남북으로 관통하고 있으며, 영주와 대구를 연결하는 국도와 예천과 영덕을 연결하는 국도가 시의 중심에서 교차하고 있고, 관내 면과 많은 지방도로 연결되어 있으며 대구와의 고속화국도가 개설되어 있다.

또한 1999년에 안동-영주간 중앙고속도로가 개통되었으며 안동-예천 간 국도가 4차선으로 확장·완공되었다. 그리고 인근에 예천비행장이 있으며, 안동 시가지와는 버스로 30분 거리이다.

이처럼, 근래의 안동시는 예전과는 달리 교통이 매우 편리하다. 이러한 교통여건은 화회마을, 도산서원, 봉정사 등의 문화유적과 안동국제탈춤페스티벌 등과 연계되어 외지인들이 쉽게 안동을 찾을 수 있도록 하고 있다.

2.1.3. 교육권 및 교육수준

안동 최초의 교육기관은 고려말에 건립된 안동향교로 송천동에 위치한다. 그 뒤 1607년(선조40) 송현동에 임천서원이 세워져 김성일을 배향하였다. 근대교육기관으로는 일제 강점기에 안동시가 일개 면이었던 관계로 '안동중앙국민학교'가 있었을 뿐이다. 광복 이후에 많은 학교가 세워지기 시작하여 1999년 4월 1일을 기준으로 대학교 1개, 전문대학 3개, 고등학교 13개, 중학교 17개, 초등학교 36개, 기타 학교 3개, 유치원 51개에 이르며, 학생수는 56,634명, 교원은 2,284명이다. 학생과 교원을 합친 수는 1999년 안동시의 주민등록 인구를 18만 8천여 명으로 추정해볼 때, 안동시 주민등록인구의 31%에 해당하며 안동군과 통합하기 이전의 안동시 지역의 주민등록 인구를 12만여 명으로 추정할 때 이는 기존의 안동시 주민등록 인구 대비 48%에 이르는 수이다. 이러한 사실은 이 지역어에 있어 교육의 영향력이 상대적으로 크다는 것을 시사하는 것이다.

특히 학교 교육을 통한 언어 교정의 가능성을 짐작하게 한다. 그리고 초·중·고등학생은 이 지역의 출신인 반면, 전문대학과 대학생의 절반 가량이 외지 유학생인 점을 감안하면 교육에 의한 다른 지역어와의 언어접촉 가능성도 배제할 수 없다.

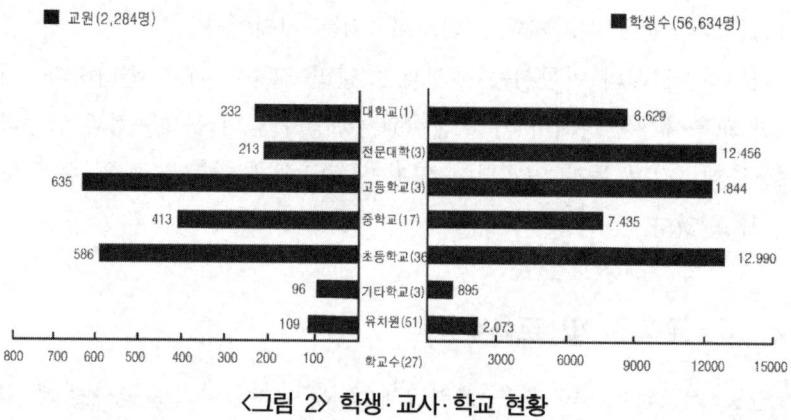

■ 교원(2,284명)   ■ 학생수(56,634명)

<그림 2> 학생·교사·학교 현황

이미, 이익섭(1970), 박경래(1984), 이미재(1988), 이정복(1992) 등을 통해 교육과 언어 분화의 관련성이 상당 부분 입증되었듯이, 교육은 언어 변화에 가장 직접적이고 강력한 영향을 미치는 것으로 보인다. 이러한 점을 고려하여 안동지역 주민들의 학력 정도를 알아보기 위한 설문조사를 실시하였는데, 그 결과를 표로 보이면 다음과 같다.

<표 2> 안동지역 주민의 성별·연령층별 학력지수

(단위:점)

		80세이상	70대	60대	50대	40대	30대
지수	남	0.81	1.37	2.16	3.40	4.00	3.90
	여	0.71	0.90	1.37	1.75	3.70	3.79
	합 계	0.76	1.01	1.61	2.47	3.90	3.81

〈표 2〉의 학력지수는 설문에 응답한 제보자 2,011명[4] 가운데 연령 층별로 무학이면 인원수×0점, 한학이면 인원수×1점, 초졸이면 인원수 ×2점, 중졸이면 인원수×3점, 고졸이면 인원수×4점, 대졸 이상이면 인 원수×5점을 부여하여 얻은 총점수를 각 연령층별 총응답수로 나누어

---

4) 설문지의 문항 중에서 '1. 할아버지와 할머니가 살아 계십니까?'라는 질문에 대해 할아버지만 살아 계신다고 답하면 제보자 1명, 할머니만 살아 계신다면 제보자 1명, 두 분 모두 계신다고 답한 경우 제보자 2명으로 처리하였다. 그 리고 설문지의 문항 중에서 '2. 할아버지와 할머니의 나이는 몇 살입니까?'라 는 질문에 대해 예를 들어 할아버지 75세, 할머니 65세로 답했을 경우 할아버 지의 연령층은 70대, 할머니의 연령층은 60대로 인정하였다. 아버지와 어머니 의 경우도 위와 같은 방법을 적용하였다. 단, 할아버지와 할머니의 나이를 대 라는 문항에 답하지 못한 경우와, 할아버지와 할머니가 태어나서 자란 곳은 어디냐는 문항에 답하지 못한 경우, 그리고 할아버지, 할머니께서 학교를 다 니셨냐는 문항에 답하지 못한 경우, 아버지, 어머니가 태어나서 자란 곳을 대 라는 문항에 답하지 못한 경우, 아버지, 어머니의 학력을 대라는 문항에 답하 지 못한 경우 등은 불성실한 제보자로 간주하여 제보자에서 제외하였다. 설문 지에 응한 전체 응답자 1,050명 중 할아버지만 살아 계신다고 답한 응답자가 124명, 할머니만 살아 계신다고 답한 응답자가 602명, 두 분 다 살아 계신다 고 답한 응답자가 228명, 두 분 다 돌아가셨다고 대답한 경우가 96명, 아버지, 어머니 모두 있는 경우로 답한 응답자가 945명, 어머니만 있는 경우 72명, 아 버지만 있는 경우로 답한 경우는 14명, 아버지, 어머니 모두 없는 경우는 19 명이었으므로, 전체 제보자는 3,158명(124+602+(228×2)+(945×2)+72+14)이지만 위의 불성실한 제보자로 분류된 1,147명이 제외된 2,011명이 설문에 응답한 제보자 수가 된다.

소수점 셋째 자리에서 반올림한 값이다. 학력지수의 합계는 연령층별로 남자와 여자의 학력 점수를 합산하고 이를 각 연령층의 남녀 인원 수를 합한 수로 나눈 값이다. 〈표 2〉에서 지수가 0에 가까우면 평균 학력은 무학에 가까운 것이고, 지수가 1에 가까우면 평균 학력이 한학 정도 되는 것이고, 지수가 2에 가까우면 평균 학력이 초졸 정도 되는 것이며, 지수가 3에 가까우면 평균 학력이 중졸 정도, 지수가 4에 가까우면 평균 학력이 고졸 정도, 지수가 5에 가까우면 평균 학력이 대졸 정도는 되는 것이다(박경래, 1993:17-18).

〈표 2〉를 통해서 볼 때, 안동지역의 교육 수준 실태는 다음과 같다고 할 수 있다. 첫째, 80대의 경우 30% 정도는 무학, 70% 정도는 한학(글방)의 학력 수준이고, 70대는 대부분 한학의 학력 수준이며, 60대는 40% 정도는 한학, 60% 정도는 초졸 학력 수준이고, 50대의 경우 53% 가량은 초졸, 47% 가량은 중졸의 수준이며, 40대는 10% 가량만 중졸 학력이고 나머지 90%는 고졸 학력 수준이다. 그리고 30대의 경우는 40대와 거의 비슷한 실태를 보이는데, 즉 20%는 중졸, 80%는 고졸 학력 수준을 드러내는 것이 그것이다. 이렇게 볼 때, 50대를 기점으로 고학력에서 저학력으로 전환됨과 80대를 기점으로 학력이 형성되지 않음을 알 수 있다. 둘째, 남자의 경우 50대에서 60대로 전환되는 시점에서 학력지수 편차[5]가 심하게 나며, 여자의 경우는 40대에서 50대로 전환되는 시점에서 학력지수 편차가 심하게 난다. 셋째, 다른 연령층의 남자와 여자의 학력지수 편차에 비해 50대의 남자와 여

---

5) 학력지수 편차란 높은 학력지수에서 낮은 학력지수를 뺀 값이다. 남자의 경우, 80대와 70대의 학력지수 편차는 0.56, 70대와 60대는 0.79, 60대와 50대는 1.24, 50대와 40대는 0.6, 40대와 30대는 0.1이며 여자의 경우 80대와 70대의 학력지수 편차는 0.19, 70대와 60대는 0.47, 60대와 50대는 0.38, 50대와 40대는 1.95, 40대와 30대는 0.09이다.

자의 학력지수 편차가 확연히 두드러진다.6)

넷째, 여자보다 남자, 노년층보다는 장년층의 학력지수가 상대적으로 높다. 이렇게 볼 때, 이 지역어의 교육 수준은 6·25 전쟁이 있었던 1950년대에 출생한 사람들(현 50대)을 기점으로 학력지수가 저학력에서 고학력으로 옮아가고 있다고 할 수 있다.

2.1.4. 주민들의 출신지

〈표 3〉 안동지역 주민의 성별·연령층별 출신지 비율 (%)

총인원수 : 2,011명

출신지	성별	30대	40대	50대	60대	70대	80대	합계
안동	남	70.00	66.17	77.77	70.83	50.00	92.00	67.79
	여	51.66	62.85	58.33	64.81	44.24	71.43	56.21
	합계	56.25	65.04	66.66	66.67	45.58	80.00	61.11
경북 (안동제외)	남	20.00	27.20	11.12	20.83	37.50	8.00	24.57
	여	35.84	25.71	33.33	27.77	46.15	28.57	33.54
	합계	31.87	26.69	23.80	25.64	44.11	20.00	29.74
기타 시도 (경북제외)	남	10.00	7.50	11.11	8.34	12.50	0	7.64
	여	12.50	11.44	8.34	7.42	6.91	0	10.25
	합계	11.88	8.27	9.54	7.69	10.31	0	9.15

도시지역을 연구 대상으로 하여 언어 분화를 연구할 경우, 주민들의 출신지를 고려하는 일은 매우 중요하다. 왜냐 하면 도시지역은 농촌지

---

6) 80대의 남녀 학력지수 편차는 0.1, 70대는 0.47, 60대는 0.79, 50대는 1.65, 40대는 0.3, 30대는 0.11이다. 이에서 보듯이 50대를 기점으로 대칭적으로 남녀 학력지수 편차가 줄어들고 있음을 알 수 있다.

역과는 달리 인구 유입이 빈번하며 그로 인하여 다른 지역 출신 화자
와의 언어접촉으로 인한 언어 간섭이 일어날 수 있기 때문이다. 따라
서 주민들의 출신지에 대한 관찰은 연구 대상 지역어의 언어적 안정
도와 순수성을 파악해 본다는 관점에서 필수적이라고 할 수 있다. 이
런 점을 감안하여 이 글에서는 주민들의 출신지에 대한 설문조사를
실시하였다. 설문지 조사 결과는 〈표 3〉과 같다.

한편, 연구 대상 지역의 주민들 가운데 외지 출신 사람들의 비율을
고찰한 논의로 박경래(1993)을 들 수 있는데, 박경래(1993)에서 나타난
연구 대상 지역의 토박이 화자와 외지 출신인의 비율[7]과 이 지역어의
토박이 화자와 외지 출신인의 비율을 비교해 보면 이 지역어에서 언어
적 안정도와 순수성을 어느 정도 짐작할 수 있으리라 본다. 연구 대상
지역 주민들의 출신지 비율을 박경래(1993)과 비교하면 〈표 4 ~ 6〉[8]
과 같다.

〈표 4〉　연구 대상 지역 주민의 출신지 비율

| 충주·중원 60.7% | 충북 기타 24.2% | 타 시도 15.1% |
| 안동 61.11% | 경북 기타 29.74% | 타 시도 9.15% |

〈표 5〉　연구 대상 지역 주민의 남자 출신지 비율

| 충주·중원 67.0% | 충북 기타 21.1% | 타 시도 11.9% |
| 안동 67.79% | 경북 기타 24.57% | 타 시도 7.64% |

---

7) 박경래(1993)은 충주방언을 연구대상으로 하여 충주방언의 음운에 대하여 사
　회언어학적으로 연구한 것이다. 따라서 <표 4-6>에서 충주·중원의 비율은
　충주방언 토박이 화자의 비율로 볼 수 있다.
8) <표 4-6>에서 위쪽에 각각 제시된 것은 박경래(1993)에서 따온 것이고, 아래
　쪽에 제시된 것은 안동지역에 대한 필자의 관찰 결과이다.

<표 6> 연구 대상 지역 주민의 여자 출신지 비율

충주·중원 55.7%	충북 기타 26.6%	타 시도 17.7%
안동 56.21%	경북 기타 33.54%	타 시도 10.26%

위의 〈표 4-6〉을 통해서 볼 때, 안동지역 주민들의 출신지 실태는 다음과 같다.

첫째, 젊은층으로 내려갈수록 외지인의 유입이 증가하고 있다.[9]

둘째, 외지인 출신 비율은 남자보다 여자 쪽이 높다.[10]

셋째, 방언 차이가 두드러지는 다른 시도 출신 주민들의 비율은 평균 9%로서 방언 분화에 영향을 미칠 수준은 못 된다.[11]

넷째, 충주지역과 비교해 볼 때, 안동지역의 다른 시도 유입이 상대적으로 낮다.[12]

---

9) 안동지역에서 외지인의 유입이 젊은층으로 갈수록 증가하는 이유는, 농경중심의 유교문화 사회에서 점차 도시화·산업화에 따른 탈농경 사회 및 탈유교문화 사회로의 변모와 무관하지 않다고 본다. 거기에 교통의 발달과 대학의 설립 등이 소비도시로의 촉진을 가속화하는 영향도 있으리라 본다. 직장을 찾아 혹은 소비가 자유로운 도시적 삶을 찾아 교통이 발달한 안동으로 젊은층이 유입되는 것은 당연한 현상일 것이다.

10) 이는 결혼과 무관하지 않다. 안동지역 남자와 외지 여자가 결혼할 경우, 대체로 전통적인 관습에 따라 남자 고향인 안동지역으로 거주지를 정할 것이기 때문이다. 특히, 안동지역은 유교적 풍습이 다른 지역에 비해 두드러지므로 이런 결과는 필연적인 것으로 보인다. 결혼에 의한 여자들의 유입 가능성은 안동지역에서 경북출신 여자들의 비율을 통해서 짐작할 수 있다.

11) 다른 시도의 유입은 여자의 경우는 주로 결혼에 의한 것이고, 남자의 경우는 주로 직장 문제에 의한 것으로 짐작된다. 하지만 여자의 경우든 남자의 경우든 다른 시도로부터의 유입에 있어 특정 시도로부터 유입이 두드러지는 것은 아니다. 따라서 언어 분화에 영향을 미칠 것 같지는 않다.

12) 안동지역과 충주지역은 유교적 문화권에 속하고 교육 및 소비도시라는 공통점이 있다. 그렇지만, 충주지역은 안동지역보다 교통여건이 좋고, 산악에 둘

결론적으로, 안동지역 주민들의 출신지 비율을 통해서 볼 때 외지 인구의 유입이 적어서 언어적 안정성과 순수성이 유지되고 있다고 할 수 있다.

2.2. 조사 방법

2.2.1. 조사 지역 선정

연구 대상 지역인 안동시는 지리적·문화적으로 다른 시도에 비해 보수성과 배타성 그리고 독자성을 잘 지니고 있다. 태백산맥 줄기가 안동시의 동쪽에서 북으로부터 남으로 뻗어 있고, 소백산맥이 안동시의 북쪽에서 북동쪽으로부터 남서쪽 방향으로 뻗어 있으며, 안동시의 서쪽에는 죽령, 문경새재가 가로 놓여 외지인의 출입을 힘들게 하고 있고, 안동시의 남으로는 낙동강이 동으로부터 서로 흐르고 있다.

이러한 지리적 조건은 외지인의 출입을 어렵게 함으로써 이 지역어의 독자성을 확보하게 한다. 그리고 전통적으로 퇴계와 서애 및 학봉의 학풍이 자리잡은 유교적인 도시라는 점은 이 지역어가 갖는 보수성의 원인이 된다. 뿐만 아니라, 안동지역 사람이면 누구나 무의식 중에 양반행세를 하려는 태도를 보이는데 이러한 풍토가 이 지역어의 배타성의 근간을 이룬다. 이러한 여러 조건이 조사 지역 선정에 일차적으로 고려되었다.

한편, 공단 조성이 거의 되어 있지 않으며, 상권 역시 안동시를 중심으로 예천, 청송, 봉화, 의성 등과 형성될 뿐, 다른 시도와는 형성되

러싸인 지대가 아닌 평야 지대에 위치하며, 근래에 공단이 들어서는 등 생활 및 입지 여건이 외지인의 유입을 좀더 손쉽게 하는 곳이라 생각된다.

어 있지 않고 있어 산업화·근대화의 영향에서 벗어나 있는 점도 조사 지역 선정에 있어 고려되었다.

현실적인 문제도 조사 지역 선정에 있어 빼놓을 수 없는 부분이다. 안동시는 필자의 연고지이기도 하다. 따라서 현지 주민들과의 공감대를 형성하기 쉬우며, 제보자를 쉽게 접할 수 있음은 물론, 지리적 조건을 꿰뚫어 볼 수 있어서 조사 지역에 쉽게 접근할 수 있는 편리한 점이 있다. 그리고 이 지역어의 언어형도 쉽게 관찰할 수 있다는 장점이 있다.

위와 같은 점을 고려하여 조사 지역을 선정하였으며, 조사 지역 중 조사지점은 시군 통합 이전의 안동시 지역으로 하였다.

2.2.2. 질문지[13]

---

13) 질문지 작성은 박경래(1993)에서 제시한 절차와 방법을 따르되, 이 글의 연구 목적 및 이 지역어의 실정에 맞게 다소 수정하였다. 박경래(1993)에서는 방언조사 질문지와 충주지역의 사회적인 배경과 주민들의 언어태도를 알아보기 위한 질문지를 작성하였으며, 전자는 1. 음장에 관한 항목 14개, 2. 단모음 '외, 위'에 관한 항목 8개, 3. 단모음 '에, 애'에 관한 항목 8개, 4. 이중모음의 단모음화에 관한 항목 14개, 5. 움라우트에 관한 항목 31개, 6. 어두경음화에 관한 항목 14개 등 총 89개 항목을 일상형, 격식형, 단어목록 읽기, 구절 읽기 등 4가지 말투로 조사할 수 있도록 꾸민 것이고, 후자는 제보자들의 나이, 출신지, 직업, 학력, 경력 등 제보자의 사회적인 배경을 알아볼 수 있는 내용과 총 38개의 문항에 의해 주민들의 방언 사용 정도와 그 이유 및 충주방언에 대한 주민들의 언어태도에 대한 인식을 파악하기 위한 내용으로 꾸민 것이다. 이 글의 연구 목적은 안동지역의 홑홀소리 체계를 살펴보는 것이기 때문에 박경래(1993) 중, 단모음 '외, 위'에 관한 것, 단모음 '에, 애'에 관한 것, 이중모음의 단모음화에 관한 것을 많이 참고하였다. 그리고 비록 주민들의 언어태도를 알아보는 것이 주된 연구목적은 아니지만 연구 대상 지역 언어 사용자들에 대한 모든 것을 구체적으로 파악한다는 취지에 따라 박경래(1993)의 두 번째 조사 질문지인 주민들의 언어 태도와 관련한 질문지를 원용하였다. 특히, 이에서는 '충주지역어'란 말 대신 '이 지역어'란 말로 고쳐 전 문항을 그대로 사용했는데 그 이유는 충주지역어 화자나 이 지역어 화자의 언어태도를

질문지는 크게 두 종류로 만들어졌다. 그 하나는 이 지역어의 홑홀소리 체계와 관련한 방언조사 질문지이고 다른 하나는 안동지역 주민들의 언어 태도와 사회적인 배경을 알아보기 위한 질문지이다. 전자에는 이 지역어의 홑홀소리 체계를 확립할 때 중요 관심사가 되어온 것으로 사회적인 변수에 따른 분화 가능성이 있는 다음의 다섯 가지가 선택되어 담겼다.

1. /e/와 /ɛ/
2. /y/와 /ø/
3. /ɨ/와 /ə/
4. /je/와 /jɛ/
5. /we/와 /wɛ/

그리고 이들을 조사하기 위한 자료로서 조사 대상이 된 낱말은 가능한 한 기초 어휘인 생활 용어 전반에 걸쳐 선정했는데, 특히 기준으로 삼은 것은 한국정신문화연구원에서 1980년에 발간한 「한국방언조사 질문지」이다. 이 질문지의 주된 내용은 어휘 영역에서 '농사, 음식, 가옥, 의복, 인체, 육아, 인륜, 경제, 동물, 식물, 자연, 상태, 동작' 등 음운 영역에서 '단모음, 이중모음, 음장과 성조, 억양, 자음탈락, 불규칙 활용, 자음축약, 경음화, 비음절화, 모음조화, 움라우트, 외래어' 등, 그리고 문법 영역이다. 이 중 주로 어휘 영역과 음운 영역 가운데 '단모음, 이중모음'부분을 참고하였다. 조사 항목의 수는 짧은 시간 동안에 여러 제보자를 면담할 수 있도록 다음과 같이 선정하였다.

비교해 보고자 했기 때문이다. 이 글은 위와 같은 점에서 박경래(1993)의 질문지 작성과 관련한 부분에 힘입은 바가 크다.

1. /e/와 /ɛ/의 합류에 관한 것 20개
2. /y/와 /ø/의 재음운화에 관한 것 12개
3. /ɨ/와 /ə/의 변별에 관한 것 28개
4. /je/와 /jɛ/의 합류에 관한 것 8개
5. /we/와 /wɛ/의 실현에 관한 것 9개

이상의 총 77개의 항목은 한꺼번에 조사하는 부담을 덜기 위해 제1
차 질문지와 제2차 질문지로 나누었다. 제1차 질문지는 /ɨ/와 /ə/의 변
별에 관한 질문지로 총 20개의 항목으로 구성되었다. 제1차 질문지를
/ɨ/와 /ə/만으로 구성한 까닭은 이 지역어의 홑홀소리 체계를 세움에
있어 논란이 될 수 있는 것이 /ɨ/와 /ə/의 변별 여부라고 생각했기 때
문이다. 제2차 질문지는 제1차 질문지에서 누락된 /ɨ/와 /ə/의 대립쌍
8개를 포함한 나머지 항목들로 구성되었다. 한편, 각 항목은 말투에
의한 언어변이 현상을 조사하기 위해 다음 네 가지로 재구성되었다.14)

㉠ 일상적인 말투
㉡ 격식적인 말투
㉢ 단어목록 읽기
㉣ 구절 읽기

특히 각 말투에 포함된 조사항목의 배열은 최소 대립쌍을 가진 항
목의 경우 서로 떼어 놓음으로써 의식적으로 주의를 기울여 발음할
수 없도록 하였다. 그리고 구절 읽기의 경우 조사항목을 넣어서 기쁜
이야기, 슬픈 이야기, 무미건조한 이야기, 과거의 추억담, 짧은 이야기,

---

14) 이에 대한 이론적 근거는 Labov(1972) 또는 이익섭(1994) 참조

긴 이야기 등으로 구성하여 다양한 읽기 상황이 될 수 있도록 하였다. 한편, 후자의 질문지, 즉 안동지역 주민들의 언어태도와 사회적인 배경을 알아보기 위한 것에는 제보자들의 나이, 출신지, 직업, 학력, 경력 등 주민들의 사회적인 배경을 알아보는 문항 15개, 안동지역 제보자들의 이 지역어 사용 정도와 그 이유 및 이 지역어에 대한 언어태도에 관한 것을 알아보는 문항 23개 등 총 38개 문항으로 구성하였다.

2.2.3. 제보자

이 글은 이 지역어의 홑홀소리 체계를 확립하는데 목적이 있다. 따라서 제보자는 이러한 목적 달성에 적합해야 한다. 그래서 다음과 같은 조건을 제보자 선정 때에 고려하였다.

첫째, 연구 대상 지역 언어가 안동지역어이므로 안동지역어의 토박이 화자를 제보자의 조건으로 하였다. 그래서 남자 제보자의 경우 안동지역에서 출생하여 안동지역에서 줄곧 생활하고 다른 시도에서 거주한 경력이 없는 사람을 선정하였다. 여자 제보자의 경우, 결혼을 통해 다른 시도에서 유입된 사람일 가능성이 있으므로 출생지와 선대 거주지 및 다른 시도에서 거주한 경력을 철저히 물어서 안동지역 토박이 화자가 아닌 경우 모두 배제하였다. 그 결과 여자 제보자를 확보하는데 다소 곤란을 겪기도 했다.

둘째, 사회적 요인, 이를테면 성별, 연령층별, 학력별 요인 등과 언어분화의 상관성을 연구하기 위한 의도도 있었으므로 제보자의 성별 분포도 고르게 하려고 노력했다. 그렇지만 70대 이상에서는 성별로 균등하게 하는 것이 힘들었기 때문에 안동지역 토박이 화자에 해당하면 제보자로 택하였다.

셋째, 연령층별 언어차이도 관찰대상이었으므로 10대에서부터 80대까지 각 연령층별로 최소한 4명 이상의 제보자를 확보하였다. 그 결과 총 55명의 제보자를 얻을 수 있었다.

넷째, 학력15)의 경우는 10대에서는 대졸자가 나올 수 없고, 60대 이상에서는 무학이 많은 관계로 각 연령층별로 균등하게 학력 분포를 얻을 수 없기 때문에 연령층과 상관없이 전체적으로 무학, 글방, 초졸, 중졸, 고졸, 대졸에 제보자가 분포되도록 하였다.

다섯째, 직업의 경우도 고려하여 가급적 다양한 직업군을 형성할 수 있도록 했다. 하지만 인위적으로 직업군을 형성하는데 한계가 있으므로 제보 장소를 다양하게 하여 여러 직업군의 제보자와 만날 수 있는 가능성을 높였다.

여섯째, 제보자의 건강 상태도 고려하였으며, 특히 노년층에서는 치아 상태가 건강한지를 확인하여 건강한 치아를 가진 사람만 제보자로 택했다.

일곱째, 한글을 읽을 수 있는 사람을 제보자로 하였다. 그래서 시력이 나쁘거나 글씨를 못 읽는 경우는 제외하였다. 이는 단어목록 읽기, 구절 읽기를 위해서였다.

이상의 제보자 선정기준에 의해 선정된 제보자 명단은 다음과 같다.

---

15) 초등학교 중퇴는 글방, 중학교 중퇴는 초졸, 고등학교 중퇴는 중졸, 대학교 중퇴는 고졸로 처리하였고, 각 재학생은 졸업으로 간주하였다. 이를테면 초등학교 재학은 초졸이 된다.

<표 7> 제보자 명단

이름	성별	연령	학력	직업	이름	성별	연령	학력	직업
박용진	남	14	중졸	중학생	권은숙	여	20	대졸	대학생
박진탁	남	14	중졸	중학생	신미에	여	24	대졸	회사원
류주상	남	14	중졸	중학생	신순에	여	21	대졸	대학생
전우민	남	11	초졸	초등학생	김영대	남	25	대졸	경찰
유경원	여	10	초졸	초등학생	이필호	여	39	고졸	대리점경영
이은미	여	10	초졸	초등학생	이만규	남	37	고졸	세탁업
이정희	여	14	중졸	중학생	이예은	여	30	고졸	교회집사
김희성	여	14	중졸	중학생	이한우	남	37	고졸	가구점직원
조효림	여	14	중졸	중학생	남재목	남	41	대졸	약사
김창원	남	17	고졸	고등학생	김재술	남	40	대졸	시청공무원
서선영	여	18	고졸	고등학생	염상진	남	43	고졸	택시회사간부
서은정	여	18	고졸	고등학생	서정애	여	46	고졸	민속식당경영
이경진	여	18	고졸	고등학생	이예실	여	45	중졸	교회집사
신홍균	남	25	대졸	조교	박정순	여	40	초졸	목용탕고용인
남선미	여	21	대졸	대학생	조규현	남	47	대졸	회사원
우익선	남	21	대졸	대학생	김홍연	남	51	중졸	주물공장직원
장경열	남	24	대졸	대학생	천명순	여	53	중졸	야쿠르트판매원
권미향	여	21	대졸	대학생	최영숙	여	52	중졸	식품상
정화윤	남	27	대졸	호텔요리사	강주하	남	51	고졸	은행원
이순구	남	50	대졸	국회의원사무실	박매자	여	76	초졸	전 농사
조귀로	남	53	중졸	의용소방대	황무애	여	73	글방	전 구멍가게주인
권 용	남	66	대졸	전직공무원	조분녀	여	75	글방	전 과일상
박일량	남	67	중졸	전직군인	남끝선	여	77	글방	전 한복집
김태목	남	61	초졸	막노동	장재순	남	82	무학	전 농사
오재희	여	65	초졸	농사	이상훈	남	80	글방	전 농사
이준상	남	69	대졸	안동향교유림	이직호	남	87	중졸	전 농사
류기홍	남	68	대졸	전직교장선생님	김원섭	남	92	무학	전 농사
김차현	여	77	글방	전 농사					

2.2.4. 자료 조사

자료는 필자 자신이 제보자를 통해 현지에서 직접 조사하였다. 조사 때에는 녹음기를 사용하여 제보자의 제보 내용을 모두 녹음하였다. 조사지점은 제보자를 쉽게 만날 수 있는 장소를 택하였다.

그래서 70대 이상의 제보자를 면담하기 위해서 안동향교, 노우회, 경로당, 노인정 등을 이용하였고 40대~60대 제보자를 면담하기 위해서 사무실, 시청, 공장, 택시회사, 식당, 방송국, 시장, 은행, 소방서, 경찰서, 목욕탕 등을 이용하였으며, 30대 이하 제보자를 면담하기 위해서 초·중·고·대학교, 안동댐, 까페, 가구점, 교회, 놀이공원, 낚시터 등을 이용하였다.

그리고 각 연령층별 제보자가 어느 곳에 밀집해 있는지를 알기 위해 안동시청 정보통신과와 안동향교, 안동 경찰서의 도움을 받았다. 이외에도 가까운 친지의 도움을 받았다. 자료 조사는 가장 편안한 상태에서 자연스럽게 행해질 수 있도록 간편복을 입고 갔으며, 녹음여부를 사전에 알려주고, 자유로운 대화가 어느 정도 무르익은 후 본격적으로 면접을 하였다. 조사 기간 및 주요 조사 활동은 다음과 같다.

1차 : 2000년 5월 2일~2000년 5월 5일 (4일간)
　　　　안동시의 통계연보, 안동권 지역자료편람 확보, 주요 제보장소 물색,
　　　　설문지 의뢰 협조 요청 후 설문지 배포
2차 : 2000년 5월 9일~2000년 5월 12일 (4일간)
　　　　설문지 회수, 제1차 방언질문지에 의한 제보자와의 면접
3차 : 2000년 5월 16일~2000년 5월 17일 (2일간)
　　　　제1차 방언질문지 누락사항 조사 및 제2차 방언질문지에 의한 제보자와의 면접

4차 : 2000년 5월 30일~2000년 5월 31일 (2일간)
제2차 방언 질문지에 의한 제보자와의 면접 속계

제1차 자료 조사 활동에 있어, 안동시의 통계연보 및 안동권 지역자료 편람은 안동시청 정보통신과의 도움을 받아 입수하였으며 안동시 인구동태, 인구이동, 사업체총괄, 학교분포, 안동지도, 안동시 연혁 등이 담긴 자료를 확보하였다.

주요 제보 장소 물색은 자동차를 이용하여 제보지점이 될 수 있는 곳을 찾아다니면서 눈으로 익히고 노트에 각 제보지점의 특징을 정리하였다. 예를 들면, '법흥동 노인회관은 오전 10시에 문을 연다.' 등과 같은 것이 정리되었다. 설문지 배포는 필자와 연고가 닿는 초·중·고등학교를 이용하였는데 영가 초등학교에 350부, 경안중학교에 350부, 성희여고에 200부, 경안 고등학교에 100부를 의뢰하였다. 영가초등학교는 필자의 출신교이며, 경안 중학교는 필자의 고등학교 때 은사님이 교감·교무선생님으로 계신 곳이고, 성희 여고는 필자의 고등학교 동기생이 국어 선생님으로 있는 곳이며, 경안 고등학교는 필자의 출신고교이어서 어려움 없이 협조를 받을 수 있었다.

제2차 자료 조사 활동은 제1차 방언 질문지에 의한 면접활동이다. 즉, /ɨ/와 /ə/의 변별에 대한 20개 조사항목을 집중적으로 조사한 것이다.

질문지가 동일한 항목에 대하여 네 가지 유형으로 조사하도록 되어 있었기 때문에 상당한 시간이 걸렸다. 특히 일상적인 말투를 이끌어내는데 주력했는데, 조사하고자 하는 항목에 대해 질문한 후 응답형이 나오면 그 응답형을 설명해 보라고 하여, 제보자의 설명 중에 그 응답형이 나오면 그것을 일상적인 말투로 간주하였다.

격식적인 말투는 조사하고자 하는 항목에 대해 질문한 후 응답형이 유도되면 그 응답형을 설명하게 하고 설명이 끝나면, 제대로 못 알아들은 척하며 "방금 설명한 것이 뭐지요?"와 같은 물음을 던져 그 때 나온 대답으로 간주하였다. 단어목록 읽기와 구절 읽기는 충분한 시간을 주고 읽도록 했다.

　제3차 자료 조사활동은 /ɨ/와 /ə/의 최소 대립쌍을 포함하여 /e/와 /ɛ/, /y/와 /ø/, /je/와 /jɛ/, /we/와 /wɛ/에 대해 집중적으로 조사했으며 조사방법은 제2차 자료 조사 때와 동일하다. 제4차 자료 조사 활동은 제3차 때 다 못한 것을 속계했다.

2.2.5. 전사

　지역어의 특징을 좀더 잘 나타내기 위해서는 음소 단위까지만 구별하여 적는 약식 전사(broad transcription)보다는 그 음소가 분포되는 환경에 따라 일으키는 변이음(allophone)까지를 적을 수 있는 정밀 전사(narrow transcription)가 필수적이다. 정밀 전사에 쓰이는 부호는 여러 가지가 있겠으나, 이 글에서는 '국제음성학회'에서 정한 '국제음성부호(I.P.A)를 쓰기로 한다. 그리고 이 글에서는 음성부호를 〔　〕안에 넣지 않는다. 이 글에 쓰인 음성부호는 다음과 같다.

〈닿소리〉

p	p˺	t	t˺	tʃ	k	k˺	q
b		d		ʤ	g		G
p'		t'		tʃ	k'		q'	ʔ
pʰ		tʰ		tʃʰ	kʰ		qʰ
ɸ		s		ɕ			h

β   z   ʑ γ   ɦ

       s'   ç

m   n   ɲ

       l   ʎ   ŋ N

       r

       ɾ

〈홑홀소리〉   〈반홀소리〉

i y   ɨ u   j

          ɐ

e ø   ə o   w

ɜ

ɛ   a ʌ   ɨ̯

                 ɥ

3. /ㅔ/와 /ㅐ/의 합류

이 지역어의 /ㅔ/와 /ㅐ/의 변별성 유무에 대하여 논의한 것으로는 서보월(1984), 이동화(1984), 조신애(1985), 서재극 외(1991), 박종덕 (2000) 등이 있다. 서보월(1984), 조신애(1985), 서재극 외(1991) 등에서는 〔e〕와 〔ɛ〕가 /ɛ/로 중화된다는 견해[1]를 보이고 있고, 이동화 (1984)에서는 〔e〕와 〔ɛ〕의 변별성 여부에 대한 구체적 언급은 없지만 /ɛ/만을 음소로 설정하고 있다. 한편, 박종덕(2000)에서는 〔ɛ〕가 대부분의 환경에서 〔e〕로 실현되어 변별성이 없으며, 〔ɛ〕가 〔e〕로 합류하는 것으로 인식하여 /e/만을 음소로 설정할 수 있다는 태도를 보이고 있다. 그렇지만, /e/로 기술할 경우 자칫 표준어의 /e/와 음역이 혼동될 수 있음을 우려하여 '〔e〕와 〔ɛ〕 → /E/'로 기술하였다.[2] 이들 논의는 기술상의 차이는 있으나 결론적으로 이 지역어에서 /e/와 /ɛ/의 변별성이 없음을 주장한 점에서는 일치한다. 그리고 이들 논의는 2000년을 기준

---

1) 〔e〕와 〔ɛ〕의 합류를 이들 논문에서는 중화라고 하였다. 여기에서는 이들 논문대로 중화라고 적어 둔다.

2) 표준어의 경우 〔e〕→/e/, 〔ɛ〕→/ɛ/이지만, 이 지역어의 경우 〔e〕, 〔ɛ〕→/e/이므로 이 지역어의 /e/와 표준어의 /e/는 음역이 다르다. 그럼에도 불구하고 이 지역어에서 /e/를 음소 기호로 쓰게 되면 오해의 여지가 있다. 따라서 /E/를 도입한 것이다. 한편, 일반적으로 /E/의 경우 〔e〕와 〔ɛ〕의 중간지점에 위치한 음역을 가진 음성의 음운으로 기술하는 사례도 있으나, 박종덕(2000)에서는 〔e〕와 〔ɛ〕를 아우르는 넓은 범위의 음역을 가진 것이되, 실제로는 /e/를 의미하는 것으로 쓰고 있다.

으로 제보자의 연령을 산정할 때, 이동화(1984)는 80대 후반, 조신애 (1985)는 40대에서 80대 후반, 서재극 외(1991)은 70대 후반에서 80대 초반, 박종덕(2000)은 60대에서 80대 초반을 대상으로 한 연구이다.3)

한편, 이기문(1972), 이현복(1980), 박경래(1984) Hong, Y.S(1986), 이미재(1988) 등에서는 젊은층으로 갈수록 /e/와 /ɛ/의 구별이 점차 흐려지고 있다고 보고한 바 있다.

이 장에서는 이러한 현상에 주목할 것이다. 그래서 이 이 지역어에서도 이러한 현상이 나타나는지를 알아볼 것이다. 그러므로 이 지역어에 대한 기존의 논의에서 제보 대상으로 하지 않았던 10대~30대, 그리고 90대 제보자에게서 /e/와 /ɛ/의 변별 유무를 관찰하게 된다.4) 한편, 80대의 제보자도 거듭 확인한다는 차원에서 관찰 대상으로 하였다.5) 그 결과 이 글에서는 다음과 같은 사실을 얻었다.

---

3) 논문이 발표된 해를 기준으로 2000년도와의 연차를 더하는 방법으로 제보자의 현재 연령을 이끌어 내었다. 예를 들어, 이동화(1984)에서 제보자 연령이 60세로 기록되어 있으면, 이 제보자의 2000년도 연령은 76세가 된다. 한편, 서보월(1984)에서는 제보자에 대한 구체적 언급이 없다.

4) 10대~30대를 제보 대상으로 한 까닭은 학교 교육에 의해 혹 /e/와 /ɛ/의 변별성이 생길 수 있지 않을까 하는 생각 때문이었고, 90대 제보자를 관찰 대상으로 한 것은 관찰 가능한 연령층을 최대한 확보하여 /e/와 /ɛ/의 변별에 대한 실상을 좀더 명확하게 하고자 했기 때문이다. 이러한 태도에도 불구하고 90세 이상의 제보자를 만나는 것은 쉽지 않았다. 90세 이상의 주민을 만났다 하더라도 청각장애, 치아결손, 건강악화 등으로 인해 제보자로 선정하기에는 무리가 따랐다. 그래서 겨우 김원섭 옹(92세)만을 제보자로 선정할 수밖에 없었다. 김원섭 옹은 이 지역어의 완벽한 토박이 화자이고 무학이며, 농사로 일생을 보내셨고, 다른 지역 거주 경험이 없으며, 결혼은 안동지역 주민과 하셨으며, 홀로 되셨다. 따라서 김원섭 옹은 어느 정도 대표성이 있는 90대 화자라 할 수 있다.

5) 관심의 대상은 아니었으나 40대~70대까지도 전부 조사하기는 하였다.

첫째, 이 지역어에서는 모든 연령층에서 /e/와 /ɛ/가 변별되지 않는다.6)

둘째, 이 지역어에서 /e/는 표준어의 음역보다 다소 아래에 위치한다.

셋째, 70대 이하 화자의 경우, [ɛ]는 [e]로 합류한다.

넷째, 80대 화자에게 있어 [e]와 [ɛ]는 음성적으로 구별될 때도 있으나 그 빈도는 매우 빈약하다. 하지만 /e/와 /ɛ/를 변별하지는 못한다.7)

다섯째, 90대 화자인 김원섭 옹의 경우, 80대 화자보다 [e]와 [ɛ]가 좀 더 뚜렷이 구별된다. 하지만 [e]와 [ɛ]를 변별하지는 못한다.8)

여섯째, 교육·성별·말투 등의 변이와 /e/와 /ɛ/의 변별은 관련성이 없다.

이상을 바탕으로 하면 이 지역어에서 [e]와 [ɛ]는 각기 80대 화자에게 있어 음성적으로 구별되는 현상이 나타나며 90대 화자에게 있어서 이 현상은 더 뚜렷해지나 의미 변별을 할 수 있는 음소적 차원은 아니라고 할 수 있다. 한편, 70대 이하의 화자와 80대 이상 화자의 [e],

---

6) [e]와 [ɛ]가 독립적인 음소로 설 수 있는지를 밝히기 위해 다음과 같은 방법을 취하였다. 첫째, 설문지의 조사항목에 대한 응답형을 유도한 후 이를 녹음하여 표준어 화자와 함께 두 음성의 변별성 여부를 확인하였다. 둘째, 사전에 설문지의 조사항목을 [e]와 [ɛ]를 변별하는 70대의 서울 토박이 표준어 화자에게 발음하게 하여 녹음한 후 이를 제보자들에게 들려주고 의미 변별여부를 확인하였다.

7) [e]와 [ɛ]를 다른 조음 위치에서 발음하는 경우도 있다. 그러나 이 경우에도 역시 [e]와 [ɛ]를 변별하지 못하고 있다.

8) [e]와 [ɛ]를 변별하는 70대의 서울 토박이 표준어 화자의 발음을 녹음한 것을 들려 주었을 때 각각을 변별하지 못하고 같은 발음으로 인식하였다.

〔ε〕음역이 다름은 물론, 〔e〕는 〈그림 3〉에서 보듯이 표준어에서의 음역보다 다소 아래로 내려오는 것으로 보인다.

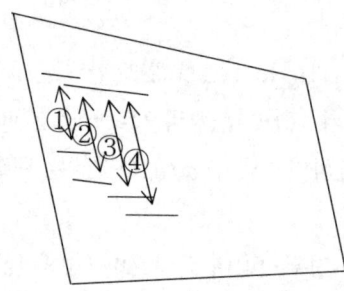

① 표준어
② 안동지역 70대 이하
③ 안동지역 80대 이상
④ 김원섭 옹

〈그림 3〉 〔e〕의 음역

이제, 연령층에 따른 〔e〕와 〔ε〕의 실현 양상을 보이면 〈표 8〉과 같다.

〈표 8〉 〔e〕와 〔ε〕의 연령층별 실현 양상

	게	개	떼	때	베	배	메	매	체	채	벤다	밴다	제기	재기
90대	ki	ke	te	te	pe	pε	me:	me	tʃʰe	tʃʰei	pinda	penda	tʃeːgi	tʃεːgi
80대	ki	ke	te	tε	pe	pe	mi	me	tʃʰi	tʃʰei	pinda	penda	tʃeːgi	tʃeːgi
	ke	ke	te	te	pe	pe	me:	me	tʃʰe	tʃʰe	penda	penda	tʃeːgi	tʃeːgi
	ki	ke	te	te	pi	pe	me	me	tʃʰe	tʃʰe	pinda	penda	tʃeːgi	tʃeːgi
30대	ke	ke	te	te	pe	pe	me	me	tʃʰe	tʃʰe	penda	penda	tʃeːgi	tʃeːgi
	ke	ke	te	te	pe	pe	*	me	*	tʃʰe	penda	penda	*	tʃeːgi
	ke	ke	te	te	pe	pe	*	me	tʃʰe	tʃʰe	pinda	penda	*	tʃeːgi
	ke	ke	te	te	pe	pe	me	me	tʃʰe	tʃʰe	penda	penda	tʃeːgi	tʃeːgi
20대 이하	ke	ke	te	te	pe	pe	*	me	*	tʃʰe	penda	penda	*	tʃeːgi
	⋮	⋮	⋮	⋮	⋮	⋮	⋮	⋮	⋮	⋮	⋮	⋮	⋮	⋮
	⋮	⋮	⋮	⋮	⋮	⋮	⋮	⋮	⋮	⋮	⋮	⋮	⋮	⋮
	⋮	⋮	⋮	⋮	⋮	⋮	⋮	⋮	⋮	⋮	⋮	⋮	⋮	⋮

〈표 8〉에서 보인 연령층별에 따른 〔e〕, 〔ε〕의 실현 양상과 〈표 8〉

에는 나타나 있지 않지만 40대에서 70대까지의 [e], [ɛ]의 실현 양상을 통계로 보이면 〈표 9〉와 같다.

〈표 9〉 [e], [ɛ]의 연령층별 구별 및 변별 정도9)

(단위 : %)

	90대	80대	70대	60대	50대	40대	30대	20대	10대
구별 정도	28.57	4.76	0	0	0	0	0	0	0
변별 정도	0	0	0	0	0	0	0	0	0

결론적으로, 이 지역어에서 [e]와 [ɛ]는 의미 변별이 되지 않으며, [ɛ]가 [e]로 합류함으로써 [ɛ]는 음소로 서지 못한다고 할 수 있다. 그리고, 90대와 80대의 화자에게 있어 [ɛ]의 흔적이 남아 있는 것은 주목할 만한 사실이라고 본다.10)

---

9) 구별 정도는 음성적으로는 달리 실현되나 화자가 의미 변별을 못하는 것이고, 변별 정도는 음성적으로 달리 실현되며 화자가 의미 변별을 하는 것을 말한다. 한편, 통계는 구별되는 조사 항목을 전체 조사 항목으로 나눈 값에 100을 곱한 수이다.

10) 역사적으로 /e/와 /ɛ/의 합류가 완료된 이후에도 이들의 발음은 여전히 오랜 동안 남아 있었음을 의미하는 것으로 이해된다.

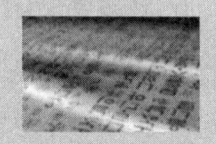# 4. /ᅱ/와 /ᅬ/의 분화

표준어에서 /ᅱ/와 /ᅬ/는 홑홀소리로서 /y/와 /ø/를 말한다. 그러나 필자가 보기에 표준어 화자의 젊은층은 물론 중·장년층 상당 수가 겹홀소리인 〔wi〕, 〔we〕로 발음하는 것 같다. 이러한 점은 이 지역어에서도 관찰되리라 예상된다.

조신애(1985), 서보월(1997), 박종덕(2000)에 의하면, 이 지역어에서 /ᅱ/는 /u, e, i, wi/ 등으로, /ᅬ/는 /e, o/ 등으로 실현된다. 그런데 이들에서는 전통적인 방언 연구 방법의 입장을 취하여 제보자를 주로 60대에 맞추고 있어 언어 변화의 실태를 제대로 보여주지는 못했다. 언어변화의 외적 요인인 사회적 변인도 고려하지 않았기 때문에 변화의 원인 파악에도 미흡한 점이 발견된다. 그래서 이 장에서는 선행 연구에서 간과한 연령층별, 성별, 학력별, 말투별 변인을 중심으로 /ᅱ/와 /ᅬ/의 실현 양상을 살펴보고자 한다.

4.1. 연령층별 분화

편의상 연령층을 10년 단위로 구분하여 제보자의 일상적인 말투에서 관찰되는 /ᅱ/와 /ᅬ/의 실현 양상을 보이면 〈표 10〉과 같다.

	쥐	쉬	뒤	위	윙윙	흰자위	죄	쇠	되	왼손	외가	외교관
90대	tʃy	sy	ty	u	eŋeŋ	hiɟntʃe	tʃø	s'ø	tø	wen-	yga	*
80대	tʃy	sy	twi	u	eŋ:-	hintʃase	tʃø	s'ø	twe	wen-	wega	we-
	tʃwi	sy	twi	u	yŋ:-	hintʃa	tʃwe	s'we	twe	wen-	wega	we-
	tʃy	sy	ty	u	yŋ:	hintʃwe	tʃø	sø	ti	wen-	wega	we-
70대	tʃwi	swi	ty	u	uŋ	hintʃa	tʃø	s'we	twe	wen-	wega	we-
	tʃwi	swi	twi	wi	yŋyŋ	hintʃase	tʃwe	s'we	twe	wen-	wega	we-
	tʃwi	sy	ty	u	uŋ:	hintʃa	tʃø	s'ø	tø	wen-	wega	we-
	tʃwi	swi	twi	u	iŋ	*	tʃwe	s'e	twe	wen-	wiga	*
	tʃwi	sy	twi	u	yŋyŋ	hintʃa	tʃy	s'e	twe	wen-	wiga	*
60대	tʃwi	si	ti	wi	wiŋ	-tʃawi	tʃe	s'e	twe	wen-	wega	we-
	tʃwi	sy	twi	wi	weŋ	-tʃai	tʃwe	s'ø	twe	wen-	wega	we-
	tʃi	si	ti	wi	weŋ	-tʃa	tʃe	s'e	te	wen-	wiga	we-
	tʃwi	sy	twi	u	weŋ	-tʃawi	tʃwe	s'ø	twe	wen-	wega	we-
	tʃi	si	ti	wi	weŋ	-tʃase	tʃe	s'e	te	wen-	wega	we-
	tʃi	si	ti	wi	weŋ	-tʃawi	tʃe	s'e	te	wen-	wega	we-
50대	tʃi	*	ti	wi	wiŋ-	-tʃawi	tʃwe	s'e	te	wen-	we-	we-
	tʃi	*	ti	wi	wiŋ-	-tʃai	tʃe	s'e	te	wen-	we-	we-
	tʃi	*	ti	wi	wiŋ-	-tʃai	tʃe	s'e	te	wen-	we-	we-
	tʃwi	*	ti	wi	wiŋ-	-tʃai	tʃwe	s'e	te	wen-	we-	we-
	tʃi	si	ti	wi	wiŋ-	-tʃawi	tʃe	s'e	te	wen-	we-	e-
	tʃi	si	ti	wi	wiŋ-	-tʃawi	tʃe	s'e	te	wen-	we-	we-
40대	tʃi	si	ti	wi	wiŋ-	-tʃawi	tʃe	s'e	twe	wen-	we-	we-
	tʃi	si	ti	wi	wiŋ-	-tʃawi	tʃe	s'e	te	wen-	we-	we-
	tʃi	*	ti	wi	wiŋ-	-tʃawi	tʃe	s'e	te	wen-	we-	we-
	tʃi	*	ti	wi	wiŋ-	-tʃawi	tʃe	s'e	twe	wen-	we-	we-
	tʃi	*	ti	wi	wiŋ-	-tʃawi	tʃe	s'e	te	wen-	we-	we-
	tʃi	*	ti	wi	wiŋ-	-tʃawi	tʃe	s'e	te	wen-	we-	we-
30대	tʃi	*	ti	wi	wiŋ-	-tʃawi	tʃe	s'e	te	wen-	we-	we-
	tʃi	*	ti	wi	wiŋ-	-tʃawi	tʃe	s'e	te	wen-	we-	we-
	tʃi	*	ti	wi	wiŋ-	-tʃa	tʃe	s'e	te	wen-	we-	we-
	tʃi	*	ti	wi	wiŋ-	-tʃa	tʃe	s'e	te	wen-	we-	we-

	쥐	쉬	뒤	위	윙윙	흰자위	죄	쇠	되	왼손	외가	외교관
20대	ʧwi	*	twi	wi	wiŋ-	-ʧawi	ʧe	s'e	te	wen-	we-	we-
	ʧwi	*	twi	ɥi	ɥiŋ-	-ʧaɥi	ʧe	s'e	te	wen-	we-	we-
	ʧi	*	ti	ɥi	ɥiŋ-	-ʧaɥi	ʧe	s'e	te	wen-	we-	we-
	ʧi	*	ti	ɥi	ɥiŋ-	-ʧaɥi	ʧe	s'e	te	wen-	we-	we-
	ʧi	*	ti	ɥi	ɥiŋ-	-ʧaɥi	ʧe	s'e	te	wen-	we-	we-
	ʧi	*	ti	ɥi	ɥiŋ-	-ʧaɥi	ʧe	s'e	te	en-	e-	e-
	ʧwi	*	twi	ɥi	wiŋ-	-ʧaɥi	ʧwe	s'e	te	wen-	we-	we-
	ʧi	*	ti	ɥi	wiŋ-	-ʧawi	ʧwe	s'e	te	wen-	we-	we-
	ʧi	*	ti	ɥi	wiŋ-	-ʧawi	ʧwe	s'e	te	wen-	we-	we-
	ʧi	*	ti	ɥi	wiŋ-	-ʧawi	ʧwe	s'e	te	wen-	we-	we-
10대	ʧwi	*	ti	wi	weŋ-	-ʧawi	ʧe	s'e	twe	wen-	we-	we-
	ʧwi	*	ti	wi	weŋ-	-ʧawi	ʧe	s'e	twe	wen-	we-	we-
	ʧwi	*	ti	wi	wiŋ-	-ʧawi	ʧe	s'e	twe	wen-	we-	we-
	ʧi	*	ti	ɥi	wiŋ-	-ʧai	ʧe	s'e	te	wen-	we-	we-
	ʧi	*	ti	ɥi	iŋ-	-ʧai	ʧe	s'e	te	wen-	we-	*
	ʧi	*	ti	ɥi	iŋ-	-ʧai	ʧe	s'e	te	wen-	we-	*
	ʧi	*	ti	ɥi	wiŋ-	-ʧawi	ʧe	s'e	te	wen-	we-	*
	ʧi	*	ti	ɥi	wiŋ-	-ʧawi	ʧe	s'e	te	wen-	we-	*
	ʧi	*	ti	ɥi	weŋ-	-ʧawi	ʧe	s'e	te	wen-	we-	we-
	ʧi	*	ti	ɥi	wiŋ-	-ʧawi	ʧe	s'e	te	wen-	we-	we-
	ʧi	*	ti	ɥi	wiŋ-	-ʧawi	ʧe	s'e	te	wen-	we-	we-
	ʧi	*	ti	ɥi	ɥiŋ-	-ʧai	ʧe	s'e	te	wen-	we-	*
	ʧi	*	ti	ɥi	ɥiŋ-	-ʧai	ʧe	s'e	te	wen-	we-	*

〈표 10〉에 나타난 홑홀소리 /ㅟ/, /ㅚ/의 실현양상을 연령층별에 따른 실현율로 나타내면 〈표 11〉과 같다.

---

1) 표 안에서 'ɥi'는 'wi'를 입술을 펴서 발음한 것을 말한다. 요즈음 젊은층에서 는 'ㅟ'를 [wi]로 발음하지 않고, [ɥi] 로 발음하는 현상이 강하다.

<표 11> /ㅟ/, /ㅚ/의 /y/, /ø/로의 연령층별 실현율(%)

	90대	80대	70대	60대	50대	40대	30대	20대	10대
/y/, /ø/로의 실현율	50.0	33.3	16.6	5.5	0	0	0	0	0

한편, /ㅟ/, /ㅚ/가 겹홀소리 /wi/, /we/로 대응되는 양상을 연령층별에 따른 비율로 나타내면 〈표 12〉와 같다.

<표 12> /ㅟ/, /ㅚ/의 /wi/, /we/로의 연령층별 대응 비율(%)

	90대	80대	70대	60대	50대	40대	30대	20대	10대
/wi/, /we/로의 실현율	8.3	44.4	55.0	58.3	48.6	52.3	45.8	38.0	39.7

그리고 /ㅟ/, /ㅚ/가 홑홀소리 /u/나 /i/ 혹은 /e/로 대응되는 양상을 연령층에 따른 대응율로 나타내면 〈표 13〉과 같다.

<표 13> /ㅟ/, /ㅚ/의 홑홀소리로의 연령층별 대응 비율(%)

	90대	80대	70대	60대	50대	40대	30대	20대	10대
홑홀소리 대응비율	18.1	17.5	16.6	34.7	47.5	44.3	45.4	39.0	45.9

마지막으로 /ㅟ/, /ㅚ/가 입술안둥근홀소리로 옮아가는 것을 연령층별로 제시하면 〈표 14〉와 같다.

<표 14> /ㅟ/, /ㅚ/의 연령층별 입술안둥근홀소리화 비율(%)

	90대	80대	70대	60대	50대	40대	30대	20대	10대
입술 안둥근 홀소리화	9.0	8.3	10.5	33.3	51.5	45.5	45.4	57.2	54

이제 〈표 11-14〉를 그래프로 나타내면 〈그림 4〉와 같다.

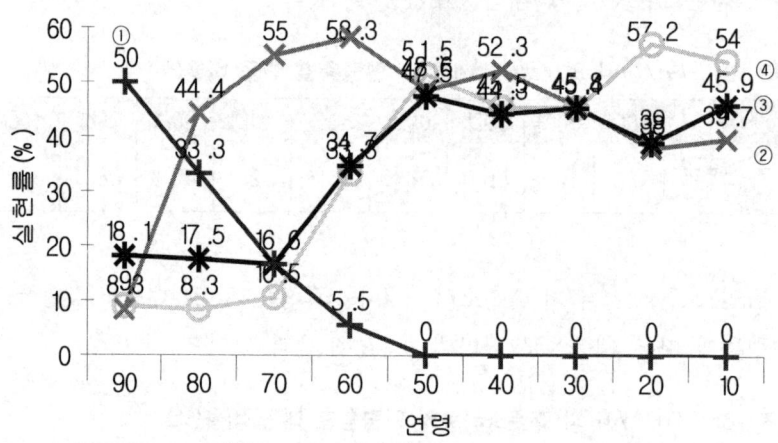

〈그림 4〉 /ㅟ/, /ㅚ/의 분화 실태 (%)

① /y/, /ø/로의 연령층별 실현율   ③ 홑홀소리 대응
② /wi/, /we/로의 대응 비율   ④ 안둥근 홑소리화

이상에서 살펴본 것을 통해 /ㅟ/와 /ㅚ/의 언어분화 양상을 제시하면 다음과 같다.

첫째, /ㅟ/, /ㅚ/ 앞에 닿소리가 오는 환경에서는 /ㅟ/, /ㅚ/가 아래와 같은 분화 단계를 보인다.

• 제 1 시기 : 〔y〕, 〔ø〕 실현 약화 단계 ·················· (90대~70대)
• 제 2 시기 : (과도기) ·· (60대)
• 제 3 시기 : 〔y〕, 〔ø〕의 소멸 단계 ····················· (50~30대)
• 제 4 시기 : 〔ɥi〕의 실현 단계 ····························· (20~10대)

이렇게 볼 때, [y], [ø]가 소멸되는 50대와 [ɥi]가 강하게 실현되는 20대가 각각 언어적 세대 분기점이 된다.

둘째, /ㅟ/, /ㅚ/가 음절 첫머리에 오는 환경에서는 모든 연령층에 걸쳐 겹홀소리 [wi], [we]로 실현된다.

셋째, 입술을 둥글게 하지 않고, 둥근 입술 소리를 내려는 현상, 즉 안둥근홀소리되기 현상이 20대와 10대에게 특히 두드러진다.

넷째, 노년층인 80대~60대는 /ㅟ/, /ㅚ/를 주로 겹홀소리 /wi/, /we/로 실현하는데 반해, 청·장년층인 50~30대는 겹홀소리 [wi], [we]와 홑홀소리 /i/, /e/로 실현하고, 성년 및 청소년층인 20~10대는 홑홀소리 및 둥근소리의 안둥근홀소리로 음성 실현을 하고 있다.

다섯째, 박경래(1993)에서 /ㅟ/, /ㅚ/가 충주지역어에서 홑홀소리 [y], [ø]로 실현되는 것과 비교해 볼 때, 이 지역어에서 [y], [ø]의 소멸 시기가 10년 정도 앞선다. 이는 언어 개신의 방향이 이 지역어에서 충주지역어로 전개될 가능성을 말한다.

박경래(1993)과 [y], [ø] 실현율을 비교하면 〈표 15〉와 같다.2)

〈표 15〉 안동지역어와 충주지역어의 [y], [ø] 실현율 비교 (%)

	90대	80대	70대	60대	50대	40대	30대	20대	10대
안동지역어	50.0	33.3	16.6	5.5	0	0	0	0	0
충주지역어	100	94.4	72.9	22.7	9.1	0	0	0	0

결론적으로, 이 지역어에서는 90대 화자에게서만 /ㅟ/, /ㅚ/가 홑홀

---

2) 박경래(1993)은 이 글과 약 7년의 격차가 있으므로, 여기에서는 2000년 을 기준으로 맞추기 위해 약 10년을 더하여 산정하였다. 따라서 박경래(1993)에서 70대 제보자는 2000년 현재 80대 제보자가 되는 셈이다.

소리 〔y〕, 〔ø〕로 실현된다고 할 수 있다.

4.2. 성별 분화

/ᅱ/, /ᅬ/의 연령층별 분화를 고려할 때, 60대 이상, 50대~30대, 20 대 이하 등으로 성별 분화 실태를 파악하는 것이 합리적이다. 성별에 따른 분화 실태는 〈표 16-18〉과 같다.

〈표 16〉 성별에 따른 /y/, /ø/로의 실현율 (%)

	60대 이상	50~30대	20~10대
남	20.0	0	0
여	14.0	0	0

〈표 17〉 성별에 따른 /wi/, /we/로의 대응 비율(%)

	60대 이상	50~30대	20~10대
남	47.2	50.8	49.1
여	55.5	47.6	28.2

〈표 18〉 성별에 따른 홑홀소리의 대응 비율(%)

	60대 이상	50~30대	20~10대
남	22.2	41.6	31.6
여	13.8	41.6	43.5

〈표 16-18〉을 그래프로 나타내면 〈그림 5〉와 같다.

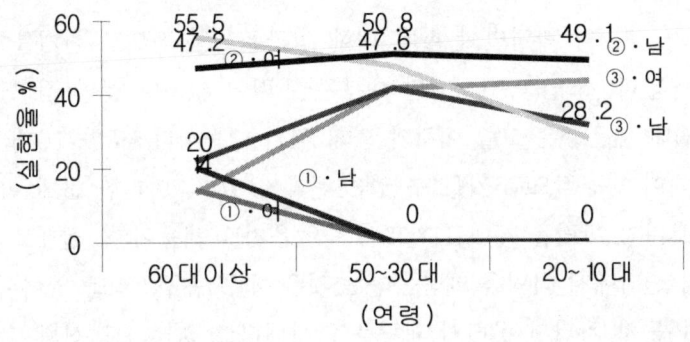

<그림 5> /ㅟ/, /ㅚ/의 성별 분화 실태

① /y/, /ø/ 실현율   ② /wi/, /we/ 대응율   ③ 홑홀소리 대응

이상에서 살펴본 것을 통해 /ㅟ/, /ㅚ/의 언어 분화와 성별 관련성을 제시하면 다음과 같다.

첫째, 10~20대 연령층에 있어서 남성은 여성보다 [wi], [we]로 훨씬 많이 실현하고, 여성은 남성보다 홑홀소리로 훨씬 많이 실현한다. 연령층별과 관련한 변이에서 /ㅟ/, /ㅚ/는 /y/, /ø/ > /wi/, /we/ > /i/, /e/의 변화 과정을 밟고 있음을 알 수 있으며, 여성의 언어 변화 속도가 남성보다 빠름을 알 수 있다.

둘째, 남성은 [wi], [we]의 실현에 있어 연령층별, 세대별 차이가 거의 없음에 비해, 여성은 30대 이상과 30대 미만의 세대 사이에 두드러진 차이를 보인다.

결론적으로, 남자는 언어 실현에 있어 보수성이 강하여 변화를 쉽게 용인하지 않으며, 일단 변화가 일어나면 상당한 기간 변화과정을 겪지만, 여자는 보수성이 약하고 변화가 시작되면 빠른 기간에 변화를 진행시킨다고 할 수 있다. 그렇지만 이러한 사실이 /ㅟ/, /ㅚ/의 체계와 직접적인 관련성이 있는지는 확인하기 어렵다.

4.3. 학력별 분화

/ㅟ/, /ㅚ/의 학력별 분화에 대한 접근은 근본적으로 한계를 가질 수밖에 없다. 노인층으로 가면 대부분 학력이 없거나 글방 정도인 반면, 20대 젊은층은 고졸 이하가 거의 없기 때문이다. 또한 10대의 대졸 학력이 원천적으로 있을 수 없는 문제가 있다. 이러한 문제 이외에도 제보자가 학력을 제대로 가르쳐 주었을지도 의문이다. 실제로 제보자와의 면담에서 학력을 캐묻는다는 것은 매우 송구스러운 일이며, 제보자가 눈치 차리지 못하게 학력을 알아낸다고 하더라도 신뢰 수준에는 문제가 있다.

한편, 학력을 언어 변이의 요인으로 삼는 것은 학교 교육을 통한 언어교정의 가능성 때문이다. 그러나 사투리 화자들이 모인 교실에서 사투리를 쓰는 교사에 의해 표준어 교육이 시행된다고 했을 때 얼마만큼의 표준어 교육효과가 있을지는 미지수다.

그럼에도 불구하고 〈표 19〉와 같은 통계 자료는 학력과 언어변이의 상관성을 짐작케 한다. 〈표 19〉는 /ㅟ/, /ㅚ/의 [wi], [we]로의 음성실현과 [i], [e] 등 홑홀소리로의 대응 양상을 일상적 어투, 단어목록 읽기, 구절읽기로 나누어 제시한 것이다. 표본대상은 학력에 의해 가장 많이 노출되어 있는 20대 이하 제보자이다.

〈표 19〉 /ㅟ/, /ㅚ/의 학력별 분화(%)

	일상적 어투		단어 목록 읽기		구절 읽기	
	겹홀소리	홑홀소리	겹홀소리	홑홀소리	겹홀소리	홑홀소리
초졸	25.0	52.0	23.7	72.3	17.0	76.3
중졸	26.6	51.7	30.0	47.2	29.0	43.0
고졸	29.0	45.8	37.4	41.7	36.0	40.2
대졸	36.6	35.8	47.5	34.3	48.0	32.0

이상의 통계자료를 통해 우리는 다음과 같은 사실을 알 수 있다.

첫째, 학력이 높아질수록 겹홑소리 비율이 높아지고 홑홑소리 비율이 낮아진다. 이는 좀더 표준어에 가깝게 발음하려는 현상을 의미한다고 볼 수 있다.

둘째, 학력이 낮은 초졸 수준에서는 단어목록 읽기, 구절 읽기와 같은 격식체에서 홑홑소리로 발음하는 비율이 증가하나, 고학력인 대졸 제보자의 경우는 격식체에서 오히려 홑홑소리로 발음하는 현상이 줄어들고 겹홑소리로 발음하는 경향이 있다.

셋째, 전반적으로 단어목록 읽기에서 겹홑소리로 발음하는 현상이 두드러진다.

요컨대, 학력이 낮은 층에서 홑홑소리를 선호하고 있는 점이 주목되는데 이를 연령층별 언어분화와 관련지어 해석하면, 언어 변화는 아래로부터의 변화라고 할 수 있다.

4.4. 말투별 변화

먼저, 이 지역 화자의 /ㅟ/, /ㅚ/ 실현정도를 연령층과 말투의 상관성으로 제시하면 〈그림 6〉과 같다.

〈그림 6〉은 다음과 같은 사실을 알려 준다. 첫째, 주의를 가장 많이 기울이게 될 격식적인 말투일 때 홑홑소리〔y〕,〔ø〕로의 실현 비율이 가장 높게 나타난다. 이것은 화자들이 /ㅟ/, /ㅚ/가 홑홑소리임을 알고 있다면, 의식적으로〔y〕와〔ø〕로 실현시킨 결과로 보인다(박경래 1993:98). 둘째, 구절읽기의 경우, 제보자가 구절 혹은 긴 글을 읽어야 한다는 심리적 부담으로 인해 오히려 대충 읽음으로써 정확한 발음을 실현하지 못하고 만다. 셋째, 단어목록 읽기와 같은 의식적, 말투는

언어 변화를 지연시킬 수 있다. 즉, 의식적인 언어생활은 언어 변화를 좀더 점진적인 상황에 놓이도록 한다.

이렇게 볼 때, 결국 적절한 격식적 말투는 일상적 말투의 변화를 조절·통제하는 기능을 갖지만, 장문화된 구절 읽기와 같은 말투는 일상적 말투보다 오히려 변화를 더 빨리 촉진시킨다고 할 수 있다.

<그림 6> /ㅟ/, /ㅚ/의 /y/, /ø/로의 말투별 실현율(%)

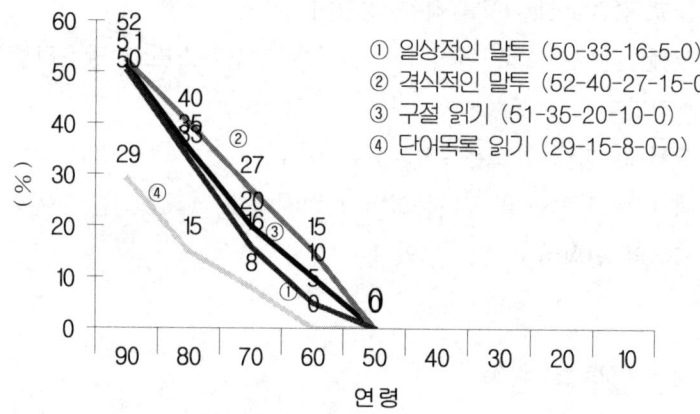

① 일상적인 말투 (50-33-16-5-0)
② 격식적인 말투 (52-40-27-15-0)
③ 구절 읽기 (51-35-20-10-0)
④ 단어목록 읽기 (29-15-8-0-0)

5. /—/와 /ㅓ/의 변별

서재극 외(1991)과 한국정신문화연구원에서 1989년에 간행한 「한국
방언 자료집」 Ⅶ. '경상북도편'에서는 이 지역어에서 /—/, /ㅓ/가 변별
되지 않는다고 보고, 각각 /ə/, /ɜ/로 기술하고 있다. 즉 서재극 외
(1991)에서는 /—/, /ㅓ/가 /ə/로 합류한다고 보았고, 「한국방언 자료
집」(1989)는 /—/, /ㅓ/가 /ɜ/로 합류한다고 보았다. 필자는 /—/와 /
ㅓ/의 변별 여부를 두 차례에 걸쳐 총 28개 항목을 조사하였다. 첫 번
째 조사는 음절 첫머리에 /—/와 /ㅓ/가 오는 환경과 /—/와 /ㅓ/ 앞에
닿소리가 오는 환경을 포함한 자료 조사이며, 두 번째 조사는 /—/가 /
ㅓ/와 대립하는지를 알아보기 위한 최소 대립쌍에 대한 자료 조사이었
다. 그 항목을 제시하면 다음과 같다.

<제1차 자료 조사 항목>

01. 어린이(언나)	02. 어지간히(엉가이)	03. 없다(업따)
04. 엉덩이(엉디)	05. 어머니(어메)	06. 거미(거무)
07. 그그저께(저아레)	08. 껍질(껍데기)	09. 덩굴(덤불)
10. 벌(버리)	11. 가을	12. 그을음(끄으름)
13. 나흘(나을)	14. 은하수(은나수)	15. 으뜸(으뗌)
16. 그릇(그륵)	17. 흙(훌)	18. 여드름(이드름)
19. 노끈(노끈)	20. 자른다(짜른다)	

〈제2차 자료 조사 항목〉

┌ 그네	┌ 금지	┌ 늘	┌ 들
└ 거네	└ 검지	└ 널	└ 덜

한편, 이들에 대한 음소분석은 다음과 같은 방법을 따랐다. 첫째, 제1차 자료 조사 항목에서 드러나듯이, 표준어의 홀소리를 제시하고 이것이 이 지역어의 어떤 홀소리와 대응하는가를 살펴 그 결과를 바탕으로 홀소리 음소를 분석해 내는 것이다. 물론, 이 때는 표준어와 이 지역어의 형태 기원이 같은 것을 대상으로 대응 관계를 분석하게 된다. 둘째, 이 지역어 안에서 그 특성이 비슷하거나 이웃하는 다른 홀소리와의 대립 관계를 살펴, 음소를 분석해 내는 것이다. 다시 말해, 같은 음성 환경에서 의미를 변별해 내는지의 여부를 밝혀 음소를 분석해 내는 것이다. /ㅡ/와 /ㅓ/는 서로 이웃하는 홀소리이므로 제2차 자료 조사 항목에 의해 음소 설정 여부를 가리게 된다.

위의 절차와 방법에 따라 /ㅡ/와 /ㅓ/가 변별되는지, 그리고 음소로 설 수 있는지를 관찰한 결과 둘 다 음소로 설 수 있음을 확인하였다. 이 지역어 /ㅡ/와 /ㅓ/는 표준어 /ㅡ/와 /ㅓ/에 대체로 대응함은 물론 최소 대립쌍에서도 확연히 의미 변별을 이루고 있다.

이제, /ㅡ/와 /ㅓ/가 변별적 대립 관계에 있음을 보이면 다음과 같다.

┌ 〔kiːne〕 (그네)
└ 〔kəːne〕 (어떤 물건이 걸쳐 있도록 하네)

┌ 〔kiːmʤi〕 (하지 못하도록 하는 일)
└ 〔kəːmʤi〕 (집게손가락)

┌ [niːl] (항상, 언제나)
└ [nəːl] (널뛰기 할 때에 쓰이는 널빤지)

┌ [tɨːl] (평평하고 넓게 트인 땅)
└ [təːl] (한도에 미처 다 차지 못함을 뜻하는 말)

한편, /ㅡ/, /ㅓ/의 연령층별 실현 양상을 제시하면 〈표 20〉과 같다.

〈표 20〉 /ㅡ/, /ㅓ/의 연령층별 실현 양상

	어린이	어지간히	없다	엉덩이	어머니	거미	그그저께	껍질
80대	ənna	əŋkai~	əpˀtˀa	əŋti~	əme	kəmu	ʧəaːle	kˀəpˀtˀeki
	ənna	əŋkai~	əpˀtˀa	kuŋti~	əme	kəmu	ʧəaːle	kˀəpˀtˀeki
70대	əlla	əŋkai~	əpˀtˀa	kuŋti~	əme	kəmu	ʧəaːle	kˀəpˀtˀeki
	ənna	əŋkai~	əpˀtˀa	paŋti~	əme	kəmu	ʧəaːle	kˀəpˀtˀeki
	əlla	əŋkai~	əpˀtˀa	əŋti~	əme	kəmu	ʧəaːle	kˀəpˀʧˀi
	əlla	əŋkai~	əpˀtˀa	əŋti~	əme	kəmu	ʧəaːle	kˀəpˀtˀeki
60대	aː	*	əpˀtˀa	əŋtəɲi	əme	kəmu	*	kˀəpˀtˀeki
	ai	əkˀsuro	əpˀtˀa	əŋtəɲi	əməɲi	kəmi	kigtʃəkˀe	kˀəpˀʧˀil
	aːtil	əŋkai~	əpˀtˀa	kuŋti~	əme	kəmi	ʧəaːle	kˀəpˀtˀeki
50대	ənna	əŋkai~	əpˀtˀa	əŋti~	əme	kəmu	ʧəaːle	kˀəpˀtˀeki
	aːtil	əkˀsigi	əpˀtˀa	paŋtʰei	əme	kəmu	ʧəaːlge	kˀəpˀtˀeki
40대	ərini	əʤigaɲi	əpˀtˀa	əŋdəŋi	əməɲi	kəmi	ʧəaːle	kˀəpˀtˀeki
	ərini	əʤigaɲi	əpˀtˀa	əŋdəŋi	əməɲi	kəmi	ʧəaːle	kˀəpˀtˀeki
	ərinai	tige	əpˀtˀa	əŋdəŋi	əme	kəmi	tiaːle	kˀəpˀʧˀil
	ərine	əʤigai~	əpˀtˀa	əŋdei~	əme	kəmi	*	kˀəpˀʧˀil
30대	ərinai	əkˀsˀuro	əpˀtˀa	əŋdəŋi	əməɲi	kəmi	kigiʤəkˀe	kˀəpˀʧˀil
	ərinai	əʤiganhi	əpˀtˀa	əŋdəŋi	əme	kəmi	kigiʤəkˀe	kˀəpˀʧˀil
	ərinai	əʤiganhi	əpˀtˀa	əŋdəŋi	əməɲi	kəmi	kigiʤəkˀe	kˀəpˀʧˀil

	어린이	어지간히	없다	엉덩이	어머니	거미	그그저께	껍질
	ərini	*	əpˀtˀa	əŋdəŋi	əməɲi	kəmi	tʃəaːle	kˀəpˀtʃˀil
20대	ərini	ədʑiganhi	əpˀtˀa	əŋdəŋi	əmma	kəmi	tʃəaːle	kˀəpˀtʃˀil
	ərini	ədʑiganhi	əpˀtˀa	əŋdəŋi	əme	kəmi	tʃəaːle	kˀəpˀtʃˀil
	əriɲe	ədʑiganhi	əpˀtˀa	əŋdəŋi	əməɲi	kəmi	kigidʑəkˀe	kˀəpˀtʃˀil
	əriɲe	ədʑiganhi	əpˀtˀa	əŋdəŋi	əməɲi	kəmi	kigidʑəkˀe	kˀəpˀtʃˀil
	əriɲi	ədʑiganhi	əpˀtˀa	əŋdəŋi	əməɲi	kəmi	kigidʑəkˀe	kˀəpˀtʃˀil
	ai	ədʑiganhi	əpˀtˀa	əŋdəŋi	əməɲi	kəmi	kigidʑəkˀe	kˀəpˀtʃˀil
10대	ai	ədʑiganhi	əpˀtˀa	əŋdəŋi	əməɲi	kəmi	kigidʑəkˀe	kˀəpˀtʃˀil
	ai	ədʑiganhi	əpˀtˀa	əŋdəŋi	əməɲi	kəmi	kigidʑəkˀe	kˀəpˀtʃˀil
	əriɲi	tʃolla	əpˀtˀa	əŋdəŋi	əməɲi	kəmi	tʃəaːle	kˀəpˀtʃˀil
	əriɲi	tʃolla	əpˀtˀa	əŋdəŋi	əməɲi	kəmi	tʃəaːle	kˀəpˀtʃˀil
	əriɲi	tʃolla	əpˀtˀa	əŋdəŋi	əməɲi	kəmi	tigidʑəkˀe	kˀəpˀtʃˀil
	əriɲi	tʃolla	əpˀtˀa	əŋdəŋi	əməɲi	kəmi	tigidʑəkˀe	kˀəpˀtʃˀil
	əriɲi	tʃolla	əpˀtˀa	əŋdəŋi	əməɲi	kəmi	tigidʑəkˀe	kˀəpˀtʃˀil

	덩굴	벌	가을	그을음	나흘	은하수	으뜸	그릇	흙	여드름
80대	təmbul	pəri	kail	kˀiɕɾim	nail	innasu	*	kirik̚	hil	idiremi
	təmbul	pəri	kail	kˀiɕɾim	nail	innasu	*	kirik̚	hil	idiremi
	təmbul	pəri	kail	kˀiːrim	nail	innasu	*	kirit̚	hil	idiremi
70대	təmbul	pəri	kail	kˀiːrim	nail	ənnasu	*	kirik̚	hil	idiremi
	təmbul	pəri	kail	kˀiːrim	nail	innasu	*	kirik̚	hik̚	jədirim
	təmbul	pəːl	kal	kˀiːrim	nail	innasu	*	kirik̚	hil	jədirim
	təŋkʰul	pəːl	kail	kˀiːrim	nail	innasu	*	kirik̚	hik̚	jədirim
60대	təŋkʰul	pəːl	kail	kˀiːrim	nail	innasu	*	kilit̚	hik̚	jədirim
	təmbul	pəːl	kail	kˀiːrim	nail	innasu	*	kirik̚	hil	jədirim
50대	təmbul	pəri	kail	kˀiːrim	nail	innasu	*	kirik̚	hil	jədirim
	təŋkʰul	pəri	kail	kˀiːrim	nail	innasu	*	kirik̚	hil	jədirim
	təŋkʰul	pəl	kail	kˀiːrim	nail	innasu	*	kirik̚	hik̚	jədirim
40대	təŋkʰul	pəl	kail	kˀiːrim	nail	innasu	*	kirik̚	hik̚	jədirim
	təŋkʰul	pəl	kail	kˀiːrim	nail	innasu	*	kirik̚	hik̚	jədirim
	təŋkʰul	pəl	kail	kˀiːrim	nail	innasu	*	kirik̚	hik̚	jədirim

	덩굴	벌	가을	그을음	나흘	은하수	으뜸	그릇	흙	여드름
	təŋkʰul	pəri	kail	kʼïrim	nail	inhasu	*	kirik˺	hik˺	jədïrim
30대	təŋkʰul	pəri	kail	kʼïrim	nail	inhasu	*	kirik˺	hik˺	jədïrim
	təŋkʰul	pəri	kail	kʼïrim	nail	inhasu	*	kirik˺	hik˺	jədïrim
	nəŋkʰul	pəl	kail	kʼïrim	nahil	inhasu	*	kirik˺	hik˺	jədïrim
	nəŋkʰul	pəl	kail	kʼïrim	nahil	inhasu	itʼim	kirik˺	hik˺	jədïrim
20대	nəŋkʰul	pəl	kail	kʼïrim	nahil	inhasu	itʼəm	kirik˺	hik˺	jədïrim
	nəŋkʰul	pəl	kail	kʼïrim	nahil	inhasu	itʼim	kirik˺	hik˺	jədïrim
	nəŋkʰul	pəl	kail	kʼïrim	nahil	inhasu	itʼim	kirik˺	hik˺	jədïrim
	nəŋkʰul	pəl	kail	kʼïrim	nahil	inhasu	itʼim	kirik˺	hik˺	jədïrim
	nəŋkʰul	pəl	kail	kʼïrim	nahil	inhasu	itʼim	kirik˺	hik˺	jədïrim
10대	nəŋkʰul	pəl	kail	kʼïrim	nahil	inhasu	itʼim	kirik˺	hik˺	jədïrim
	nəŋkʰul	pəl	kail	kʼïrim	nahil	inhasu	itʼim	kirik˺	hik˺	jədïrim
	nəŋkʰul	pəl	kail	kʼïrim	nahil	inhasu	itʼim	kirik˺	hik˺	jədïrim
	nəŋkʰul	pəl	kail	kʼïrim	nahil	inhasu	itʼim	*	hik˺	*
	nəŋkʰul	pəl	kail	*	*	inhasu	itʼim	*	hik˺	*
	nəŋkʰul	pəl	kail	*	*	*	*	*	hik˺	*

〈표 20〉을 통해서 파악할 수 있는 사실은 다음과 같다. 첫째, /ㅓ/, /ㅡ/는 어떠한 환경에서도 변별된다. 둘째, 겹받침 /ㄺ/의 경우 40대 이후 연령층에서는 /k/로, 50대 이상 연령층에서는 /l/로 실현된다. 그리고, 50대 이상에서도 중졸 이상 학력 소지자의 경우는 반드시 /k/로 실현하며, 학력이 없어도 /k/로 실현하는 경우도 있다. 이는 기존의 논의에서 이 지역어의 /ㄺ, ㄼ, ㄿ/는 닿소리나 휴지로 연결되면 모두 /ㄹ/로 실현된다는 것과 차이 나는 것이다. 셋째, 40대 이하 연령층에 있어서는 표준어 화자와 음성실현에 있어 별 차이가 없다. 넷째, 표준어 '그그저께'와 이 지역어 '저아레'는 30대를 전후하여 교체된다. 즉, 이 지역어 '저아레'가 표준어 '그그저께'로 대체된다. 이는 국어 교육의

영향으로 보인다. 다섯째, 격식체 말투, 구절 읽기, 단어목록 읽기의 경우는 문자의 보수성에 의해 낱말 교체가 일어나지 않으며, 뚜렷이 /ㅓ/, /ㅡ/가 변별된다. 여섯째, 젊은층으로 갈수록 표준어를 쓰는 경향이 두드러진다. 이를 통계로 보이면 〈표 21〉과 같다.

〈표 21〉 안동지역 화자의 표준어 실현율1)(%)

80대	70대	60대	50대	40대	30대	20대	10대
16.6	22.2	46.2	22.2	59.7	68.5	94.4	88.0

〈표 21〉에서 보면, 50대와 10대를 제외하고는 표준어 실현율이 지속적으로 증가함을 알 수 있다. 특히 20대와 10대가 거의 표준어를 사용한다는 것을 알 수 있다. 한편, 50대가 이 지역어의 학력 분기점이 된다는 점은 이미 앞에서 제시한 바 있는데, 50대가 갖는 의미는 언어 습득기인 10세 전후해서 6·25를 겪었다는 점이다. 따라서 표준어 실현율이 이와 무관하지 않음을 짐작할 수 있다. 그리고 10대 경우, 20대보다 표준어 실현율이 다소 낮은데 그 이유는 '어지간히', '끄으름', '여드름' 등 10대의 언어생활과 밀접하지 않은 항목에 대한 인지가 낮은 까닭으로 보인다.

결론적으로, 이 지역어에서 /ㅡ/, /ㅓ/는 뚜렷이 변별되는 각각의 독립된 음소라고 할 수 있다.

---

1) 표준어 실현율은 조사항목에 대한 표준어 응답형 개수를 조사항목 수로 나누어 100을 곱한 것이다.

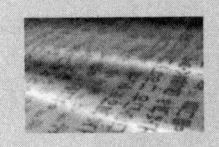

6. 맺음말

이 글의 연구 목적은 안동지역어의 홑홀소리 체계를 세우는 것이다. 이를 달성하기 위해 사회언어학적 방법에 기대었으며, 그 결과 다음과 같은 사실을 얻었다.

1) 이 지역어의 홑홀소리는 연령층에 따라 차이가 있다. 그 차이는 다음과 같다.
  • 90대 : 9홑홀소리 체계(/i, E, y, ø, ɨ, ə, a, u, o/)
  • 80~60대 : 9홑홀소리 체계와 7홑홀소리 체계(/i, E, ɨ, ə, a, u, o/)
       의 과도기
  • 50대 이하 : 7홑홀소리 체계(/i, E, ɨ, ə, a, u, o/)

2) /ㅟ/, /ㅚ/는 80~60대에서는 /wi/, /we/로, 50~30대에서는 /wi/, /we/, /i/, /e/로 20~10대에서는 /i/, /e/, /ɥi/로 실현된다.

3) /ㅡ/, /ㅓ/는 이 지역어에서 독립된 음소로 확립되며, /ㅡ/, /ㅓ/가 들어 있는 낱말의 경우 젊은층으로 갈수록 표준어 사용이 증가한다.

4) /e/와 /ɛ/는 이 지역어에서 의미 변별이 되지 않는다. 단, 90대와 80대에서는 /e/와 /ɛ/가 모두 남아 있으나, 음성적 실현에도 불구하

고 음소적 기능을 하지 못하는 특이한 현상이 나타난다.

5) 이 지역어의 언어 실현에 있어 가장 영향력이 큰 변인은 연령이며, 다음은 학력이고, 성별과 말투는 큰 영향을 미치지 않는다.

[참고문헌]

강신항 (1978), 안동방언의 서술법과 의문법, 「언어학」 3, 서울대학교 한국언어학회.

강신항 (1979), 안동방언의 명령법·약속법 등, 「성대 논문집」 제26집, 성균관대학교.

강신항 (1980), 안동방언의 경어법, 「남광우박사 화갑기념논문집」, 일조각.

강윤호 (1961), 국어 방언의 공시음운구조기술과 그 분포, 「동방학지」 5, 연세대학교 국학연구원.

강희숙 (1992), 음장에 관한 사회언어학적 연구, 「한국언어문학」 30, 한국언어문학회

강희숙 (1994), 음운변이 및 변화에 대한 사회언어학적 연구, 전북대 국문학과 박사학위 논문.

고창운 (1991), 자음탈락과 보상적 장모음화에 대하여, 「논문집」 32, 건국대학교 대학원.

국어연구회 편 (1990), 「국어연구 어디까지 왔나」, 동아출판사.

권미경 (1991), 상주지역어의 음운론적 연구, 계명대 국문학과 석사학위 논문.

권재선 (1981), 청도방언의 모음체계 변천의 연구, 「한국어문논문집」 1, 한국사회사업대학.

권재일 (1973), 경북 안동 하위방언권에 있어서의 용언의 종결어미, 「향연」 5, 서울대 교양과정부.

권재일 (1986), 광산 지역어의 음운 체계, 「어문논총」 9, 전남대학교 어문학연구회.

권재일 (1987), 구개음화의 공시태와 통시태, 「정병홍 선생 화갑기념논문집」, 학문사.

권재일 (1994), 「한국어 문법의 연구」, 서광학술자료사.

김공칠 (1977), 「방언학」, 정향출판사.

김계곤 (1996), 「현대 국어의 조어법 연구」, 도서출판 박이정.

김규남 (1998), 전북 정읍시 정해 마을 언어 사회의 음운변이 연구, 전북대 국문학과 박사학위 논문.

김기봉 (1985), 친족용어 체계에 관한 성분분석적 연구, 영남대 국문학과 석사학위 논문.

김대현 (1984), 남후지역어의 사동화와 피동화 연구, 대구대 국문학과 석사학위 논문.

김덕호 (1985), 경북 충북 접경지역어의 음운 연구, 경북대국문학과 석사학위 논문.

김덕호 (1992), 경북 상주지역어의 음운 연구, 「문학과 언어」 13, 경북대학교.

김무식 (1992), 경북 방언 초분절소에 대한 실험음성학적 연구, 〈국어학〉 22, 국어학회.

김반섭 (1983), 경주지역어의 경음화현상 연구, 계명대국문학과 석사학위 논문.

김방한 (1963), 구조주의와 방언 연구, 「한글」 131, 한글학회.

김방한 (1986), 언어변화에 관한 사회언어학적 연구, 「한글」 194, 한글학회.

김방한 (1988), 「역사-비교 언어학」, 민음사.

김병제 (1988), 「조선언어지리학시고」, 과학백과사전종합출판사.

김성환 (1983), 경북방언 성조의 변이에 관하여, 「언어연구」 3, 대구언어학회.

김성환 (1988), 경북방언 성조에 관한 연구, 계명대 국문학과 박사학위 논문.

김성환 (1990), 경북방언 성조의 음운학적 특징, 「국어교육논지」 16, 대구교육대학교.

김수곤 (1978), 현대국어의 움라우트 현상, 「국어학」 6, 국어학회.

김승곤 (1967), ㅎ과 ㆅ 음가고, 「국어국문학」 37-38, 국어국문학회.

김승곤 (1976), 「일반음성학」, 교문사.

김승곤 (1982), 한국어 고룸소리의 어원 연구,「한글」176, 한글학회.

김승곤 (1983),「음성학」, 정음사.

김승곤 (1985), 한국어 어중 첨가음 'ㄴ'의 음성학적 원인 고찰,「선오당 김형 기선생 팔질기념논총」.

김승곤 (1987), 겹받침 가운데 한 받침의 묵음화에 관한 생리음성학적 원인 고찰,「장태진박사 회갑기념논총」.

김승곤 (1996),「현대 나라말본」, 도서출판 박이정.

김영기 (1975), Korean Consonantal Phonology, 탑출판사.

김영만 (1986), 국어초분절음소의 사적 연구, 고려대 국문학과 박사학위 논문.

김영태 (1966), 국어의 Hiatus 회피현상에 대한 소고,「문리대학보」20, 중앙 대학교.

김영황 (1982),「조선어방언학」, 김일성종합대학출판사.

김완진 (1963), 국어모음체계의 신고찰,「진단학보」24, 진단학회.

김완진 (1971),「국어음운체계의 연구」, 일조각.

김완진 (1972), 형태론적 현안의 음운론적 극복을 위하여,「동아문화」11, 서 울대 동아문화연구소.

김완진 (1972), 다시 β〈w를 찾아서,「어학연구」8:1, 서울대학교 어학연구소.

김완진 (1972ㄴ), 음운론 연구의 회고와 전망,「국어국문학」58-60, 국어국문 학회.

김인경・이기태 (1979), 언어변화의 사회언어학적 고찰,「언어연구」2, 부산대 학교

김주원 (1991), 경상도 방언 고조의 본질과 중세국어 성조와의 대응에 대하여,「언어학」13, 서울대학교 한국언어학회.

김주원 (1992), 경상도 방언의 성조 기술방법,「어학연구」27:3, 서울대학교 어 학연구소.

김주필 (1985), 구개음화에 대한 통시론적 연구,「국어연구」68, 국어연구회.

김주필 (1994), 17, 8세기 국어의 구개음화와 관련 음운현상에 대한 통시론적 연구, 서울대국문학과 박사학위 논문.

김진우 (1971), 소위 변격 용언의 비변격성에 관하여, 「한국언어문학」 8 · 9, 한국언어문학회.

김진우 (1976), Rule ordering in Korean Phonology, 「언어」 1:1, 한국언어학회.

김차균 (1975), 경상도 방언의 성조형, 「어학연구」 11:12, 서울대학교 어학연구소.

김차균 (1976), 국어의 자음접변, 「언어학」 1, 서울대학교 한국언어학회.

김차균 (1976ㄴ), 경상도 방언의 성조 체계, 「논문집」 3:2, 충남대학교 인문과학연구소.

김차균 (1977), 경상도 방언의 성조 규칙, 「논문집」 4:1, 충남대학교 인문과학연구소.

김차균 (1980), 「경상도 방언의 성조 체계」, 과학사.

김차균 (1988), 성조이론의 비판적 고찰, 「애산학보」 6, 애산학회.

김차균 (1989), 국어음운론에서 강도와 축약, 「한글」 205, 한글학회.

김차균 (1990), 국어음운론에서 강도의 기능, 「언어연구」 7, 한국현대언어학회.

김차균(2000ㄱ), 안동방언과 밀양방언 성조 비교, 「어문연구」 39, 어문 연구학회.

김차균(2000ㄴ), 창원 방언과 안동 방언 성조의 비교, 「우리말글」 25, 우리말글학회.

김충회 (1992), 「충청북도의 언어지리학」, 인하대학교 출판부.

김택구 (1991), 경상남도 방언의 지리적 분화에 관한 연구, 건국대 국문학과 박사학위 논문.

김한수 (1988), 경북 상주방언의 음운론적 특징 연구, 경희대 국문학과 석사학위 논문.

김형규 (1962), 「국어사연구」, 일조각.

김형규 (1974), 「한국 방언 연구」, 서울대학교 출판부.

김형춘 (1994), 진주 방언의 음운 연구, 건국대 국문학과 박사학위 논문.

김형춘 (1997), 국어 경음화 규칙, 「우리말 음운연구」, 도서출판 박이정.

김혜숙 (1991), 「현대국어의 사회언어학적 연구」, 태학사.

나병곤 (1961), 국어 Hiatus에 대한 소고, 「국어국문학지」 2, 부산대학교.

남기심 · 고영근 (1989), 「표준국어문법론」, 탑출판사.

남영종 (1989), 영해지역어의 통시음론적 연구, 영남대 국문학과 석사학위
    논문.

문효근 (1962), 대구방언의 고저 · 장단, 「인문과학」 7, 연세대학교.

문효근 (1974), 한국어 성조의 분석적 연구, 건국대 국문학과 박사학위 논문.

미승우 (1994), 「새 맞춤법과 교정의 실제」, 어문각.

민원식 (1982), 문경 지역어의 음운론적 연구, 충북대 국문학과 석사학위 논
    문.

박경래 (1984), 괴산방언의 음운에 대한 세대별 연구, 「국어연구」 57, 국어연
    구회.

박경래 (1986), 괴산방언과 문경방언의 음운체계에 대한 세대별 비교고찰, 동
    천조건상선생 고희기념논총 발간위원회.

박경래 (1989), 괴산지역어의 사회언어학적 고찰, 「국어국문학」 101, 국어국문
    학회.

박경래 (1993), 충주방언의 음운에 대한 사회언어학적 연구, 서울대 국문학과
    박사학위 논문.

박영순 (1976), 국어경어법의 사회언어학적 연구, 「국어국문학」 71-73, 국어
    국문학회

박영순 (1978), Age variables in Sociolinguistics, 「언어」 제 3권 제2호, 한
    국언어학회

박영순 (1984), 사회언어학이란, 「문법연구」 5, 문법연구회.

박종덕 (2000), 안동 서후 지역어의 음운 연구, 건국대 국문학과 석사학위 논문.

박지홍 (1975), 경상도 방언의 하위 방언권 설정, 「인문론총」 23, 부산대학교.

박창배 (1989), 안동 방언의 의문법 종결어미, 국민대 국문학과 석사학위 논문.

배대온 (1979), 경북 안동지역어의 경어법 연구, 「영남어문학」 6집, 영남대 국문학과 영남어문학회.

배대온 (1980), 안동 방언에 대하여, 「논문집」 제10집, 상지전문대학.

배주채 (1996), 「국어음운론 개설」, 신구문화사.

백경원 (1997), 언어접촉에 대한 사회언어학적 고찰, 서울대 언어학과 석사학위 논문.

백두현 (1982), 금릉지역어의 음운론적 연구, 경북대 국문학과 석사학위 논문.

백두현 (1985), 상주 화북지역어의 음운론적 특징, 「소당 천시권박사 화갑기념 국어학논총」, 형설출판사.

서보월 (1982), 동남방언의 모음체계에 대하여, 「문학과 언어」 3, 경북대학교.

서보월 (1984), 안동지역어의 음운론적 연구, 「안동문화」 5, 안동대학교 안동문화연구소.

서보월 (1987), 안동방언의 이중모음에 대하여, 「서강 이정탁교수 회갑기념 국어국문학논총」.

서보월 (1988), 경북 북부지역의 방언, 「경북 북부지역의 전통문화」, 경상북도.

서보월 (1988ㄴ), 송천동의 방언음운론, 「안동문화」 9, 안동대학교, 안동문화연구소.

서보월 (1997), 안동 방언의 음운과 문법, 「솔뫼어문논총」 제9집, 안동대학교.

서재극 외 (1991), 옹천지역어의 연구, 「한국학논집」 18집, 계명대학교 한국학

　　연구원.

서정목 (1981), 경남진해지역어의 움라우트현상에 대하여, 「방언」 5, 한국정신
　　문화연구원.

성균관대학교 안동문화권 학술조사단 (1967), 「안동문화권 학술조사 보고
　　서」, 성대 국문학과.

성균관대학교 안동문화권 학술조사단 (1971), 「안동문화권 학술조사 보고
　　서」, 성대 국문학과.

신승원 (1982), 의성지역어의 음운론적 연구, 영남대 국문학과 석사학위 논문.

신창순 (1984), 경북 안동지방의 존대어, 「국어문법연구」, 박영사.

안귀남 (1987), 예천지역어의 음운론적 연구, 「서강 이정탁교수 회갑기념 국어국
　　문학논총」.

안동시 편 (1998), 「안동시 통계 연보」, 안동시청

여찬영 (1973), 경상도 방언에 나타난 외래어 음운현상, 「방언」 6, 연세대학
　　교.

오정란 (1993), 「현대 국어음운론」, 형설출판사.

오종갑 (1984), 모음조화의 재검토, 「목천 유창균박사 환갑기념논문집」, 계명
　　대학교 출판부.

유두영 (1994), 경북 선산군 지역어 연구, 「강남어문」 8, 강남대학교.

유재원 (1985), 현대국어의 모음충돌 회피 현상에 대하여, 「한글」 189, 한글학
　　회.

윤병택 (1983), 선산방언의 제일부사형 어미 음운연구, 대구대 국문학과 석사
　　학위논문.

윤병택 (1986), 선산방언의 움라우트 현상, 「대구어문론총」 4, 대구어문학회.

윤병택 (1989), 선산방언의 구개음화에 대하여, 「대구어문론총」 7, 대구어문학
　　회.

이극로 (1948), 「국어학논총」, 정음사.

이근영 (1990),「국어 변동규칙의 통시적 연구」, 건국대 국문학과 박사학위
　　　논문.

이근영 (1995), 18세기 전기 국어의 변동규칙,「한글」227, 한글학회.

이근영 (1996), 명의록 언해에 나타나는 변동규칙 연구,「한말연구」2, 한말연
　　　구학회.

이근영 (1999), 19세기 국어의 변동규칙,「한글」246, 한글학회.

이기문 (1961),「국어사개설」, 민중서관.

이기문 (1972),「국어사개설」, 탑출판사.

이기문 (1977),「국어음운사 연구」, 탑출판사.

이기백 (1969), 경상북도의 방언 구획,「동서문화」3, 계명대학교.

이길재 (1991), 남원지역방언의 음운변화에 대한 연령별연구, 전북대 국문학
　　　과 석사학위 논문.

이동화 (1984), 안동지역어의 음운동화와 삭제, 영남대 국문학과 석사학위 논
　　　문.

이동화 (1986), 동남 방언 성조의 연구와 검토,「영남어문학」13, 영남대 국문
　　　학과 영남어문학회.

이동화 (1988), 경북방언의 축약현상,「영남어문학」15, 영남대 국문학과 영남
　　　어문학회.

이동화 (1990), 경북방언 성조의 자립분절 음운론적 연구, 영남대 국문학과
　　　박사학위 논문.

이동화 (1992), 경북 반촌어의 음운론적 특징,「어문학」53, 어문학회.

이동화 (1993), 경북방언의 성조와 음장,「영남어문학」23, 영남대 국문학과
　　　영남어문학회.

이미재 (1988), 언어변화에 관한 사회언어학적 연구, 서울대 언어학과 박사학
　　　위 논문.

이병건 (1976),「현대한국어의 생성음운론」, 일지사.

이병건 (1995), 「음운론 논문집」, 한신문화사.

이병근 (1977), 자음동화의 제약과 방향, 「이숭녕선생 고희기념 국어국문학논
　　　　　총」, 탑출판사.

이병근 (1978), 국어의 장모음화와 보상성, 「국어학」 6, 국어학회.

이상규 (1989), 서북경북 방언의 통시음운현상, 경북대 국문학과 박사학위 논
　　　　　문.

이상규 (1991), 경북충북 접경지역어의 어휘분화, 「들메 서재극박사 화갑논
　　　　　집」.

이상규 (1996), 「방언학」, 학연사.

이숭녕 (1940), 'ᅌ' 음고, 「진단학보」 12, 진단학회.

이숭녕 (1947), 국어의 Hiatus의 자음발달에 대하여, 「진단학보」 15, 진단학
　　　　　회.

이숭녕 (1954), 15세기의 모음체계와 이중모음의 Kontraktion적 발달에 대하
　　　　　여, 「동방학지」 1, 연세대학교 국학연구원.

이숭녕 (1967), 한국방언사, 「한국문화사대계」 5, 고려대학교 민족문화연구소.

이승재 (1980), 구례지역어의 음운체계, 「국어연구」 45, 서울대 국문학과 국어
　　　　　연구회.

이시진 (1986), 문경지역어의 음운론적 연구, 영남대 국문학과 석사학위 논문.

이익섭 (1970), 전라북도 동북지역어의 언어분화, 「어학연구」 제6권 제1호, 서
　　　　　울대학교 어학연구소.

이익섭 (1972), 강릉 방언의 형태음소론적 고찰, 「진단학보」 33, 진단학회.

이익섭 (1976), 한국어촌방언의 사회언어학적 고찰, 「진단학보」 42, 진단학회.

이익섭 (1981), 「영동·영서의 언어분화」, 서울대학교 출판부.

이익섭 (1994), 「사회언어학」, 민음사.

이익섭 (1996), 「방언학」, 민음사.

이재오 (1971), 경북 안동방언의 음운체계, 고려대 교육대학원 석사학위 논문.

이정복 (1992), 경어법 사용에 대한 사회언어학적 연구, 「국어연구」 제109호, 서울대 국어연구회.

이현복 (1980), 한국어의 모음음가, 「말소리」 제1호, 대한음성학회.

임석규 (1999), 영주지역어의 음운론적 연구, 「국어연구」 제160호, 서울대 국문학과 국어연구회.

장삼식 (1992), 경상도 방언의 이중모음 간소화 연구, 「논문집」 13, 금오공과대학.

장태진 (1960), 대구 방언의 운소 분석, 「어문학」 6, 어문학회.

장태진 (1972), 표준어에 대한 사회언어학적 고찰, 당산 이재수 박사 환력기념논문집.

장태진 (1977), 세대집단의 언어변이와 그 속도, 「이숭녕선생의 고희 기념 국어국문학 논총」, 탑출판사.

전정례 (1999), 「언어와 문화」, 도서출판 박이정.

정 국 (1980), Neutralization in Korean : A Functional View, Hanshin Publishing Co.

정 국 (1996), 「생성음운론의 이해」, 한신문화사.

정연찬 (1968), 안동지방 방언의 성조, 「성대문학」 14, 성균관대학교.

정연찬 (1974), 「경상도방언 성조연구」, 형설출판사.

정연찬 (1980), 경남방언 음운의 몇 가지 문제, 「방언」 4, 한국정신문화연구원.

정원수 (1994), 경북 방언의 복합 동사 형성에 나타나는 성조 변동 연구, 「한글」 224, 한글학회.

정원순 (1988), 영주 북부지역어의 음운과 그 실현, 연세대 국문학과 석사학위 논문.

정용구 (1994), 안동 방언의 종결어미에 대한 연구, 서강대학 국문학과 석사학위 논문.

정인교 (1987), 경상도방언 성조의 비단선적 음성·음운에 관한 연구, 서울대 국문학과 박사학위 논문.

정종호 (1990), 한국 친족호칭의 의미구조와 사회적 사용에 관한 연구, 서울대 석사학위 논문.

정 철 (1975), 의성지방의 모음체계,「동양문화연구」2, 경북대학교.

정 철 (1980), 경북지방의 음운축약현상,「어문론총」13-14, 경북대학교.

정 철 (1989), 경북 의성방언의 전설고모음화 현상,「어문론총」23, 경북대학교.

정 철 (1990), 경북 중부 지역어의 성조 변동,「벽사 이우성선생 정년퇴직기념 국어국문학논총」, 여강출판사.

정 철 (1991),「경북 중부 지역어 연구」, 경북대학교 출판부.

조신애 (1985), 안동지역어의 음운론적 연구, 계명대 국문학과 석사학위 논문.

조현숙 (1985), 경북방언의 운율체계 연구,「국어연구」66, 서울대 국문학과 국어연구회.

주상대 (1975), 울진방언의 음운 연구, 경북대 교육대학원 석사학위 논문.

주상대 (1989), 울진지역어 모음의 음운현상 연구, 계명대 국문학과 박사학위 논문.

주상대 (1992), 경북 북부방언의 음운축약,「수련어문논집」19, 부산여자대학교.

차현실 (1975), 경북방언에 나타난 없힌 음운 연구, 이화여대 국문학과 석사학위논문.

천시권 (1965), 경북지방의 방언 구획,「어문학」13, 어문학회.

최남희 (1996),「고대국어 형태론」, 도서출판 박이정.

최명옥 (1979), 동해안방언의 음운론적 연구,「방언」2, 한국정신문화연구원.

최명옥 (1980),「경북 동해안방언 연구」, 영남대학교 출판부.

최명옥 (1982),「월성지역어의 음운론」, 영남대학교 출판부.

최명옥 (1982ㄴ), 친족명칭과 경어법, 「방언」 6, 한국정신문화연구원.

최명옥 (1985), 변칙동사의 음운현상에 대하여, 「국어학」 14, 국어학회.

최명옥 (1988), 국어 Umlaut의 연구사적 검토, 「진단학보」 65, 진단학회.

최명옥 (1989), 국어 움라우트의 연구사적 고찰, 「주시경학보」 3, 탑출판사.

최명옥 (1990), 방언, 「국어연구 어디까지 왔나」, 동아출판사.

최명옥 (1993), 경북방언의 모음조화, 「국어사 자료와 국어학의 연구」, 문학과 지성사.

최명옥 (1998), 동남방언의 성조형과 그 분석, 「한국어 방언연구의 실제」, 태학사.

최명옥 (1998), 「국어음운론과 자료」, 태학사.

최원기 (1970), 김천방언을 중심으로 한 경북방언, 「논문집」 11, 부산공업전문대학.

최윤현 (1990), 국어의 하강이중모음에 관한 통시적 연구, 건국대 국문학과 박사학위 논문.

최태영 (1983), 「방언음운론」, 형설출판사.

최태영 (1984), 풍기지역어의 움라우트 현상, 「숭실어문」 1, 숭실대학교.

최학근 (1958), 「국어방언학서설」, 동학사.

최학근 (1961), 경상도 방언 연구, 「한글」 128, 한글학회.

최학근 (1962), 경상도 방언 연구, 「한글」 129, 한글학회.

최학근 (1963), 경상도 방언 연구, 「한글」 132, 한글학회.

최학근 (1974), 「국어방언학」, 형설출판사.

최한조 (1986), 대구지역어의 자음동화에 대하여, 「대구어문론총」 4, 대구어문학회.

최한조 (1990), 대구지역어의 움라우트 현상과 성조, 「대구어문론총」 8, 대구어문학회.

최한조 (1991), 대구지역어의 경음화 현상과 성조, 「대구어문론총」 9, 대구어

　　　　　　문학회.

최한조 (1992), 대구지역어의 기본 성조 체계, 「대구어문론총」 10, 대구어문학
　　　　　　회.

최한조 (1993), 대구지역어의 음운 변동과 성조와의 관계 연구, 대구대 국문
　　　　　　학과 박사학위 논문.

최한조 (1994), 움라우트와 성조, 「대구어문론총」 12, 대구어문학회.

한국정신문화연구원 어문학연구실 (1980), 「한국 방언조사 질문지」.

한국정신문화연구원 (1993), 「한국민족문화대백과사전」 14, 웅진출판주식회사.

한말연구학회 엮음 (1996), 「우리말 음운 연구」, 도서출판 박이정.

한영균 (1988), 비음절화규칙의 통시적 변화와 그 의미, 「울산어문논집」 4, 울
　　　　　　산대학교.

허　웅 (1952), '에, 애, 위, 외'의 음가, 「국어국문학」 창간호, 국어국문학회.

허　웅 (1954), 경상도 방언의 성조, 「외솔 최현배선생 환갑기념논문집」, 사
　　　　　　상계사.

허　웅 (1955), 방점연구, 「동방학지」 2, 연세대학교 국학연구원.

허　웅 (1958), 삽입모음고, 「논문집」 7, 서울대학교.

허　웅 (1968), 국어의 상승적 이중모음체계에 있어서의 '빈간', 「이숭녕박사
　　　　　　송수기념논총」, 을유문화사.

허　웅 (1985), 「국어음운학」, 샘문화사.

황보나영(1993), 현대 국어호칭의 사회언어학적 연구, 「국어연구」 112, 국어연
　　　　　　구회

황적륜 (1976), 한국어 대우법의 사회언어학적 기술, 「언어와 언어학」 4, 한국
　　　　　　외국어대학교.

小倉進平 (1937), *The outline of the Korean Dialects*, Toyo Bunko, No.12.

河野六郎 (1945), 「朝鮮語學試考」, 東都書籍.

Chambers, J. (1995), *Sociolinguistic Theory, Linguistic Variation and its Social Significance*, Basil Blackwell Oxford.

Coulmas, F. ed. (1997), *The Handbook of Sociolinguistics*, Blackwell Pubilshers, Oxford.

Fasold, R. (1984), *The Sociolinguistics of Society*, Basil Blackwell Oxford.

Fasold, R. (1990), *The Sociolinguistics of Language*, Basil Blackwell Oxford.

Fishman, J. A. (1972), *The Sociology of Language*. Rowley, M.A : Newbury House

Francis, W. N. (1983), *Dialectology*, New York : Lorgman.

Holmes, J. (1992), *An Introduction to Sociolinguistics*, Longman, London.

Hong, Y. S. (1986), *An Acoustic Study of Modern Vowels*. Mimeograph.

Hymes, D. ed. (1964), *Language in Culture and Society*, Harper and Row, New York.

Katamba, F. (1989), *AnIntroduction to Phonology*, New York : Longman.

Labov. W (1963), *The Social motivation of a sound change*. Word 19:273-309.

Labov. W (1966), *The Social Stratification of English in New York City*. Center for Applied Linguistics Washington, D.C.

Labov. W (1972), *Sociolinguistic Patterns*, University of Pennsylvania Press.

Labov. W (1978), *On the Use of the Present to Explain the Past.*

University of Pennsylvania Press.

Rona (1976), *The Social Dimension of Dialectology*, Linguistics 177, Moulton.

Sloat, C., S. H. Taylor, and J. E. Hoard (1987), *Introduction to phonology*, Englewood cliffs, N.J. : Prentice-Hall.

부 록

1. 어휘목록

표준어	안동지역어	표준어	안동지역어
가게	tʃənp'aŋ	가깝다	katʃikt'a
가꾸어라	kak'a:la	가꿔서	kak'a:sə
가래떡	t'əkk'ali	가렵다	kalapt'a
가루	kali	가르마	kaliphE
가마	kamE	가마솥	kamEsot
가마솥도	kamEsott'o	가볍니?	hEkamna
가볍다	hEkapt'a	가서	kasə
가시(벌레)	kutEki	가시	k'asi
가엾다	puls'aŋtʰa	가위	k'asikE
가을	kal~kaɨl	가을하다	kalkətumhata
가지	katʃi	각띠	kakt'i
간장	tʃaŋmul	간히다	kattʃʰita
갈라도	kallato	갈치	kʰaltʃʰi
갈퀴	k'aktʃ'i	감기	kop'ul
감기다	kEŋk'ita	갑자기	kaptʃ'Eki
값도	kapt'o	값만	kamman
값이 싸다	həltʰa	갓난아이	kannanna
갓방	kapp'aŋ	갔다	katt'a
강아지	kantʃi	강이	ka:i˜
개구리	k'Ekuli	개상	tʃʰEt'ol
개암	kEm	개울	kɨləŋ~kɨlaŋ
거미	kəmu	거울	minkEŋ
거스름돈	tʃanton	_____	kəsiləmt'on
거위	kiu	건너서	kə:nnEsə
걷는	kəllɨn	걸어서	kələsə
겉잎	kənnip	게을러도	k'Eɨləto
겨	tʃə	겨드랑	tʃatɨlak

표준어	안동지역어	표준어	안동지역어
겨울	kEul	결혼	kElhon～kElon
겹이불	hannipul	곁	jəp
곁두리	tʃʰam	고갱이	sok
고기	kEki	고드름	kotulEmi
고들빼기	k'otulk'Ei˜	고름	kolum
고린내	k'olinnE	고명	k'umi
고무래	milkE	고삐	soikʰali
고양이	konEi	고욤	kujəm
고쟁이	kotʃEi	고치	k'otʃʰi
곤란	kollan	골무	kolmi
곱하다	koppʰata～k'oppʰata	공기	tʃasE～tʃ'asE
과부	kapu	과일	kail
과줄	tʃilkɨm	광음리	kwaŋɨmni
광주리	kaŋtʃili	괭이	mokk'Ei˜
구겨지다	k'uk'ulEtʃinta	구긴다	k'ukEnta
구더기	k'utEki	구린내	kʰunnE
구멍	kumu	구멍가게	tampEttʃ'ip
구멍가게	tʃəmp'aŋ	구석	k'usək
구석에	k'usə:	구유	sotʃuktʰoŋ
국물	kuŋmul	국수	kuks'i
군불	kumpul	군티	kuntʰi
굴뚝	k'ult'uk	굴렁쇠	toŋtʰE
굵다	kult'a	굼벵이	kumpEi˜
굽다	k'upt'a	굽도리	tʃali
궁덩이	kuŋti˜	궤	kEtʃ'ak
귀	ki	귀머거리	kiməkəli
귀에지	kitʃʰEŋi～kitʃʰEi˜	귀얄	pʰus'ol
귓볼	kip'al	그그저께	tʃəalE

표준어	안동지역어	표준어	안동지역어
그네	kunti	그러모은다	k'iləmonninta
그루터기	t'uŋtʰi	그릇	kilik
그린다	kilinta	그어도	k'i:to
그을음	k'iilim	그저께	a:lE
근	tʃʰuk	글피	tʃəmolE
긁다	k'ilt'a	급히	kippʰi
긋다	kilita	기계총	kikEtʃʰuŋ
기다랗다	tʃʼitalatʰa	_____	tʃʼi : talatʰa
기다려도	kitilito	기름으로	tʃilimilo
기면	kiman	기슭	sank'uləŋ
기어도	ki:to	기와집	kiatʃip
기저귀	kəllE	기지개	tʃitʃikE
기침약	tʃitʃʰimnjak	길다	tʃi:lta~ki:ta
길어서	tʃiləsə	김	tʃim
김매다	kisimmEnta~pʰulmEnta	_____	panmEta
김치	tʃʼantʃi	깃	nalkEtʃʼuktʃʼi
깊다	kipʰita	까매서	k'amEsə
까치	k'amaku	까치	k'atʃʰi
깎다	kakt'a	깨끗하다	k'Ek'ittʰata
꺼도	k'əto	껍질	k'əpt'Eki
꼬와	k'opa	꽃밭	k'opp'at
꽃뱀	k'opp'Em	꽃봉오리	k'onmEali
꽃잎	k'onnip	꽈리	k'ali
꽹과리	k'EŋmE	꾸다	k'əta
꾸러미	tʃul	꾸면	k'uman
꿈 꾸어라	k'ə:la	꿔도	k'əto
꿔서	k'ə:sə	꿩	k'əŋ
꿰다	k'ita	꿰매어도	k'umE:to

표준어	안동지역어	표준어	안동지역어
끓고	k'iŋkʰo	끓다	k'intʰa
끓다(옷감)	t'inta	끓는	k'illịn
끓다(끓는다)	k'illịnta	끓어서	k'iləsə
끝일	k'ịnnil	나누다	nonuta
나막신	namusin	나물밥	namulp'ap
나아도	na:to	나흘	naịl
낙숫물	tʃʰəmaŋmul	낙원	nakən
난로	nallo	날고기	nalk'oki
날릴 연	nallilljən	날벌레	nanịnpəlki
낡다	nalt'a	남이	nami
낫만	nanman	낮다	natt'a
낮추다	natʃuta	내일	nEil
냅다	sikulapt'a ~ nEkulapt'a	냉이	nasEi˜
넋도	nəkt'o	널러도	nəlləto
넓다	nəlt'a	넓적다리	sinnəptʃ'i
노는	no:nịn	노니	no:ni
노랗고	no:lakʰo	노랗지	nolatʃʰi
노래서	nolEsə	노루	noli
노른자위	nolintʃasE	노을	nauli
노인	no:in	논과	noŋka
논만	nomman	놀라도	no:llEto
놀면	no:ma ~ no:man	놉	pʰumsalam
농기구	noŋtʃEŋki	농삿일	noŋsannil
높다	nopt'a	놓게	nokʰE
놓고	notkʰo	놓는다	nonnịnta
놓아도	na:to	놓아서	na:sə
놓지	notʃʰi	누나	nunim
누더기	hənot	누비이불	nupEipul

표준어	안동지역어	표준어	안동지역어
누에나방	k'otʃʰinəpi	눈두덩	nunt'upəli
눈곱	nunk'op~nuŋk'op	눈발	nunp'al
눈썹이	nuns'Epi	눈썹이다	nuns'Epita
눌은밥	mulluluŋtʃi	뉘	mi
늙다	nɨlt'a	늦어도	nitʃəto
다달이	tatali	다듬어도	t'atɨməto
다듬잇돌	sətapt'ol	다람쥐	talamtʃi
다래끼	tElEk'i	다리미	talipi
다리쇠	sampalnEki	다섯	tasə
다슬기	kolpEi~kolpuli	다쳐서	tatʃʰEsə
다쳐도	tatʃʰEto	닦는다	t'aŋninta
닦다	t'akt'a	단감	taŋkam
단출하지	tantʃʰultʃi	닫아서	tatasə
닫히다	tatʃʰita	달걀	talkal
달라도	tallato	달래	talli
달래다	talkEnta	달래도	talkE:to
달무리	talmun	달팽이	nəlpʰEi˜
닭	tal	닭도	talt'o
닭똥	talkut'oŋ	닭의어리	talkutʃ'ip
닭이	talki	닭장	taltʃ'ip
닭털	talkutʰəli	닮다	tamt'a
담가	taŋka	담고	taŋk'o
담그어도	tamkato	담배설대	tEsəlt'E
담배통	tEk'opali	담뱃대	tampEt'E
담이	tami	당겨도	t'EŋkEto
당겨라	t'Eŋkila	대가리	tEkpali~tEkali
대님	palt'Ei	대장간	pilɨmkʰan
더러워	tə:lə:	더러워도	tə:lə:to

표준어	안동지역어	표준어	안동지역어
덕담	təkt'am	덤	usu
덩굴	təmpul	덫	tʰil̩
덮어도	təpʰəto	도(윷놀이)	t'E
도깨비바늘	k'atʃʰipanil̩	도끼	tok'u
도랑	sutʃʰEk'umu	도리깨	toluk'E
도토리	k'ulpam	독립	toŋnip
돌	tolki	돌배	t'ukp'E
돌아도	tolato	돌쩌귀	toltʃ'ək
돼지	tEtʃi	돼지우리	tEtʃiul
된장	tEntʃaŋ	두꺼비	t'uk'Epi
두껍다	t'uk'əpt'a	두더쥐	t'itʃəku
두드러기	tutulEki~tutil̩Eki	두드려도	t'utilito
두레박	t'il̩E	두루마기	tulumEki
두름	tulum	두벌논	tupullon
두부	t'upu	두엄	s'ək'əlkim
뒤	ti	뒤곁	tian
뒤지다	tipinta	뒷일	tinnil
듣는	til̩l̩in	듣다	tit̪t'a
듣보다	tipp'ota	들녘	til̩ljək
들어서	til̩əsə	들여다보다	tit̪apota
들으니(짐을)	tini	등겨	taŋkali
디딜방아	paŋk'an	딱다구리	t'akt'akuli
딸기	t'al	딸꾹질	k'alt'Eki
땀띠	t'amt'E	땀받이	t'ampatʃi
땅바닥	t'aŋp'atak	때리다	pʰEta
때려도	t'Elito	떠도	t'əto
떠봐도	t'əpato	떡갈나무	k'ulpamnamu
떡국	t'əkk'uk	떡하고	t'əkkʰako

표준어	안동지역어	표준어	안동지역어
떫다	t'əlt'a	또아리	t'apEi
뚜껑	t'uk'E	뚝배기	t'uks'ali
뚫어도	t'uləto	뚫어서	t'uləsə
뛰다	t'ikanta	_____	t'ita
뛰어와도	t'i:wato	떠	t'ə
뜨이다	t'i:ta	뜯기다	t'ikk'ita
뜰	mataŋ	뜸부기	t'umpuki
띠다	t'i:ta	띄워서	t'ia:sə
라디오	natʃio	라면	namEn
리어카	niak'a	마디	mati
마렵다	mElapt'a	마루	mali
마르다	pʰElapt'a	마셔도	masEto
마을	masil	마을 간다	nollokanta
마지기	matʃEki	마흔	mahon
마흔되	mahontE	마흔살	mahonsal
막곡리	makk'oŋni	막내	maŋnEi~
막아도	makato	많다	mantʰa
많아도	ma:nato	많아서	ma:nasə
맏며느리	manmEni̯li	맏양반	mannjaŋpan
맏형	mattʰəŋ	말더듬이	panpəpəli
말도	malt'o	맑다	malt'a
망아지	malsEk'i	맞춰도	mattʃʰato
맡기다	mEkk'ita	매달아도	mEtalato
매어도	mE:to	맷돌	mEt'ol
머루	məlku	머리	məli
머리카락	məlkʰtEi~	먹고	məkk'o
먹어도	mə:to	먹이다	mEkita
먹으면	mə:man	_____	mə:ma

표준어	안동지역어	표준어	안동지역어
먹힌다	məkkʰinta	먼지	muntʃi
멍	siŋkəmu	멍에	məE
메뚜기	mEt'Eki	메아리	sanuillim
메우다	mEk'uta	며느리	mEnili
먹둥구미	poŋsEki	멸치	mEk'oki
명리	mjəŋni	몇 량	mjənnjaŋ
모기	məki	모시다	mEsita
모퉁이	motʰEi	목	mokantʃi
목말	toŋtEi~	목물	moŋmul
목욕	mojok	목침	moŋtʃʰimi
목침(퇴침)	moŋtʃʰimi	목화	mEŋ
몫	mok	몫도	mokt'o
몫만	moŋman	못자리	motʃali∼mopʰan
못하지	mottʃ'i	묏자리	mEtʰə
묘	mE	무거워	mukə:
무거워도	mukə:to	무릎	mulpʰak
무서워	musə:	무서워도	musə:to
무우	muk'u	무우말랭이	kontʃi
묶다	mukt'a	묻고	mukk'o
묻는	mullin	묻어서	mitəsə
묻히다	mutʃʰita	물 새서	sE:sə
물부리	tEmultʃ'i	물약	mulljak
물어서	miləsə	물엿	mulljət
묽다	hilipt'a	묽은가?	hilimna
미꾸라지	mEk'olatʃi	미끼	kokipap
미닫이	miltʃʰaŋ	미투리	mEtʰuli
민물	nimmul	민물고기	mimmulk'oki
밀기울	miltʃ'iul	밑실개	tʃ'oktʃ'ikk'E

표준어	안동지역어	표준어	안동지역어
바가지	pakatʃʰi	바구미	pakEmi
바구니	pakuni	─────	tElEk'i
바닥에	pata:	바빠도	pap'ato
바위	paŋku~pau	바퀴	paltʰoŋ
박쥐	p'oltʃ'i	반딧불	kEt'oŋpullE
반짇고리	pantʃikk'iɨk~pantʃik'iɨk	받아서	patasə
발도	palt'o	발채	pasokali
밝다	palt'a	밟고	p'alk'o
밟네	p'allE	밟는	p'a:llin
밟다	p'alt'a	밟지	p'altʃ'i
밥그릇	pakk'iɨk	밥도	papt'o
밥보다	papp'ota	밥이	papi
밥한다	pappʰanta	방개	jaŋpʰuntotuk
방귀	p'aŋku	방아깨비	mulpaŋi
밭둑	patt'uk	밭보다	papp'ota
밭이	patʃʰi	밭일	pannil
배꼽	pEk'umu	배워라	pEala
배워도	pEato	배워서	pEasə
배추	pEtʃʰa	백로	pEŋno
백리	pEŋni	뱉어도	pEtʰəto
버선	posən	번개	pəntiilkE
번데기	k'ontEki	번지	p'əntʃi
벌	pəli	벌레	pəlki
법이	pəpi	벗고	pəkk'o
벗어도	pəsəto	벗이	pəsi
벙어리	pəpəli	베개	pikE
벼	nalak	벼락	pElak
벼랑	niiŋk'it	벼룩	pElEki

표준어	안동지역어	표준어	안동지역어
벼슬	pisɨl	벼이삭	nalakisak
벽	pElp'ak ~ pElip'ak	변소	tʰoŋsi
별	pEl	볍씨	nalaks'i
볏가리	nalakk'ali	볏단	nalakt'an
볏단이	nalakt'a : ni	볏짚	nalaktʃ'ip
병	piŋ	병아리	pEali
볕이	pEtʃʰi	보기 싫다	pEkisiltʰa
보늬	pomi	보리	pəli
보리겨	pəlikk'jə	보면	poman
보습	huktʃ'Einal	보아도	pa:to
복사뼈	poks'aŋs'i ~ poksaŋs'i	복숭아	poks'aŋ
복숭아씨	poksaŋs'i	본보다	p'ompota
볼 일	pollil	볼거리	poltʃʰiki
봉선화	poŋsunE ~ poŋsuŋha	봐서	pa:sə
부드러워	putɨləpə	부라부라	pulmipulmi
부삽	pulk'alE	부수다	p'usapunta
부숴라	p'usa:la	부숴서	p'usa:sə
부스럼	hənti	부시	pusit'ol
부엌	tʃəŋtʃi	부젓가락	p'utʃəlk'atʃʰi
부추	tʃəkutʃi	불 켜서	s'əsə
불리다	pulk'anta ~ pulk'innɨnta	불러도	pulləto
붉다	pult'a	붙어도	putʰəto
비누	pino	비듬	pinɨl
비벼라	pipila	비슷하다	pisittʰata
비탈	pEntal	빗어도	p'isəto
빨개서	p'alkEsə	빨래	sətap
빨면	p'a:ma-p'a:man	빻으면	p'a:ma
빼앗아도	p'Esato	뻗달이	p'Etatʃi

표준어	안동지역어	표준어	안동지역어
뺏어도	pEsəto	뺨	poltʰEki～p'am
뻐꾸기	p'ək'uŋsE	뼈	p'E
뺨	p'Em～p'əm	뿌리	p'ulEki
삘기	t'i	사과	saka
사금파리	sEkɨmtʃʰali	사는	sa:nɨn
사니	sa:ni	사다	pʰallokanta
송사리	pətɨlmuŋtʃʰi	사닥다리	sEtali
사람이	salEmi	사람이다	salEmita
사레	s'ali	사면	saman
사마귀	samaku	_____	samaki
사서	sasə	사소	sa:so
사오	sa:o	사위	sau
사흘	saɨl	삭정이	mEntʃali
산돼지	sant'Etʃi	산마루	sant'EpEki
살고	sa:ko	살드라	sa:tɨla
살라고	sa:lak'o	살면	sa:mEn
살아도	salato	살이 뚱뚱해져서	tʃ'əsə
살지	sa:tʃi	삵괭이	salki
삶다	s'amt'a	삼각자	samkaktʃ'a
삼촌	atʃE	삼태미	santʰEmi
삽	sakk'alE	상추	pulu
새꽤기	tʃipʰEki	새끼	sEk'i
새벽	sEpEk～sEpok	새벽녘	sEpoŋnjək
새벽밥	sEpEkp'ap	새색시	sEtEki
새알	sEalsim	새암	sEm
샘	uŋkul	생각하다	sEŋkakt'a
서까래	s'ək'ali	서랍	p'Etatʃi
서서	səsə	서캐	s'Eki

표준어	안동지역어	표준어	안동지역어
섞어도	s'ək'əto	섣달 그믐날	sətt'alkɨmnal
설흔	səlin	설흔아홉	səlɨnahop
섧다	səlt'a	섬이	sə:mi
성곡리	səŋkoŋni	성냥	tahaŋ
세다	sEalita	세수대야	sEsutt'E
소	sE	소경	poŋsa
소꼽질	p'anp'antʃi~hontuk'Epi	소금쟁이	kokɨmtʃEĩ
소나기	sonEŋki	소나무	sollamu
소입막이	soməkəli	속아도	s'okato
속이다	s'Ekita	손 포개서	pʰokE:sə
손가락	soŋk'alak	손바닥	somp'atak
손잡이	sontʃEpi	솔가리	kalpi
솔개	solEki	솜	sokE
솟아도	sosato	송아지	santʃi
솥뚜껑	sot'uk'E~sotupE	솥만	sonman
쇠(철)	s'E	쇠스랑	sEsElaŋ
쇠죽	sotʃuk	쇠죽바가지	tʰoŋp'akai
수렁	s'o	수수	suk'u
수숫잎	suk'uipʰəli	수염	sEmi
수캐	s'uk'E	수코양이	s'uk'ojaĩ
수탉	tʃaŋt'al	숭늉	suŋnjaŋ~suŋjaŋ
숨바꼭질	sumpak'oktʃ'i~sumpak'otʃi	숯	suk'əŋ
쉬	sE	쉬슬다	sis'ilətt'a
쉬워	su:ə	쉰	osip
쉽다	sipt'a	스무되	sumutE
스물	sumui	시동생	toljənnim
시래기	s'ilEki	시렁	silkəŋ
시루	sili	시루밑	siliməŋsək

표준어	안동지역어	표준어	안동지역어
시루번	silip'ɨn～silip'on	시숙	siatʃupəni
시원하다	siəhata～səntʰa	식혜	kamtʃu
식히다	s'ikʰita	신발	simpal
신분보다 저속하다	tʃ'atʃantʰa	신성리	sinsəŋni
싣는	sillɨn	실어서	siləsə
싫어서	siləsə	쌓다	tʃEtʰa
쌓으면	s'a:ma～s'a:man	써도	s'əto
썩히다	s'Ekʰita	썰매	sikEtt'o
쓰어	s'ə	쓰이다	s'i:ta
씀바귀	s'əkusE	씌다	s'i:ta
씨아	s'Eki	씻고	s'ikk'o
씻어도	s'i:to	아궁이	puək
아그배	tolp'E	아는	anɨn
아니	a:ni	아니다	aita
아랫마을	alEnma	아름다워	alɨmtapa
아름다워도	alɨmtapato	아버지	apE
아비	Epi	아빠	aputʃi
아우	toŋsEŋ	아우본다	toŋsEŋponta
아지랭이	atʃilEi˜	아파도	apʰato
아홉	aho	아흐레	aɨlE
아흔	kusip	안개	aŋkE
안고	a:ŋk'o	앉고	aŋk'o
앉다	ant'a	앉아도	antʃato
앉히다	antʃʰita	앓는	allɨn
암개	amk'E	암고양이	amk'ojai˜
암꿩	amk'əŋ	암소	amsE
암탉	amt'al	압력	amnjək
앞이마	amnima	양칫물	jaŋtʃʰimmul

표준어	안동지역어	표준어	안동지역어
앝다	japʰita	어담리	ətamni
어두워	əta:	어디	ətE
어레미	əlkEmi	어렵다	kəpuktʼa
어린애	ənna	어머니	əmE
어미	Emi	어지간히	əŋkai˜
언덕	əŋtək	언청이	tʃʼEpo
얹히다	əntʃʰita	얼귀도	əlkato
얼레빗	əlkEmipit	얼마냐?	əlmElo
없고	ə : kkʼo	없네	ə:mnE
없다	əptʼa	___	ə : ptʼa
엉덩이	əŋti˜	에누리	ənəli
여기에	jə:	여닫이	mun
여덟	jətəl	여드름	itɨlEmi
여든	pʰalsip	여물	somEki
여물광	tʃuktʃʼəkʰan	여섯	jəsə
여우	jEkʼi	여자	jətʃa
연세	jənsE	열쇠	jəlsʼE
열흘	jəil	엷다	jəltʼa
염소	jamsEi˜	염주	jəmtʃu
엿 고아도	kʼa:to	엿기름	jəttʃʼilɨm
옆사람	jəpsʼalam	예순	juksip
예의	jEi	오금	okumtʃEi˜
오래오래	tʼoltʼol	오이	mule
오이소박이	muletʃʼantʃi	오이지	muletʃi
오줌	otʃim	옥수수	kaŋnEi~kʼaŋnEi
올가미	moŋno	올려다보다	tʃʰitapota
옮다	pəntʃinta	옷감	okkʼam
옷도	ottʼo	와도	wato

표준어	안동지역어	표준어	안동지역어
외양간	maku	용마름	joŋmalum
우물 안	umullan	우박	ju:li
울면	u:ma∼u:man	울상이다	u:lsEi˜ta
울타리	ut'ali∼utt'ali	웃어도	usəto
위	u	윗마을	unma:
윗입술	unips'ul	유수	jusu
유행	juEŋ	육로	juŋno
은하수	innasu	읊는다	illinta
읊조리다	iltʃ'olita	이끼	tolot
이끼도	tolott'o	이남박	s'alpEki
이러니	ilənna	이름이	ilimi
이름이다	ilimita	이송천리	isoŋtʃʰənni
이야기	jEki	이어도	isa:to
이엉	nalkE	이유	iju
이쪽에	itʃa:	익명	iŋmEŋ
인두	junti	일곱	ilko
일으켜도	ilikʰEto	일혼	tʃʰilsip
읽는	illin	잃고	ilkʰo
잃지	iltʃʰi	입가심	ikk'asim
입담	ipt'am	입술	ips'ul
입어	ipə	입어도	ipəto
잇다	isutʰa	잇몸	immom
있고	ikk'o	자갈	patakt'ol
자두	kojak	자르다	tʃ'alita
자루	tʃ'aru	____	tʃali
자물쇠	tʃamuls'E	자서	tʃasə
자아도	tʃasato	작대기	tʃikEtʃ'akt'Eki
작은 설	kusəl	잔치	tʃantʃʰE

표준어	안동지역어	표준어	안동지역어
잘다	tʃ'atʃantʰa	잠 깨서	k'E:sə
잠그어도	tʃamkato	잠방이	tʃ'alɨnpatʃi
잡일	tʃamnil	장기 두어라	to:la
장끼	suk'əŋ	장다리무우	muk'utʃ'aŋtali
장이	tʃa:i˜	재봉틀	tʃapaŋtʰɨl
재채기	tʃEtʃʰEki～tʃEtʃʰi	쟁기/극젱이	huktʃ'Ei˜
저기에	tʃə:	저녁밥	tʃinɨkp'ap
저러니	tʃələi˜	저리다	tʃElita
저어도	tʃəsəto	저전리	tʃətʃənni
저쪽에	tʃətʃ'o:	젊고	tʃə : ŋk'o
젊다	tʃəmt'a	____	tʃə : mt'a
젓갈	tʃətk'al	젓이	tʃəsi
정강이	tʃoŋkEi˜	젖	tʃət
젓도	tʃətt'o	조	səsuk
조용히	tʃojoi˜	조이삭	səsukisak
조탑리	tʃotʰamni	졸다	tʃapulta～tʃolta
졸리다	tʃapulapt'a	좀약	tʃomnjak
좁히다	tʃ'oppʰita	종이	tʃoi˜
좋아도	tʃo:ato	죄암죄암	tʃintʃi˜
죄암죄암	tʃ'omaktʃ'omak	주머니	tʃuməi˜
주어라	tʃo:la	주춧돌	tʃutʃʰit'ol
죽어도	tʃukəto	죽이다	tʃikita
죽전리	tʃuktʃənni	줄기	tʃ'ulki
줄넘기	tʃulnEŋk'i	중이	tʃu:i˜
줘서	tʃə:sə	쥐	tʃi
쥐불놀이	pulloli	지껄이다	tʃik'inta
지느러미	nalkE	지렁이	tʃilEi˜
지어도	tʃisəto	져도	tʃəto

표준어	안동지역어	표준어	안동지역어
져서	tʃəsə	진눈깨비	tʃiŋkalpi
진달래	tʃʰaŋk'ot	진달래꽃	tʃʰaŋk'ot
진달래꽃도	tʃʰaŋk'ott'o	진드기	sEt'oŋpəllE~pintE
진덧물	t'inmul~t'immul	질경이	tʃilkəĩ
집개	tʃ'ikk'E	집일	tʃimnil
짚	nalaktʃ'ip	짚도	tʃipt'o
짚방석	mEp'aŋsək	짚신	tʃips'in
짝짜꿍	tʃ'aktʃ'ak'uĩ	짧다	tʃ'alt'a
찌어도	tʃ'əto	찧는다	tʃ'inninta
찧으면	tʃ'i:ma~tʃ'i:man	착하다	tʃʰakkʰata
참깨	tʃʰaŋk'E	참빗	tʃʰEmpit
창자	tʃʰEi	채찍	tʃʰEtʃ'ik
처녀	tʃʰətʃa	처마	tʃʰəmak
천리	tʃʰəlli	천연두	sonnim
쳐다봐도	tʃʰitapato	쳐도	tʃʰəto
추녀	mosali	추워서	tʃʰə:sə
축내다	tʃʰuŋnEta	춤 추어라	tʃʰə:la
치어도	tʃʰəto	칡	tʃʰilki
침략	tʃʰimjak	칼날	kʰallal
커도	kʰəto	켜다	hjənta
켤레	kʰəli	콧물	kʰommul
콩나물	kʰoŋtʃiliɨm	키	tʃʰEĩ
타서	tʰasə	턱	tʰEk
토라지다	s'akilihEtʃinta	튀기다	tʰikita
튀다	tʰita	튀밥	tʰipap
트림	tʰiliɨmi	트어	tʰə
트이다	tʰi:ta	틈새에 끼어도	tʃ'i:to
틈틈이	tʰimtʰimi	틔다	tʰi:ta

표준어	안동지역어	표준어	안동지역어
팥죽	pʰattʃ'uk	팽이	pʰEi˜
퍼도	pʰəto	포개어도	pʰokE:to
포대기	tutEki	풀무	pʰuŋno
피라미	pʰili	피어도	pʰi:to
하로	ha:li	하룻불	halop'ul
하루	hali~halo	학질	halukəli
할 일	hallil	할머니	halmE
할아버지	halpE	핥다	hi̥lt'a
해거름	hEkələmi	해돋이	hEtotʃi
해무리	atʃʰimnauli	해바라기	hEpalEki
허리띠	həlik'i̥n	헹구어도	hE:to
헹구어라	hE:la	호다	hopʰinta
호두	tʃʰutʃa	호미	homEi˜
호미씻이	pʰuk'u	혼나다	sik'əmməkt'a
혼수감	honsE	홀아비	hopulEpi
홍수	kʰi̥nmul	홍역	hojək
홑이불	hopullipul	확	hopak
환갑	haŋkap	황소	suts'E
회오리바람	tolkEpalam	회충	k'əlk'Ei˜
효자	sotʃa	훑고	hulk'o
훑는다	hulni̥nta	훔치다	totukʰi̥ta
훗날	hunnal	흔하다	hi̥ntʰa
흘러도	hi̥lləto	흙	hi̥l
흠내	hi̥llE	흙손	hi̥kʰal
흰떡	tʃʰalt'ək	흰자위	hintʃasE

2. 안동지역 방언조사 질문지-제1차

방언 조사 질문지(ㄱ)

제보자좌표   No.(   )

조사장소:	시	면(읍)	동 리
조사일시: 2000년	월	일	
제보자명:	(남·여) 나이	세(	년생)
거 주 지:		선대거주지:	
직 업:		경력:	
학 력:			
출 생 지:		(농촌·어촌·광산촌·도시)	
가족사항:			
녹 음 기:	테이프		B/A
기 타:			

2000년   월   일

No.	항목명	응답형(일상형)	응답형(격식형)
1	어린이(언나)		
2	어지간히(엉가이)		
3	없다(업따)		
4	엉덩이(엉디)		
5	어머니(어메)		
6	거미(거무)		
7	그그저께(저아레)		
8	껍질(껍데기)		
9	덩굴(덤불)		
10	벌(버리)		
11	가을(가을)		
12	그을음(끄으름)		
13	나흘(나을)		
14	은하수(으나수)		
15	으뜸(으뜸)		
16	그릇(그륵)		
17	흙(흘)		
18	여드름(이드름)		
19	노끈(노끈)		
20	자른다(짜른다)		

방언 조사 질문지(ㄴ)

<단어목록 읽기>

No.	항목명	응답형	참고
1	어린이		
2	어지간히		
3	없다		
4	엉덩이		
5	어머니		
6	거미		
7	그그저께		
8	껍질		
9	덩굴		
10	벌		
11	가을		
12	그을음		
13	나흘		
14	은하수		
15	으뜸		
16	그릇		
17	흙		
18	여드름		
19	노끈		
20	자른다		

방언 조사 질문지(ㄷ)

<구절 읽기>

1. 봄이 오면 겨우내 방에 틀어박혀 지내던 어린아이들이 엄마 품에 서 나와 흙 장난을 한다. 벌과 나비는 짝을 찾느라 분주하고, 들 판 근처 개울가에서는 여드름 많은 형들이 수양버들 껍질을 벗겨 서 호드기를 분다. 엄마는 놋그릇을 닦고, 할머니는 집 여기저기 의 거미줄을 걷어낸다.

2. 하루 이틀 사흘 나흘 시간이 갈수록 그그저께 혼담이 오갔던 누 나는 암탉처럼 토실토실해지고, 가을이 오기를 기다린다. 엉덩이 에 바지를 걸쳐 노끈으로 동여 맨 철수형은 우리에게는 인기가 으뜸이지만 누나에게는 인기가 없다.

3. 가을이 되기 전 아버지는 칡덩굴을 자르고 칡을 캔다. 어느 때는 은하수가 하늘에 가로놓이고, 개구리 울음소리가 들릴 때까지 칡 을 캔다. 할머니는 모기불을 놓고, 나는 장난을 친다. 할머니는 그 을음이 난다고 말리곤 했다.

3. 안동지역 방언조사 질문지-제2차

방언 조사 질문지(ㄱ)

제보자조사표   No.(   )

조사장소:	시 동
조사일시: 2000년	월 일
제보자명:	(남·여) 나이 세(년생)
거 주 지:	선대거주지:
직 업:	
학 력: ① 무학 ② 국졸 ③ 중졸 ④ 고졸 ⑤ 대졸	
출 생 지:	(농촌·어촌·광산촌·도시)
가족사항:	
녹 음 기:	테이프 B/A
기 타:	

2000년   월   일

No.	항목명	응답형(일상형)	응답형(격식형)
1	개		
2	때		
3	배		
4	매		
5	채		
6	밴다		
7	재기		
8	애매하다		
9	애국가		
10	애처롭다		
11	게		
12	떼		
13	베		
14	메		
15	체		
16	벤다		
17	제기		
18	누에		
19	에워싸다		
20	에끼		

No.	항목명	응답형(일상형)	응답형(격식형)
21	쥐		
22	쉬		
23	뒤		
24	위		
25	윙윙		
26	흰자위		
27	죄		
28	쇠		
29	되		
30	왼손		
31	외가		
32	외교관		
33	예산		
34	옛날		
35	예의		
36	계획		
37	지혜		
38	식혜		
19	얘기		
20	얘야		

No.	항목명	응답형(일상형)	응답형(격식형)
41	웬일		
42	웬떡		
43	훼방		
44	궤짝		
45	왜놈		
46	왠지		
47	괜찮다		
48	돼지		
49	왜구		
50	그네		
51	금지		
52	늘		
53	들		
54	거네		
55	검지		
56	널		
57	덜		
58			
59			
60			

방언조사 질문지(ㄴ)

<단어목록 읽기>

No.	항목명	No.	항목명	No.	항목명
1	개	21	쥐	41	웬일
2	때	22	쉬	42	웬떡
3	배	23	뒤	43	훼방
4	매	24	위	44	궤짝
5	채	25	윙윙	45	왜놈
6	밴다	26	흰자위	46	왠지
7	재기	27	죄	47	괜찮다
8	애매하다	28	쇠	48	돼지
9	애국가	29	되	49	왜구
10	애처롭다	30	왼손	50	그네
11	게	31	외가	51	금지
12	떼	32	외교관	52	늘
13	베	33	예산	53	들
14	메	34	옛날	54	거네
15	체	35	예의	55	검지
16	벤다	36	계획	56	널
17	제기	37	지혜	57	덜
18	누에	38	식혜	58	
19	에워싸다	39	얘기	59	
20	에끼	40	얘야	60	

방언 조사 질문지(ㄷ)

<구절 읽기>

1. 때묻은 개떼들이 굶주린 채 애처롭게 들판에 누워있고, 새끼 밴 어미개는 비틀거리며 옆으로 걷고 있었다. 파리떼가 윙윙대는 잔인한 여름, 쥐들도 지쳐 나자빠지고, 눈동자는 게게 풀려 흰자위만 멀건 그해 여름, 사업재기를 꿈꾸던 아부지가 애매한 이유로 죄를 뒤집어쓰고 돌아가신 지 여러 해가 지났건만, 보채는 동생들에 에워싸인 채 제사에 쓸 제기를 챙기던 엄마는 쌀 한 되 없는 걸 뻔히 알면서도 쌀가루를 체로 곱게 쳐서 떡도 하고, 메도 정성껏 지어서 아부지께 드린 후 제사 끝나면 너희들에게 나눠 주마 하셨다. 아무리 보채도 그날만은 매를 들지 않았던 엄마, 누에치기로 여름을 나던 엄마생각이 아들놈 애국가 소리 높여 연습하는 오늘 자꾸만 떠오른다.

2. 외교관은 얘기도 잘하고 예의도 바르고 지혜도 많고 늘 일과를 계획성 있게 움직인다. 우리 외삼촌만 봐도 그렇다. 우리 외삼촌은 외교관인데 가끔 예산이 뭐니 알아듣지 못할 말씀을 하시지만, 검지가 휠 정도로 요즘도 옛날처럼 공부를 하신다. 외가에 오면 안동식혜만 한 그릇 먹고 떠나신다. 외삼촌도 왼손잡이 나도 왼손잡이 "얘들아, 뒤에 나도 커서 외삼촌처럼 훌륭하게 될거야."

3. 웬일, 웬 떡, 훼방할 때는 웨로 쓰고 왜놈, 왜구, 돼지 할 때는 왜로 쓴다.

4. 그네와 거네, 금지와 검지, 늘과 널, 들과 덜은 구분하기 쉽다. 그 네는 놀이기구이고, 거네는 어떤 물건이 거쳐 있도록 하네란 뜻이 고, 하지 못하도록 하는 일은 금지고, 집게손가락은 검지다. 그리 고 언제나, 항상의 뜻은 늘이고 널뛰기 할 때에 쓰이는 널빤지는 널이다. 들은 들판을 말하고, 미처 다하지 못함을 뜻하는 말이 덜 이다. 그럼, 위의 것 말고 쉬와 쇠는 어떻게 다른지 아니?

4. 안동지역 방언조사 설문지

다음의 내용들은 여러분이 살고 있는 고장의 생활 모습을 살펴보라고 하는 것입니다. 내 고장의 전통문화를 보존하고 가꾸는 데 참여하신다는 사세로 적극 협조하여 주시기 바랍니다. 다음의 각 문항을 잘 읽은 다음 부모님 또는 할아버지나 할머니께 해당되는 사항은 반드시 여쭈어 보고 해당란에 ○표 하거나 빈 칸에 간단히 답해 주십시오.

※ 참고로 다음 참고 사항을 적어주시기 바랍니다.

여러분이 살고 있는 동네 이름은?
(   )시(군) (   )동(면)

여러분의 학교와 학년과 이름을 써 주십시오.
(   )중학교/고등학교
(   )학년 (   )반, 이름(   ), 성별(남·여)

2000년   월   일

※ 다음을 읽고 해당되는 ( )에 ○표 하거나 간단히 적어 주십시오.

1. 할아버지와 할머니가 살아 계십니까?
   할아버지만: (   ), 할머니만: (   ), 두분 다: (   )

2. 할아버지와 할머니의 나이는 몇 살입니까?
   할아버지: (   )살, 할머니: (   )살

3. 할아버지와 할머니가 태어나서 자란 곳은 어디입니까?
   할아버지: (   )도 (   )군 (   )면
   할머니: (   )도 (   )군 (   )면

4. 할아버지께서는 학교를 다니셨습니까?
   아니오(   ), 글방(서당)(   ), 초등(보통)학교(   ),
   중학교(   ), 고등학교(   ), 대학교(   )
   대학원(   )

5. 할머니는 학교를 다니셨습니까?
   아니오(   ), 글방(서당)(   ), 초등(보통)학교(   ),
   중학교(   ), 고등학교(   ), 대학교(   )
   대학원(   )

6. 아버지와 어머니가 태어나서 자란 곳은 어디입니까?
   아버지:(   )도(   )군(   )면
   어머니:(   )도(   )군(   )면

7. 아버지와 어머니의 나이는 몇 살입니까?

   아버지: (   )살, 어머니: (   )살

8. 아버지는 학교를 다니셨습니까?

   아니오(   ), 글방(서당)(   ), 초등(보통)학교(   ),

   중학교(   ), 고등학교(   ), 대학교(   )

   대학원(   )

9. 어머니는 학교를 다니셨습니까?

   아니오(   ), 글방(서당)(   ), 초등(보통)학교(   ),

   중학교(   ), 고등학교(   ), 대학교(   )

   대학원(   )

10. 할아버지의 직업은 무엇이었습니까?

   농업(   ), 상업(   ), 공업(   ), 공무원(   ),

   회사원(   ), 없음(   ), 기타(   )

11. 할머니의 직업은 무엇이었습니까?

   농업(   ), 상업(   ), 공업(   ), 공무원(   ),

   회사원(   ), 없음(   ), 기타(   )

12. 아버지의 직업은 무엇이었습니까?

   농업(   ), 상업(   ), 공업(   ), 공무원(   ),

   회사원(   ), 없음(   ), 기타(   )

13. 어머니의 직업은 무엇이었습니까?

농업(   ), 상업(   ), 공업(   ), 공무원(   ),

회사원(   ), 없음(   ), 기타(   )

14. 할아버지께서는 젊었을 때 다른 지방(고장)에 살았던 적이 있습
니까?

예(   ), 아니오(   )

있다면 (   )군 (   )면에서 (   )년쯤 살았다.

15. 여러분 가족은 다른 지방(고자ㅇ)에서 지금 사는 곳으로 이사오
셨습니까?

예(   ), 아니오(   )

이사오셨다면 언제 어디에서 이곳으로 이사오셨습니까?

16. 여러분의 말이 할아버지나 할머니의 말고 다른 점이 있다고 생
각합니까?

예(   ), 아니오(   )

16-1. 다른 점이 있다면 어떻게 다릅니까? 우리보다 할아버지나 할머
니의 말이 더

친근감이 있다(   ), 점잖다(   ), 상냥하다(   )

교양이 없다(   ), 촌스럽다(   ), 투박하다(   )

사투리를 많이 쓴다(   )

17. 여러분의 말과 부모님의 말에 다른 점이 있다고 생각합니까?
   예(   ), 아니오(   )

17-1. 다른 점이 있다면 어떻게 다릅니까? 부모님의 말이 우리들이
     쓰는 말보다
     친근감이 있다(   ), 점잖다(   ), 상냥하다(   )
     교양이 없다(   ), 촌스럽다(   ), 투박하다(   )
     사투리를 많이 쓴다(   )

18. 할아버지나 할머니는 보통 말할 때 스스로 안동 사투리를 어느
    정도 쓴다고 말씀하십니까?
    •할아버지:
     전혀 안 씀(   ), 거의 안 씀(   ), 조금(   )
     많이(   ), 아주 많이(   )
    •할머니:
     전혀 안 씀(   ), 거의 안 씀(   ), 조금(   )
     많이(   ), 아주 많이(   )

19. 할아버지나 할머니가 사투리를 쓰신다고 대답하셨다면 그 이유
    는 무엇이라고 합니까?
    •할아버지
     그것이 사투리인줄 몰라서(   )
     표준말을 모르기 때문에(   )
     본래부터 그렇게 써 왔기 때문에(   )
     다른사람들도 다 쓰니까(   )

안동말이 표준말보다 더 듣기 좋기 때문에(   )

기타(   )

●할머니

그것이 사투리인줄 몰라서(   )

표준말을 모르기 때문에(   )

본래부터 그렇게 써 왔기 때문에(   )

다른사람들도 다 쓰니까(   )

안동말이 표준말보다 더 듣기 좋기 때문에(   )

기타(   )

20. 할아버지나 할머니가 사투리를 안 쓰신다고 대답하셨다면 그 이
유는 무엇이라고 하십니까?

●할아버지

그것이 안동 사투리인줄 몰라서(   )

다른 사람들도 다 안 쓰니까(   )

본래부터 그렇게 써 왔기 때문에(   )

표준말을 배웠기 때문에(   )

안동말이 촌스럽기(교양없기) 때문에(   )

기타(이유:)

●할머니

그것이 안동 사투리인줄 몰라서(   )

다른 사람들도 다 안 쓰니까(   )

본래부터 그렇게 써 왔기 때문에(   )

표준말을 배웠기 때문에(   )

안동말이 촌스럽기(교양없기) 때문에(   )

기타(이유:)

21. 여러분의 보기에 여러분의 할아버지나 할머니가 안동 사투리를
얼마나 쓰신다고 생각합니까?
　●할아버지:
　전혀 안 씀(   ), 거의 안 씀(   ),, 조금(   )
　많이(   ), 아주 많이(   )
　●할머니:
　전혀 안씀(   ), 거의 안 씀(   ), 조금(   )
　많이(   ), 아주 많이(   )

22. 여러분이 보기에 여러분의 할아버지나 할머니가 안동 사투리를
　쓰신다면 왜 쓰신다고 생각하십니까?
　그것이 사투리인줄 몰라서(   )
　표준말을 모르기 때문에(   )
　본래부터 그렇게 써 왔기 때문에(   )
　다른 사람들도 다 쓰니까(   )
　안동말이 표준말보다 더 듣기 좋기 때문에(   )
　기타(   )

23. 여러분이 보기에 여러분의 할아버지나 할머니가 안동 사투리를
　안 쓰신다면 왜 안 쓰신다고 생각하십니까?
　그것이 안동 사투리인줄 몰라서(   )
　다른 사람들도 다 안 쓰니가(   )
　본래부터 그렇게 서 왔기 때문에(   )

표준말을 배웠기 때문에(   )

안동말이 촌스럽기(교양없기) 때문에(   )

기타(이유:)

24. 여러분의 아버지와 어머니는 보통 말할 때 사투리를 어느 정도 쓰신다고 말씀하십니까?

  ●아버지:

   전혀 안 씀(   ), 거의 안 씀(   ), 조금(   )

   많이(   ), 아주 많이(   )

  ●어머니:

   전혀 안씀(   ), 거의 안 씀(   ), 조금(   )

   많이(   ), 아주 많이(   )

25. 여러분의 아버지나 어머니가 사투리를 쓰신다고 대답하셨다면 그 이유는 무엇이라고 합니까?

  ●아버지:

   그것이 사투리인줄 몰라서(   )

   표준말을 모르기 때문에(   )

   본래부터 그렇게 써 왔기 때문에(   )

   다른 사람들도 다 쓰니까(   )

  ●어머니:

   그것이 사투리인줄 몰라서(   )

   표준말을 모르기 때문에(   )

   본래부터 그렇게 써 왔기 때문에(   )

   다른 사람들도 다 쓰니까(   )

26. 아버지나 어머니가 사투리를 안 쓰신다고 대답하셨다면 그 이유
는 무엇이라 합니까?

　　●아버지:

　　　그것이 안동 사투리인 줄 몰라서(　　　　　)

　　　다른사람들도 다 안 쓰니까(　　　　　)

　　　본래부터 그렇게 써 왔기 때문에(　　　　　)

　　　표준말을 배웠기 때문에(　　　　)

　　　안동말이 촌스럽기(교양없기) 때문에(　　　　　)

　　　기타(이유:　　　　　　　　)

　　●어머니:

　　　그것이 안동 사투리인줄 몰라서(　　　　　)

　　　다른 사람들도 다 안 쓰니까(　　　　)

　　　본래부터 그렇게 써 왔기 때문에(　　　　　)

　　　표준말을 배웠기 때문에(　　　　)

　　　안동말이 촌스럽기(교양없기) 때문에(　　　　　)

　　　기타(이유:　　　　　　　　)

27. 여러분이 보기에 아버지나 어머니는 평소에 안동 사투리를 얼마
나 쓰시고 있다고 생각합니까?

　　●아버지:

　　　전혀 안 씀(　　　　), 거의 안 씀(　　　　), 조금(　　　　)

　　　많이(　　　　), 아주 많이(　　　　)

　　●어머니:

　　　전혀 안 씀(　　　　), 거의 안 씀(　　　　), 조금(　　　　), 많이

　　　(　　　　), 아주 많이(　　　　)

28. 여러분은 안동 사람들이 안동 사투리를 쓰는 가장 큰 이유가 무
   엇이라고 생각합니까?
   그것이 안동 사투리인줄 몰라서(   )
   표준말을 모르기 때문에(   )
   본래부터 그렇게 써 왔기 때문에(   )
   안동 사투리가 친근감이 있으니까(   )
   다른 사람들도 다 쓰니까(   )

29. 여러분은 학력 수준이 높을수록 사투리를 덜 쓴다고 생각하십니
   까?
   예(   ), 아니오(   )

30. 여러분이 보기에 젊은 사람과 나이가 많은 사람 중에서 어느 쪽
   이 사투리를 더 많이 씁니까?
   젊은 사람(   ), 나이 많은 사람(   )
   비슷하다(   )

30-1. 여러분은 젊은 사람이 안동 사투리를 더 많이 쓴다면 그 이유
   는 무엇 때문이라고 생각합니까?
   표준말을 배우지 못해서(   )
   표준말보다 안동말이 더 듣기 좋아서(   )
   사투리인줄 모르고 쓰기 때문에(   )
   다른 사람들도 다 사투리를 쓰니까(   )
   표준말은 알지만 안동 사투리를 쓰는 것이 멋있어 보이기 때문
   에(   )

30-2. 여러분은 나이 많은 사람(노인)이 안동 사투리를 더 많이 쓴다
면 그 이유는 무엇 때문이라고 생각합니까?
표준말을 배우지 못해서(   )
표준말보다 안동말이 더 듣기 좋아서(   )
사투리인줄 모르고 쓰기 때문에(   )
나른 사람들도 다 사투리를 쓰니까(   )
안동 사투리가 더 멋있는 말이기 때문에(   )
기타(   )

31. 여러분이 생각하기에 나이가 비슷할 때 남자와 여자 중에서 어
느 쪽이 사투리를 더 많이 씁니까?
남자(   ), 여자(   ), 비슷하다(   )

31-1. 그 이유는 무엇 때문이라고 생각합니까?
남자가 여자보다 더 많이 배웠기 때문에(   )
여자가 남자보다 더 많이 배웠기 때문에(   )
남자가 여자보다 더 보수적이기 때문에(   )
여자가 남자보다 더 보수적이기 때문에(   )
남자가 여자보다 사회활동을 더 많이 하기 때문에(   )
여자가 남자보다 말을 더 잘하려고(교양있게 우아하게)하기 때
문에(   )
남자가 여자보다 말을 더 잘하려고(교양있게 우아하게)하기 때
문에(   )

32. 부모님들은 남자와 여자 중에서 어느 쪽이 사투리를 더 많이 쓴

다고 말씀하십니까?

　　남자(　　　　), 여자(　　　　　), 비슷하다(　　　　)

32-1. 그 이유는 무엇 때문이라고 생각합니까?

　　남자가 여자보다 더 많이 배웠기 때문에(　　　　)

　　여자가 남자보다 더 많이 배웠기 때문에(　　　　)

　　남자가 여자보다 더 보수적이기 때문에(　　　　)

　　여자가 남자보다 더 보수적이기 때문에(　　　　)

　　남자가 여자보다 사회활동을 더 많이 하기 때문에(　　　　)

　　여자가 남자보다 말을 더 잘하려고(교양있게 우아하게)하기 때
　　문에(　　　)

　　남자가 여자보다 말을 더 잘하려고(교양있게 우아하게)하기 때
　　문에(　　　)

33. 여러분의 할아버지나 할머니는 여러분의 고장(안동)말과 서울말
　　(표준말) 가운데 어느 말이 듣기에 더 좋다고 말씀하십니까?

　　●할아버지: 안동말(　　　　), 서울말(　　　　)
　　　비슷하다(　　　　)

　　●할 머 니: 안동말(　　　　), 서울말(　　　　)
　　　비슷하다(　　　　)

33-1. 여러분의 할아버지나 할머니께서 성루말보다 안동말이 듣기에
　　더 좋다고 하셨다면 왜 그렇다고 하십니까?

　　친근감이 있어서(　　　　), 점잖아서(　　　　)

　　상냥해서(　　　　), 기타(　　　　)

33-2. 여러분의 할아버지나 할머니께서 서울말보다 안동말이 듣기에
　　　 좋지 않다고 하셨다면 왜 그렇다고 하십니까?
　　　 촌스러워서(　　　　　), 교양없는 말이어서(　　　　　)
　　　 무뚝뚝해서(　　　　　), 투박하기 때문에(　　　　　), 기타(　　　　　)

33-3. 여러분의 할아버지나 할머니께서 서울말이 안동말보다 듣기에
　　　 더 좋지않다고 하셨다면 그 이유는 무엇 때문이라고 하십니까?
　　　 ●할아버지
　　　 간사해서(　　　　　), 가벼워서(　　　　　), 간드러져서(　　　　　)
　　　 천박해서(　　　　　), 기타(　　　　　)
　　　 ●할머니
　　　 간사해서(　　　　　), 가벼워서(　　　　　), 간드러져서(　　　　　)
　　　 천박해서(　　　　　),
　　　 기타(　　　　　)

34. 여러분의 아버지나 어머니는 여러분의 고장(안동)말과 서울말(표
　　 준말) 가운데 어느 말이 듣기에 더 좋다고 말씀하십니까?
　　 ●아버지: 안동말(　　　　　), 서울말(　　　　　), 비슷하다(　　　　　)
　　 ●어머니:안동말(　　　　　), 서울말(　　　　　), 비슷하다(　　　　　)

34-1. 여러분의 아버지나 어머니께서 서울말보다 안동말이 듣게에
　　　 더 좋다고 하셨다면 왜 그렇다고 하십니까?
　　　 ●아버지
　　　 친근감이 있어서(　　　　　), 점잖아서(　　　　　)
　　　 상냥해서(　　　　　)

애교가 있어서(　　　), 기타(　　　)

●어머니

친근감이 있어서(　　　　), 점잖아서(　　　　)

상냥해서(　　　), 애교가 있어서(　　　　), 기타(　　　)

34-2. 여러분의 할아버지나 할머니께서 서울말보다 안동말이 듣기에
　　　좋지 않다고 하셨다면 왜 그렇다고 하십니까?

●아버지

촌스러워서(　　　), 교양없는 말이어서(　　　)

무뚝뚝해서(　　　), 투박하기 때문에(　　　), 기타(　　)

●어머니

촌스러워서(　　　), 교양없는 말이어서(　　　)

무뚝뚝해서(　　　), 투박하기 때문에(　　), 기타(　　)

34-3. 여러분의 할아버지나 할머니께서 서울말이 안동말보다 듣기에
　　　더 좋지 않다고 하셨다면 그 이유는 무엇 때문이라고 하십니까?

●할아버지

간사해서(　　　), 가벼워서(　　　), 간드러져서(　　　)

천박해서(　　　), 기타(　　　)

●할머니

간사해서(　　　), 가벼워서(　　　), 간드러져서(　　　), 천

박해서(　　　), 기타(　　　)

35. 여러분은 여러분의 고장(안동)말과 서울말(표준말) 가운데 어느
　　쪽 말이 듣기에 더 좋다고 말씀하십니까?

안동말(   ), 서울말(   ), 비슷하다(   )

35-1. 여러분은 안동말이 듣기에 더 좋다면 그 이유는 무엇이라고 생
     각하십니까?
     친근감이 있어서(   ), 점잖아서(   )
     상냥해서(   ), 애교가 있어서(   ), 기타(   )

35-2. 여러분은 안동말이 듣기에 좋지 않았다면 그 이유는 무엇이라
     고 생각하십니까?
     촌스러워서(   ), 교양없는 말이어서(   )
     무뚝뚝해서(   ), 투박하기 때문에(   ), 기타(   )

35-3. 여러분은 서울말이 듣기에 안 좋으면 그 이유는 무엇이라고 하
     십니까?
     간사해서(   ), 가벼워서(   ), 간드러져서(   )
     천박해서(   ), 기타(   )

36. 여러분의 할아버지나 할머니께서 처음 보는 사람이 서울말로 길
    을 물으면 어떻게 대답한다고 말씀하십니까?
    •할아버지
     서울말로 대답한다(   )
     서울말로 대답하려고 하지만 잘 안 된다(   )
     보통 때와 같이 안동말로 대답한다(   )
    •할머니
     서울말로 대답한다(   )

서울말로 대답하려고 하지만 잘 안 된다(　　　　)

　　보통 때와 같이 안동말로 대답한다(　　　　)

37. 여러분의 아버지나 어머니께서 처음보는 사람이 서울말로 길을
　　물으면 어떻게 대답한다고 말씀하십니까?
　　●아버지
　　서울말로 대답한다(　　　　)
　　서울말로 대답하려고 하지만 잘 안 된다(　　　　)
　　보통 때와 같이 안동말로 대답한다(　　　　)
　　●어머니
　　서울말로 대답한다(　　　　)
　　서울말로 대답하려고 하지만 잘 안 된다(　　　　)
　　보통 때와 같이 안동말로 대답한다(　　　　)

38. 여러분은 처음보는 사람이 서울말로 길을 물으면 어떻게 대답한
　　다고 말씀하십니까?
　　서울말로 대답한다(　　　　)
　　서울말로 대답하려고 하지만 잘 안 된다(　　　　)
　　보통 때와 같이 안동말로 대답한다(　　　　)

대답해 주셔서 고맙습니다.